复旦卓越

应用型经管核心课系列

会展信息管理

主 编 | 蒋婷婷

副主编 | 罗泽润 汪 琪

近年来会展行业快速发展,加之市场充分放开,竞争也逐渐激烈,会展企业在控制成本增长的同时,也希望用信息技术协助降本。传统会展企业已深刻体会到线下服务模式单一,客户黏性越来越低,要想在复杂竞争环境中脱颖而出,需要借助信息管理技术来满足会展企业运营需要,在顺应时代发展基础上,尽可能突出管理创新。同时,各类展览、会议相继举办,规模越来越大,要求不断提高,信息量不断增加,由此需要信息系统来支持与配合的环节越来越多,涉及营销推广、现场服务与管理及客户关系管理等方面。

会展项目有类型多、服务周期长等特点,加之信息技术迭代更新速度,给会展信息管理建设带来一定难度。由此,也给会展信息管理课程教学带来了新的要求,授课教材也要顺应行业、专业的需要,更好的推动会展专业的发展,培养符合行业发展需要,面向未来的会展信息管理人才。

本书共八章,分别从基础理论、项目信息管理、场馆信息管理以及信息管理新趋势等四个角度深入阐述,力求突出基础性、实践性和创新性,旨在实践与理论充分结合,以求弥补会展信息化教材在理论建设上的不足。本书适用于会展经济与管理、市场营销、工商管理等相关专业的本科、研究生教学和专业培训,对实际工作和研究人员也有较高的参考价值。

本书由上海应用技术大学蒋婷婷副教授主编。中国会展经济研究会会展实践教学促进中心副主任罗泽润,上海外国语大学贤达经济人文学院汪琪任副主编。上海应用技术大学蒋婷婷副教授编写了第四、五章,并负责全书的整体策划和最后统稿;中国会展经济研究会会展实践教学促进中心副主任罗泽润编写了第一、三章,并与上海应用技术大学沈佳共同编写了第七章,与窦沛琳编写了第二章;上海外国语大学贤达经济人文学院汪琪编写了第六、八章。上海应用技术大学研究生孙雅弘、陈馨瞳、叶明晖等参加了部分章节的资料汇总和编辑校对工作。在编写过程中,我们参考了大量的教材、著作、期刊论文和公众号文章,这些参考文献大部分在书后已列示。但可能也有疏漏,没有详细注明,在此,谨向各位作者表示诚挚谢意!另外,我们还要向上海优品计算机科技有限公司总经理周时江先生、会E人创始人武君先生、上海万耀亚宠展览有限公司以及中国会展经济研究会会展实践教学促进中心的支持表示忠心感谢。

由于编写人员经验和水平有限,时间仓促,不足之处敬请广大读者和专家不吝指正,我们将不胜感激。

编者

2022年11月于上海

为方便教学,作者制作了配套电子教案和综合试题。使用本书作为教材的授课老师可在复旦大学出版社教学服务网下载(edu.fudanpress.com)或与本书作者联系(tingty.jiang@163.com)。

第一章 会展信息管理概述
第一节 会展业与信息技术 001
第二节 会展信息及其管理 007
第三节 会展企业信息化和数字化管理实践 015

第二章 会展项目策划、运营信息管理 024
第一节 会展项目策划信息的收集 024
第二节 会展项目运营信息化管理的流程 061
第三节 会展项目运营信息化管理的内容 077
第四节 会展项目运营信息化管理的应用场景及功能 087

第三章 会展现场服务信息管理 091
第一节 会展现场信息化管理内容 093
第二节 会展现场信息化管理系统 100
第三节 会展现场信息化应用场景 111

第四章 展馆信息及其智能化管理 115
第一节 国内外会展场馆发展现状 115
第二节 智慧展馆与绿色会展的探索与实践 123
第三节 会展场馆信息化构建的框架 132
第四节 基于互联网技术的智能展台搭建 138

第五章　多媒体技术与会展信息化传播 …… 145

第一节　多媒体技术概述 …… 145

第二节　虚拟现实与混合现实技术概述 …… 154

第三节　互动多媒体装置艺术 …… 162

第四节　数字技术的发展对会展传播的影响 …… 168

第六章　人工智能与会展信息化管理 …… 176

第一节　人工智能技术概述 …… 176

第二节　人工智能在会展信息管理中的应用 …… 183

第三节　人工智能促进会展业转型发展 …… 189

第七章　大数据与会展信息化管理 …… 194

第一节　大数据技术概述 …… 194

第二节　大数据技术的信息生态圈 …… 200

第三节　大数据平台在会展信息管理中的应用 …… 207

第八章　会展门户网站及自媒体信息平台建设 …… 211

第一节　会展企业门户网站建设概况 …… 211

第二节　电子商务在会展业中的应用 …… 217

第三节　会展自媒体信息平台的建设 …… 223

主要参考文献 …… 230

第一章

会展信息管理概述

 学习目标

- 理解会展业与信息技术
- 熟悉会展信息及其管理
- 掌握会展企业信息化和数字化管理实践

第一节 会展业与信息技术

一、会展业概述

(一) 会展的含义

17世纪英国工业革命及其他欧美国家产业革命,推动世界科技迅猛发展,会展行业也随之从贸易集市发展到国际展览或博览会。目前,国内对于会展的理解基本有两个方向:第一个方向,即会展的狭义定义——会议、展览等大型活动的简称;第二个方向,即会展的广义定义——展览、会议、奖励旅游、节庆赛事、学术会议、政府会议、企业会议等活动的统称。

在国际上会展比较常见两种理解,一种被称为MICE,是由会议(Meeting,主要指企业会议)、奖励旅游(Incentive Tour)、大型会议(Conference,主要指协会或团体组织会议)和展览会(Exhibition)这四个英语词汇的第一个字母组合而成。另一种的理解被称为Event(活动/事件),学者王春雷等(2016)认为从项目管理的角度来看,涵盖了节庆、会议、展览会、体育赛事和商务活动的"大会展"在本质上和"活动"是一样的。

因此,本书所谓的会展,是在一定的地域空间和时间内,为达到某些预期的目的,有组织地将许多人与物聚集在一起,而形成的具有物质交换、精神交流、信息传递等功能的社会活动。

(二)全球会展业概述

发达国家在会展业的推动上持续发力,根据国际展览业协会(UFI)发布的《全球展览行业晴雨表》,全球80%的会展企业在2018年都保持了良好的业绩水平,其中约40%～50%的会展企业比2017年增长10%以上,2019年与2018年相比,至少70%的企业保持了良好的业绩水平。

根据国际大会及会议协会(ICCA)2020年6月发布的统计报告显示,2019年,会议总数创下13 254场的新纪录,比2018年增加317场(如图1-1)。

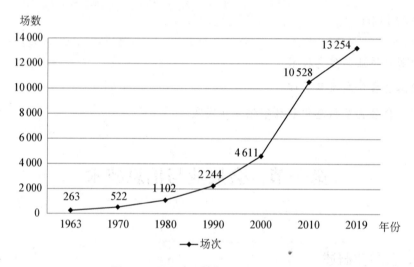

图1-1 国际会议总数1963—2019年

在2019年会议数量排名的城市排行榜上,巴黎连续两年位居第一,其次是活动数量增长最快的里斯本,从2018年的第6位上升了4位。其次是柏林、巴塞罗那、马德里。欧洲仍然拥有最大的会议市场份额,主办了2019年所有会议的53%。亚太地区紧随其后,占全球的23%。

2020年新型冠状病毒肺炎(Corona Virus Disease 2019,COVID-19,简称"新冠肺炎")在全球肆虐,给会展行业带来了沉重的打击,根据国际展览业协会(UFI)2021年1月发布的《全球展览行业晴雨表》显示,2020年全年营业收入仅占2019年同期收入的28%。

(三)中国会展业概述

在过去的20年,中国展览业虽然取得了举世瞩目的进步,越来越多的政府部门注意到会展业在带动经济增长、促进开放合作、增加社会就业、推动城市发展等方面发挥的重要作用;同时,会展业是构建现代市场体系和开放型经济体系的重要平台。

党的十八大以来,中国先后举办了10多场重大主场外交,充分利用举办主场外交的机会使"主场效应"最大化,彰显了中国特色大国外交。博鳌亚洲论坛年会、亚太经合组织工商领导人峰会、G20杭州峰会、金砖国家领导人厦门会晤、中国共产党与世界政党高层对话会、澜沧江-湄公河领导人对话机制、中国-拉共体论坛、"一带一路"高峰论坛、中国国际进口博览会等会展活动相继举办,通过党的十八大以来中国主办的主场外交,讲好了中国故事,做好了对外宣传,进一步提升了中国的话语权,进一步改善了中国的国际形象,进一步加强了中国与世界的互联互通,中国的国际影响力得到了进一步提升。

会展业有赖于中国经济的高速发展,"十四五"时期是我国经济高质量发展的关键期,要起好步开好局。加快发展现代产业体系对推动地方经济发展具有的巨大引领带动作用,将成为"十四五"时期地方经济增长的新动力。党的十九届五中全会提出,加快发展现代产业体系,推动经济体系优化升级。这为未来一个时期我国推动产业高质量发展指明了方向。

根据中国国际贸易促进委员会发布的《中国展览经济发展报告(2019)》,报告显示2019年共采集到4 456个展览举办信息,较2018年增加144个,有3 894个展览采集到面积信息,汇总展览总面积约13 560万平方米,据此估算全国展览总面积约15 517万平方米。在已采集到面积信息的展览中,经贸类展览共计3547个,占全部展览数量的91%,总面积约13 048万平方米;人才招聘会、展销会、年货会、书画艺术展、庆典活动等非经贸类展览347个,占全部展览数量的9%,总面积511万平方米。

近年来,全球经济发展深层次矛盾突出,贸易保护主义、单边主义冲击多边贸易体制,世界经济持续低迷、增长乏力。加之大型展会动辄数万人聚集,各类活动参加的人数也不少,为了有效遏制疫情发展,各地主管部门根据党中央、国务院的统一部署,发布有关暂停促销、展会、论坛、节庆等大型群众性活动的通知,会展行业就此按下了"暂停键"。在党中央坚强领导下,国内疫情防控得到有效落实,7月1日,上海国家会展中心迎来2020年首场展会——CME中国机床展。

经过多年的磨练,国内会展从业者的目光更多的集中在国内市场经济状况、来自行业内部的竞争、全球经济发展、内部挑战等方面。

二、信息技术概述

(一) 信息技术

对于传统的信息技术的理解,可以是主要用于管理和处理信息所采用的各种技术的总称。它主要是应用计算机与通信技术来设计、开发、制造和实施信息系统及应用软件。也有人称之为信息和通信技术,主要包括传感技术、智能计算技术、通信技术和控制技术。

为了对信息技术更好地理解，可以从其使用的目的、范围、层次进行表述，比较集中的理解如下：

（1）信息技术是指在计算机和通信技术支持下用以获取、加工、存储、变换、显示和传输文字、数值、图像以及声音信息，包括提供设备和提供信息服务两大方面的方法与设备的总称。

（2）信息技术是管理、开发和利用信息资源的有关方法、手段与操作程序的总称。

（3）信息技术包括信息传递过程中的各个方面，即信息的产生、收集、交换、存储、传输、显示、识别、提取、控制、加工和利用等技术。

（4）信息技术是研究如何获取信息、处理信息、传输信息和使用信息的技术。

（二）现代信息技术与应用

现代信息技术在近些年得到快速发展，应用到政治、经济和生活的方方面面，对社会发展产生了深远的影响。现代信息技术是管理和处理信息所采用的各种技术的总称。主要包括计算机技术、网络技术、多媒体技术和现代通信技术等方面。应用计算机科学设计、开发信息系统及应用软件。通信技术和互联网技术的快速发展及应用，改变了人们在信息交流、学习和生活的方式。多媒体展示设备等硬件的发展让商品的展示更加方便，网络的普及则大大降低了人们获取信息的时空限制。

同时，全球已跨入智能时代，对于信息技术的理解范围不断扩大，以大数据、人工智能、云计算、区块链为核心特征的智能革命将通过对人类智慧的模拟和探索，对人类的生产、生活的各个领域产生全方位、彻底性、颠覆性的变革，重新建立政府与市场、公民、企业和其他社会组织间的互动关系，推动人类社会向更高阶的智慧社会迈进。

党的十九届五中全会提出："加强数字社会、数字政府建设，提升公共服务、社会治理等数字化智能化水平。"各城市都在推进提高城市治理科学化、精细化、智能化水平。如杭州城市大脑建设、上海政务服务"一网通办"、城市运行"一网统管"建设，这些创新举措体现了智能互联技术推动基层公共服务的社会化、精准化、智能化，为地方经济社会高质量发展营造良好的环境。

资料链接 1-1

充分运用现代信息技术手段举办"云展览"，提升洽谈等效果

据商务部网站消息，商务部 2020 年 4 月 13 日印发《关于创新展会服务模式培育展览业发展新动能有关工作的通知》。通知要求，加快推进展览业转型升级和创新发展，积极打造线上展会新平台，充分运用 5G、VR/AR、大数据等现代信息技术手段,举办"云展览",开展"云展示""云对接""云洽谈""云签约",提升展示、宣传、洽谈等效果。

通知提到,创新展会服务模式是在新冠肺炎疫情防控常态化条件下推动行业加快恢复和发展的重要举措。为推进展会服务创新、管理创新、业态模式创新,加快培育行业发展新动能,发挥展览业在扩大对外开放、增加社会就业、拉动消费增长等方面的重要作用,助力稳住外贸外资基本盘,现就有关事项通知如下:

——统筹做好疫情常态化防控和展览业复工复产工作

根据中央疫情防控有关精神和国务院工作部署,在做好疫情精准防控的同时,支持展览企业有序复工复产。在当前线下展会暂不开展的情况下,积极支持企业线上办展、线上参展。各地对线上展会活动要加强工作指导,做好政策引导和规范管理,提供服务便利。

根据疫情形势变化,各地要按照国家和当地疫情防控相关要求,结合实际,动态调整展会活动安排。按照属地管理原则,科学制定好复工复产防控措施,建立健全防控工作责任制和管理制度,落实主体责任。做好常态化疫情防控,提高应急处置能力。

——加快推进展览业转型升级和创新发展

积极打造线上展会新平台。推进展会业态创新,积极引导、动员和扶持企业举办线上展会,充分运用5G、VR/AR、大数据等现代信息技术手段,举办"云展览",开展"云展示""云对接""云洽谈""云签约",提升展示、宣传、洽谈等效果。

促进线上线下办展融合发展。大力推动传统展会项目数字化转型,整合现有展会资源,打造网络展会集群,鼓励政府主办的线下展会率先线上开展,支持专业展会主办机构将线下品牌展会项目开通线上展览,探索线上线下同步互动、有机融合的办展新模式。

培育线上展会龙头企业和品牌展会。支持开展跨城市、跨区域办展合作,着力培育一批具有先进办展理念、运营规范、模式创新成效显著的龙头在线展览企业,支持打造市场竞争力强、带动作用大的线上品牌展会,有效发挥示范、带动和辐射作用。

——积极利用展会平台开拓国际市场

助力企业抓订单、保客户。积极利用商务部和地方境外办展项目,在深耕传统市场的同时,加大"一带一路"沿线国家及新兴市场国家开拓力度,支持企业抓订单、促出口。引导企业充分利用各种技术手段,依托网络平台做好展前对接、线上推介、现场直播、远程洽谈签约等,努力保住老客户,吸引新客户。

创新展会国际营销模式。整合政府、办展机构、行业组织、中国驻外经商机构以及跨境电商平台等多方资源，推动展会信息互通，统筹线上线下渠道，强化展会国际营销和对外宣传推广，提升重点品牌展会国际影响力和知名度。推动优势展会资源整合，建立合作共享展会协同发展机制，形成开拓国际市场合力。

深化展会国际合作。积极开展贸易促进服务，加强与境外专业展览机构和成熟展会项目合作，优化境外办展结构，鼓励自办展会与国际展会品牌对接合作，打造区域性国际展会品牌。

——多措并举做好政策支持和保障

推动政策落地见效。落实既有政策，指导展览企业用足用好国家和地方出台的财政税收、金融保险、复工复产保障等各项惠企政策措施，降低疫情造成的损失。加强政策实施效果跟踪评估，及时反映政策落实中存在的问题。

用足用好财政资金。在外经贸发展专项资金规定支持范围内，支持各地因地制宜细化线上线下国际性展会扶持举措。鼓励各地积极出台展览业专项支持政策，发挥地方财政资金和相关产业引导基金作用，支持展览业尽快复苏。

持续推进简政放权。落实好《商务部办公厅关于进一步优化涉外经济技术展行政服务事项的通知》（商办服贸函〔2020〕52号），整合完善政务平台，依托商务部"展览业信息管理应用"系统，优化展会在线审批和备案管理流程，全面推行在线办理，推动实现"一网通办"。统筹监管资源，夯实属地监管，做好展会事中、事后监管。

优化公共服务。各地要依托展览业重点联系企业制度，督促属地展馆统筹做好展会排期、信息公布及预警疏导。积极协调公安、市场监管、海关、卫生防疫等部门，对因疫情影响再次申请审批和备案的展会提供服务便利，做好因疫情未办展会的善后工作。发挥中介组织作用，支持行业商会、协会与展览企业联合办展，及时为企业传递信息，反映诉求，提供法律支持和咨询等服务。

加强展会知识产权保护。切实提升线上线下展会各参与方知识产权保护意识，完善展会知识产权纠纷协调处理机制，有效保护参展商等各参与方合法权益。

通知要求，面对新形势新变化，各地区要加强形势研判预判，建立健全工作机制，在实践中不断创新管理和服务模式，密切关注展览业生产经营中遇到的难点、堵点，及时梳理存在的问题和企业诉求，加强工作对接，协调推动解决，认真总结创新展会服务模式的好经验、好做法，做好提炼推广，开展互鉴交流。

资料来源：https://tech.china.com

第二节　会展信息及其管理

近年来,随着信息技术的快速发展,人们利用信息、获取信息的方式不断发生改变,这对于各行业都提出了更高的要求。会展行业市场竞争逐渐激烈,传统会展企业要想在复杂的竞争环境中脱颖而出,需要通过信息管理来满足企业运营需要,在顺应时代发展的基础上,尽可能突出管理创新。

我们需要变革与创新,故需要立足于先进的互联网技术,需要将大数据与会展业发展结合起来,同时,需要有序管理,将信息技术有效运用到日常运营管理中,改善管理中存在的高投入、低产出等问题,为企业乃至行业的长远发展添砖加瓦。

一、信息管理

信息来源于事物在活动过程中,内部和外部所产生的一种表现形式,信息管理是人们为了识别信息的有效性、价值性等,以技术为手段,对信息进行组织、实施和控制的一种活动,以期得到所需要的知识反馈。

信息管理有利于增强企业的核心实力,有利于企业完成短期目标,在现有的技术上利用好计算机、互联网以及数据存储技术,有效控制和挖掘企业经营活动中所涉及的信息,推动实现企业内、外部信息有效传递与共享,提高企业的竞争实力及市场份额。

二、会展企业的信息困扰

从对会展业的理解与解释上,不难看出,会展业的业务结构体系较为复杂,所涉及的业务信息繁杂,给部分企业带来了管理瓶颈。

1. 业务数据来源多样,缺乏有效管理

会展业务类型多样,随之而来的就是数据来源多样。展览主要涉及:主办方、参展商、买家、普通观众、搭建商、物流公司、场馆方等;会议主要涉及:专业会议组织者(PCO)、目的地管理公司(DMC)、酒店、会议中心、车辆服务公司等。两者都会有不同的信息,甚至一些数据涉密,如遇到员工离职等情况,企业运营风险也随之加大。

2. 涉及人员众多,管理难度较大

一个会展项目中,涉及的工作人员众多,有专职,也有兼职,给管理带来了不小的难度,同时工作人员对项目本身的了解程度不一,业务流程存在不熟练等情况,也给项目的顺利进行带来了一定的阻力。

另外,会展企业日常的工作中,也涉及到员工的管理,包括员工的入职与离职等事项,如果管理不善,将给企业的正常运营带来较大风险。

3. 业务类型多样,财务风险不可控

会展业务涉及:会议、奖励旅游、大型会议和展览会等,相同类型的业务中,各项目之间也存在着不同,管理上存在一定的差异,财务需求上也有所不同,一个大型会议涉及注册费、差旅费等应收款需求,同时涉及酒店、餐饮、车辆等应付款需求,财务人员如存在对会议情况不了解,项目管理人员乃至会展企业管理层对财务状况将难以把握。

另外,会展企业日常运营中,企业流动资金管理、员工相关经费报销管理等事项如果管理不善,且无法和现有业务情况加以关联,将给企业的资金有效运转带来不利影响。

4. 业务流程复杂繁琐,运营风险提升

会展企业除服务客户外,部分会展企业拥有自办展览或自办会议项目,虽然同发达国家的会展行业相比,我国的自办展览或自办会议可能具有商业化运作水平相对较低,主题定位不清晰,项目的同质化较为明显的问题,但这些项目从策划到评估,需要走多道环节,各节点需要多人参与或审批,信息量大,表单多,如果不加以有效管理,项目结束可能无法进行有效评估,就无法对下一届的项目提出有效且清晰的建议,给项目的发展带来一定损失。

上述这些困扰,可能仅仅是会展企业所面临的一个小小缩影,但是我们如何去面对这些困扰,或者说如何解决这些困扰呢?

(1) 会展企业需要根据自身情况,并在运营风险可控的情况下,对现有业务流程进行优化。要对业务流程不断改进,减少每个节点的流转环节,满足运营需要,符合企业要求。会展企业的流程要进一步协同整合,管理层能充分监督与控制,确保公司战略目标的完整实现。

(2) 会展企业要根据自身财务状况,建立信息管理系统。部分企业未充分从自身财务状况角度出发,盲目上马信息管理系统,特别是从其他第三方企业购买软件,可能造成软件无法满足企业实际运营需要的情况发生。

企业数字化加速　预算管理与合同管理数字化仍"拖后腿"

央广网北京2021年1月22日消息(记者刘柏煊)据中央广播电视总台经济之声"天下财经"报道,疫情倒逼企业加强数字化建设,但是"云办公"如果只有"云开会"远远不够。上海国家会计学院近期出炉的《中国企业应对新冠肺炎疫情的会计活动调查报告》显示,预算管理以及合同管理的数字化仍然相对滞后,短板有待补齐。

报告核心结论显示,疫情使得全行业的收入普遍存在萎缩。企业面临挑战最大的三个环节分别是销售、供应链和现金流管理。其中,在现金流管理上,超过一半的调查企业一方面与下游争取缩短应收账款的收款时间,尽量降低企业的应收款项规模,另一方面与上游争取更长时间的付款账期,缓解流动性压力。

新冠疫情让不少企业措手不及的同时,也倒逼企业加快数字化转型。除了常见的远程视频会议,其他方面的数字化也在加速,数字化人才招聘、数字化审计与合规等也都提上日程。

不过,相比而言,预算管理的数字化相对滞后。报告观点指出,疫情的不确定性使得弹性预算、滚动预测的使用更为迫切。多数企业在管理债权债务的账龄、坏账时,没有相应的工具能做到管理每一笔债权债务的形成和冲销。

财政部宏观研究人才库成员乔嗣佳说,当前预算管理的数字化程度仍然有待提高。"一些企业的业务部门,他们的认识可能还不是很到位,面对疫情期间需要不断调整的预算,他们可能会显得手足无措。从信息化工具来看,目前还没有形成全面预算管理的闭环系统。"

此外,合同管理的数字化也相对"拖后腿"。合同管理模式在日常经营中仍然比较粗放,结合电子影像、电子档案,在线查看等需求仍然不能得到满足。

在上海国家会计学院审计系专家苏宏通看来,企业的数字化转型和信息化建设是一项系统工程,"硬技术"和"软技能"要同步跟上。"举个例子,如果企业的目标是挖掘信息、优化决策,那么除了对信息技术的硬件投入外,可能还需要提高员工的数据分析能力。也就是说,'硬技术'和'软技能'相匹配,同时切合企业的发展需要,才能发挥信息化建设的最大作用。"

资料来源:http://www.cnr.cn

三、会展信息

我国的会展行业起步较晚,目前对于会展信息管理重点主要放在业务层,会展项目是多源信息集聚的一场活动,从策划、论证、审批、宣传、招展、招商、现场服务与管理到最后评估,具有周期长、涉及面广等特点,其中会产生大量信息,需要及时、准确处理。

如会议产业(如图1-2),上下游涉及多个环节,且多为合作关系,日常管理以及项目执行中会产生大量的信息,通过有效的信息管理,能够降低管理成本,同时推动项目顺利进行,并改进服务质量,同时满足上下游产业链的利益需求。

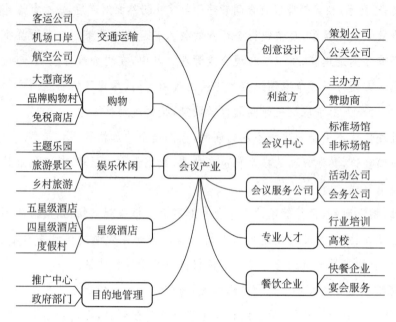

图 1-2　会议产业链

结合会展的类型特点,会展信息是指会展企业涉及的运营管理和项目管理等信息,包括:财务信息、人力资源信息、参展商信息、观众信息、会场信息以及主办方信息等内容。

1. 会展信息的分类

会展信息可分为会展企业内部信息和会展项目外部信息两大类。

(1) 会展企业内部信息。即企业内部日常运营中产生的信息,主要包括:财务信息、人力资源信息、行政事务信息、合作伙伴信息以及政府政策信息等。

(2) 会展项目外部信息。即项目从策划到评估所产生的信息,主要包括:展览或会议所属行业信息、会展基本信息、参展商信息、观众信息、会场信息、会议主办方信息等,这些信息中,还存在一些复杂信息,诸如会议基本信息,包括:会议主题、会议议题、演讲人、酒店、餐饮等。

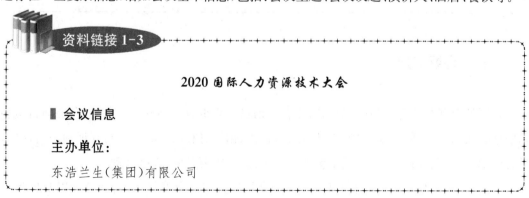

2020 国际人力资源技术大会

■ 会议信息

主办单位:

东浩兰生(集团)有限公司

承办单位：

上海东浩兰生会展（集团）有限公司

上海靖达国际商务会展旅行有限公司

指导单位：

上海市人力资源和社会保障局

上海市浦东新区人民政府

中国人才交流协会

中国对外服务工作行业协会

支持单位：

上海人才服务行业协会

上海市外商投资协会

江苏省人力资源服务行业协会

浙江省人力资源服务协会

广东省人力资源管理协会

北京市人力资源服务行业协会

官方网站：

http://www.hrtechchn.cn

表1-1 2020国际人力资源技术大会时间安排

9月2日 星期三			9月3日 星期四		
09:30—10:10	主会场	开幕式	09:30—12:00	主会场	数字化时代组织的进化
10:10—11:35	主会场	主旨演讲	09:00—11:50	2号会议室	人力资源共享管理模式实践分享
11:35—12:30	主会场	圆桌论坛	09:00—12:00	9号会议室	中国对外服务行业协会薪酬福利专委会年会
13:30—16:45	主会场	VUCA时代的人力资源管理变革	13:30—15:45	主会场	主旨演讲
13:30—16:15	2号会议室	薪酬福利与绩效管理的趋势	13:30—16:05	主会场	颁奖仪式
13:30—17:00	9号会议室	组织教练赋能企业成长（工作坊）	16:05—16:10	主会场	闭幕式

资料来源：http://www.hrtechchn.cn

2. 会展信息的作用

(1) 有利于提升会展企业营销效率。

从精准营销到整合营销，会展企业在项目运营到品牌建设上，都需要营销手段的助力。对于会展项目而言，特别是一些自办展、自办会，会展企业正在逐步从电话营销、广告营销等老路上走出来，因为这些手段成本投入大，获取目标客户的数量较少，不利于会展企业的进一步发展。要让参展商、与会者等更好地与会展项目增加黏性，就需要满足各方利益诉求，解决各方营销痛点。借助大数据平台，整合企业优势资源，借力合作伙伴资源，立足互联网平台，根据自身发展情况，挖掘、收集、整合、处理数据信息，明确目标客户，根据目标客户实际情况，调整会展活动形式，满足多方利益诉求，提升各利益方目标客户的转化率。

(2) 有利于加强会展企业品牌建设。

大数据背景下，精准定位目标市场，吸收各方反馈信息，建立符合会展企业自身以及项目自身发展需要的服务模式，促进会展企业走可持续发展道路。越来越多的会展企业，认识到了品牌建设的重要性，无论是企业品牌还是项目品牌，目标是让客户与会展企业构建良好的合作关系。

(3) 有利于满足会展企业客户实践体验。

借助先进技术与理念，获取目标客户（包括参展商、观众或是参会人员、与会嘉宾等）参加会展项目前、中、后的行为数据信息，根据这些信息预测他们的消费行为偏好，将这些信息经过技术处理后，将一些可公开的信息，在各利益方中有序有条件分享，推动各方将自身产品进行进一步升级、优化，同时也可利用互联网平台，将这些产品提供给目标客户，并增强目标客户产品体验感，实现一对一的参展与观展服务形式，进而提高会展企业服务水平。

(4) 有利于改善会展企业客户关系。

会展项目中，客户类型众多，一些展会现场的观众也存在多样性，有买家来观展的，有参展商为下一届展会来做现场调研的，也有同类型展览同行来学习取经的，等等。这些信息能够为下一届的发展指明方向，精准定位客户需求，精准提供服务，满足客户日益增长的业务需求。

(5) 有利于会展企业精细化管理。

和其他行业中的企业一样，一个会展企业的日常管理，需要经历多项审批单据，涉及员工报销、人事考核、库存管理等方面，实现信息化，通过运营先进的管理信息技术，减轻各级员工工作压力，让数据多跑路，让员工少跑路、少敲门，提高会展企业的整体管理水平。同时，精细化管理也可运用在会展项目中，减轻会展企业的人力成本投入，降低多方的沟通成本。

(6) 有利于推动会展企业服务标准化、国际化、规范化。

中国会议产业需要紧跟国家发展战略，通过自身优化不断提升自己。通过多年对会议服务产业的调研与研究，2012年9月20日，我国首部会议服务行业地方标准——《会议经营与服务规范第 1 部分:会议服务机构》在上海发布。该标准由原上海市旅游局提出,上海旅游会展推广中心起草,经过评定后由上海市质量技术监督局发布,并于 2013 年 1 月 1 日正式实施。2014 年 6 月,上海市正式启动了"上海会议服务机构服务与经营标准化"达标工作,并于当日举办了会议服务机构服务与经营标准化达标申报培训会。2016 年,全国旅游标准化技术委员会在"上海标准"的基础上发布《会议服务机构经营与服务规范》,并于 2017 年 5 月实施。随后的两年,浙江省、杭州市等相继发布当地会议服务标准及评定办法。此举有力推动了会议服务机构的质量提升,保障了该产业的持续前进。上述这些标准在会展信息的运用上做了明确的规范建议,有利于推动会展企业的进一步创新发展。

会展企业需要精准把握项目所涉及的行业信息,通过信息平台快速获取来自全球各地的实时信息,包括行业补贴政策,适应市场变化,以便在选择会展项目、参展商等方面有更多空间,提高会展项目的质量,为行业头部企业和创新企业提供更好的服务。

资料链接 1-4

浙江会展"云"上借力 数字化改革引关注

新冠肺炎疫情来袭,会展业经历了前所未有的"暴风雨"。2020 年 9 月 5 日,以"数字新时代 展览新未来"为主题的 2020 全球展览浙江论坛上,浙江会展的数字化改革引起各界关注。

记者从省商务厅了解到,浙江上半年共组织浙江 6 587 家外贸企业与 9 743 家境外采购商进行 23 384 次精准对接,成交及意向采购金额近 9.2 亿美元。这份成绩单背后,正是省商务厅打造的 122 场网上交易会。

向"云"上借力,折射出的是近年来浙江会展业在创新驱动下的"关键一跃"。省商务厅相关负责人告诉记者,浙江展览业正在更换"发动机",在特殊时期充分发挥浙江数字经济优势,利用大数据、移动互联网、社交社群等综合数字化解决方案,率先举办在线会展,为上半年浙江外贸出口由负转正的逆势增长作出了重要贡献。

会展是经济恢复发展的抓手之一。发展的目光不能只盯着展会收入,更要看到背后企业潜在的商机,以及对未来招商引资带来的"蝴蝶效应"。

为了尽快走出会展业低迷状态,2021 年 3 月,省商务厅顺势作为,聚焦企业"出口成交"导向,紧盯"优质境外采购商"核心环节,破解供需匹配度不高、时差、语言等难题,提前为双方企业"量身定制"产品手册,保障双方配对吻合率,推出"精准配对"

模式。浙江出口网上交易会搭建高效的网上交易平台,助力浙江外贸企业接订单、拓市场、保份额。

"全球数字会展时代已经到来,参加在线广交会和举办在线浙洽会、浙江出口网上交易会等在线展会的成功实践,表明浙江展览业在这一轮竞争中已经抢占先机,迎来'换道超车'的历史性机遇。据预计,浙江全年可以通过网上交易会推动各类订单落地 150 亿美元左右。"省商务厅相关负责人说。

从"展会云集"到"云上展会",是浙江经受住疫情考验,主动适应新一轮行业数字化、智慧化改革的探索实践。出席论坛的嘉宾认为,浙江会展业对浙江经济的贡献、对中国经济的贡献是独特的,可以看出浙江会展业独树一帜,有历史渊源,更有战略谋划。

从数据来看,2021 年 3 月开始,浙江外贸连续 4 个月保持同比、环比正增长,上半年浙江实现货物贸易出口 1.09 万亿元,同比增长 3.3%,好于全国 6.3%,占全国份额同比提高 0.9%;服务贸易出口 982.8 亿元,同比增长 10.3%;货物贸易和服务贸易出口均实现"半年红"。

2021 年 8 月,由浙江省商务厅打造的"创新在线数字展览模式"入选国务院深化服务贸易创新发展试点"最佳实践案例"。

资料来源:http://www.cnr.cn

四、会展信息管理

会展行业是一个劳动密集型产业,参与会展项目的人员结构较为复杂,加之涉及业务类型繁多,会展公司组织结构较为复杂,给管理带来了一定难度,同时,会展信息管理并不是企业对于信息技术的简单应用。当今现代企业管理,运用管理系统将企业运营中涉及的人、财、物有效进行综合管理。综上所述,会展信息管理指综合网络技术手段,将会展企业涉及的运营管理和项目管理等,通过综合系统平台,进行计划、组织、领导和控制,为企业的有效运营,做技术保障及决策辅助。

会展信息管理主要针对企业内部运营信息管理和会展项目信息管理(如图 1-3),企业内部运营管理主要落实在日常运营管理之中,而会展项目信息管理就有其特殊性,特别是会展项目的类型多样,根据会展信息管理的定义,运用综合系统平台,对企业运营或会展项目进行计划、组织、领导和控制,特别是针对会展项目本身,项目管理的各阶段可能略有不同,主要可以分为:启动阶段、规划阶段、执行及控制阶段、结束阶段等四个阶段。

图 1-3　会展信息管理主要内容

（1）启动阶段信息管理。

在项目启动阶段，部分类型的会展项目有时会增加招标阶段，工作内容基本都会包括：市场调研、主题策划、可行性研究、立项及审批等多项环节，这其中包含了大量信息，需要通过多渠道收集政府、行业协会等发布的产业政策信息，需要对所涉及行业发展方向有前瞻性的把握，同时要了解政府审批要求。

（2）规划阶段信息管理。

主要工作包括：明确目标、确定时间、招展项目设计、观展项目设计、服务项目设计等。信息内容比较繁杂，既包括会展项目的对外信息，诸如场馆信息、嘉宾信息等，又包括了诸如客户信息、项目预算在内的内部信息；财务管理方面，每个项目，会展企业会建立专属台账，以便后期核对。

（3）执行及控制阶段信息管理。

控制是在执行阶段过程中穿插进行的，为的是调整环节进度，保证服务质量。执行的主要工作包括：团队人员任务布置、物资（物料）分配以及项目资金安排等，控制的主要工作包括：任务监控、预算成本监控以及人员监控。执行的信息是动态的，诸如嘉宾航班延误、嘉宾临时有事无法参会、展品因物流及天气等因素无法到达现场等，这些信息需要第一时间掌握，并反馈给各板块小组负责人，比如嘉宾参会就涉及车辆、酒店、餐饮多个板块，可以说是一环扣着一环。

（4）结束阶段。

结束阶段，也是一个项目成功举办的标志，更是下一届筹划的前期阶段，主要工作包括：总结、效益评估以及反馈等环节，这些信息需要汇总整理，并形成相关报告，特别是对下一届会展项目的整改意见，以期进一步提升会展项目的整体质量，达到可持续发展的目的。

第三节　会展企业信息化和数字化管理实践

2021年3月《中华人民共和国国民经济和社会发展第十四个五年规划和2035年远景目

标纲要》发布,其中的第五篇《加快数字化发展 建设数字中国》尤为引人关注,其中包括加快数字社会建设步伐并营造良好数字生态等。

加速推进国际合作 杭州建设数字会展之都

2021年6月18日下午,2021国际会展文化活动暨国际会展业创新发展大会在杭州举办。在会上,世界最大会展集团英富曼正式牵手杭州,与新成立仅100天的杭州会展集团签署战略合作协议,加速推进国际合作与交流。

英富曼中国区相关负责人介绍说,杭州具有得天独厚的自然环境和生态圈优势,可以在创意类展会项目上重点发力,而英富曼愿意整合项目资源及国际领先的展会运营经验优势,与杭州会展集团在合作办展、共同开拓新项目等方面,开展强强联合。事实上,这已经不是国际会展业巨头们第一次向杭州释放积极信号了。

杭州会展集团党委书记、董事长、总经理李健介绍,为更好地学习国内国际头部会展企业的先进运营理念,寻求更多产业会展项目的合作机会,探讨深入合作办展的可能性,在会展集团成立后不久,就专程赶赴上海,密集走访了英富曼、德国慕尼黑、汉诺威米兰、万耀企龙、笔克集团等国际会展头部企业,几次交流下来发现,国际会展业巨头们对杭州这座城市都有极大兴趣,不仅已经将目光投向杭州,也有落地更多国际会展项目和国际赛事、国际会议的打算。

在国际会展巨头们看来,作为杭州发展会展业的主力军,杭州会展集团虽年轻,但有朝气、有活力、有创意,因此,都有意向通过杭州会展集团与杭州开展深度合作,并发挥各自平台和资源优势,为杭州培育更多有创意和影响力的产业项目,进而助力杭州加快建设"国际会议目的地城市""会展之都""赛事之城"。

资料来源:https://www.hangzhou.com.cn

随着我国改革开放的不断深入,各类展览、会议相继举办,规模越来越大,要求不断提高,信息量不断增加,因此需要系统支持与配合的环节越来越多,涉及营销推广、现场服务与管理及客户关系管理等方面。根据国际展览业协会(UFI)发布的2019版《全球展览行业晴雨表》,58%的受访者表示,他们在现有的展会上增加了数字服务/产品(如应用程序、数字广告、数字标牌)。这在巴西(71%)、中国(72%)、意大利(64%)、墨西哥(75%)、英国(73%)和美国(62%)已经得到广泛认可。会展行业的公司也在进行数字化:据调查,在全球范围内,48%的公司表示他们已经改变了内部流程和工作流程,使其更加数字化。有28%的参与调查公司报告称,他们已经为整个公司制定了数字化转型战略。

数字化转型不能一蹴而就,企业的数字化道路还很漫长,信息技术迭代更新速度加快,也给会展企业的技术创新带来了压力,这其中也包括资金压力。所以,信息化的管理上,企业在投入人力、物力、财力保障数字化、信息化转型的同时,还需要分析自身现有系统的需求内容,建立适合的信息管理系统。只有将会展企业管理所需解决方案模块化,才能构建有效的集成管理应用。比如从项目创建、客户资源、销售管理、运营管理、服务商及媒体、内部协作管理、外部访问平台、财务管理、供应链管理,以及新媒体应用等。数字化转型的前提是将会展信息系统模块化,在实施过程中,依据企业的经营规模、组织架构、信息化程度,以及未来发展需求等,组合成不同的解决方案,才能有效保证信息化的实施。

一、会展企业信息化和数字化管理实践

1. 会展企业的运营"规范化"

会展行业中,各企业存在人员、组织结构复杂等特点,管理难度不断加大,困扰企业整体发展。目前,一些中小型会展企业都逐步开始适用 ERP(Enterprise Resource Planning,企业资源计划)系统,首先规范的就是财务管理,并将信息分享给中高层管理者,让决策层能够第一时间掌握企业财务情况,使财务对项目的影响降到最低。同时,会展企业随着业务扩张,人员结构也随之发生变化,人员年轻化,可能流程熟悉度不高,通过加入 E-HR(Electronic Human Resource,电子化人力资源管理)系统、OA(Office Automation,办公自动化)系统,建立一个相对稳定且高效的业务团队。帮助企业在人力资源管理、财务管理、行政管理、合同管理等方面,提升企业效率,通过事务审批流程设计,为企业员工创造高效的办公环境,并为业务提供多维度管理,特别是帮助企业在客户关系管理、售后管理、业务管理上提升管理能力。并适时结合 BPM(Business Process Management,业务流程管理)系统,形成一个管理大平台,将会展企业的"数据""表单""流程"充分有效管理。

2020年新冠疫情影响全球会展业,许多会展公司面临着前所未有的挑战。居家办公也给系统的提升带来了诸多挑战和机遇。部分传统的 ERP 提供商,转向云端,云 ERP 提供了系统运行所需的服务器、操作系统、数据库、带宽、数据备份以及网络信息安全环境,并能提供 7*24 小时不间断服务器及系统运维服务,无须用户再通过自己的 IT 专业维护。

2. 会展项目的管理"高效化"

会展项目参展商、观众或是与会嘉宾、观众,少则几十人,多则上万人,客户信息庞大,管理难度较大,如能加以利用,定能充分发挥会展项目的平台效应。实践证明运用 CRM(Customer relationship management,客户关系管理)系统,能够有效管理复杂而凌乱的数据

信息,为各方带来更多有益的数据资源。在信息收集方面,会展行业已经摆脱了依靠名片信息、手动输入的老做法,转而通过线上注册等方式,直接获取客户信息,通过系统预先设置的类型,提前进行分类整理,并在现场进行行为管理与监控,提升后续办展或办会的整体质量。

3. 会展信息管理软件的"创新化"

我国各项学术研究水平正不断提高,各行业协会、高等院校作为承办方,组织管理学术会议,这带来繁重工作压力,如会议通知、会议推广、论文管理、参会人员注册、商旅管理及收费等琐碎复杂的事务往往让管理出现无序。北京美迪康信息咨询有限公司根据学术会议需求特点,设计出"会务通学术会议服务平台",结合"会场幻灯片传输转播系统""学术会议网络直播系统"等系统,为学术会议活动主办方或组织者提供一站式 SaaS(Software as a Service)云平台会务管理信息化解决方案。

同时,结合主办方对于"会+展"需求的特点,上海八彦图信息科技有限公司(31会议)研发出"大会易"(一站式全流程复杂会议活动管理系统),满足主办方乃至参会人员,从会前到会中,再到会后的各项需求,特别是注册管理、论文收集、学分管理、会中互动、展览空间管理等进一步细化,满足不同类型人员的特殊需求。

由于会展行业进入门槛不高,我国会展业市场存在目的地城市之间、会展企业之间、项目之间等多方面竞争。如何提升项目能级、企业实力,从而提升会展行业整体实力,会展信息管理有其必要性和现实意义。然而,现有的管理系统中,还未真正出现一个包含企业管理和项目管理的融合信息系统平台。

资料链接 1-6

SaaS:软件即服务还是服务即软件

读书的时候课本告诉我们产品和服务的区别,比如有形与无形、看的见与能感受到、持续性与易逝性……

到了数字化时代,产品和服务均有数字化的趋势。

在这个背景下,产品与服务的界限趋向模糊。并且出现了一系列术语如:SaaS(产品即服务)、PaaS(平台即服务)、HaaS(硬件即服务)、MaaS(移动即服务)、IaaS(基础设施即服务)、iPaaS(集成平台即服务)……不胜枚举。

以上术语的诞生说明了两个问题,其一是产品和服务的数字化,其二是产品服务化。

从主体性而言，两者的区别主要是"人"的属性，服务对人（服务人员）的要求更高，甚至需要服务人员的现场服务；比如请人抓痒就是一种纯服务，只有人来服务才更有服务体验感；而产品对于产品自身的使用性要求更高，使用者自己使用即可。当然也有服务型产品，比如餐厅、酒店、航空等，需要空间、物质的产品和人的服务相结合。

以 SaaS 为例，翻译为软件即服务其实不对，因为软件本身其实没办法提供服务，本质上还是软件背后设计、编写、研发、维护软件的"人"在提供服务，从 SaaS 的本意而言，应该翻译为软件可以作为一种服务。As 有作为的意思而不是替代的意思。

之所以在国内翻译为软件即服务，是想表明软件本身的易用性和产品属性，从而可以替代服务人员的贴身服务。但是这种替代人的软件服务，从另一方面而言是一种"IT 税"，即使用这个软件的人也有自己为自己自主服务（使用）的意思。比如以往，你打一个电话给票务公司，会有人给你定票，这是一种服务，但有了信息化移动化的票务平台，用户通过登录移动端应用程序自己给自己订票，看起来是软件取代了人的服务，但是这个订票的人要给自己订票，可以理解为自己给自己的自助服务（因此更省钱，省了服务费），从另一方面来看，这个软件背后还是有持续的服务人员（IT 开发和运维人员）。

所以 SaaS 服务，本质上还是有服务的，只不过是弱服务、微服务，强自主性，由于具备很高的产品属性——具有很高的标准化程度，因此可以使用数字化来代替人的服务，使用者使用起来也很简单，从而具有很强的经济属性。

在 IT 行业还有另一句话，叫做：软件不行人来上，就是当一种软件产品的实用性还不那么便捷的时候，可以以半软件＋半人工的形式来提供服务。因此 SaaS 的两个 S——Software 和 Service，正过来读就是软件即服务，倒过来读就是服务即软件，而且两者都行得通。甚至更多的时候，客户更需要服务。

在服务之中对人的要求越高、越强，这种服务的人的属性越强，反之则是产品的属性越强。所以越是在传统行业，对人的要求越高，很难用软件去取代，尽管理论上可以不需要人的服务。

比如，在旅游行业，在 DMC 行业，在 DMO 行业，在接待行业，在酒店行业，一般都找熟人，熟人建立信任感。国际上的旅游局、DMC 公司、中小型外贸公司的负责人通常十几年几十年不变，不仅是因为服务越长越有经验，而且是因为人脉结识得越广，而且是重复合作需要建立长久的信任。

很多人担心AI会取代人,未来人们会失业,这是人类限制了自己的想象力空间。很多工作被取代,人们会有更多时间参与休闲与消费,这样就会向服务经济转型,这样服务经济的就业比重会越来越高,也会创造出更多的就业岗位。当今,发达国家大多数人都是从事服务行业。

而且,尽管有了SaaS,但SaaS本身不会"杀死"人的服务,也不会替代人的服务,因为SaaS背后永远会有人。在哲学意义上而言,人的主体性永远不会消亡,人与人之间建立服务,人服务于人才会有价值上的意义和成就。

所以,无人零售的本质还是有人的服务,机器和数据永远不会代替活生生的人。

资料来源:https://mp.weixin.qq.com/s/dEuzKZ8SdA0Yt_bA6b-_ow

4. 会展企业的"多样化"

2020年,阿里巴巴、腾讯等互联网巨头纷纷进入会展行业。2020年5月,阿里巴巴与上海市国际贸易促进委员会在上海共同合作成立云上会展有限公司,率先探索线上线下融合的云上会展新业态。2020年6月,京东作为技术服务商,为2020年中国国际服务贸易交易会提供数字平台线上服务。2020年8月,腾讯云会展发布业务战略、解决方案、产品体系和生态策略,与行业共同探讨如何用云端科技为会展实现更多价值。打造数字化时代的"云会展",从传统软件技术公司,到互联网巨头纷纷进入会展行业,这是对该行业前景充满期待的表现。

2021年7月,厦门市商务局印发《全面推进厦门数字商务高质量发展实施意见》,意见提出要大力发展双线会展新模式,鼓励会展企业与数字化专业技术服务商开展合作,创新线上线下融合办展,要积极推进会展产业与数字经济融合发展,加快推进会展业标准化建设与数字化建设融合发展,支撑完善会展业信用体系。此意见的发布,有利于推动会展产业在当地的进一步发展,中国正在从会展大国走向会展强国,未来政府将更有效地实施产业政策,提供公共服务,给会展行业转型升级带来政策性保障。

资料链接 1-7

上海举行2020世界人工智能大会 首次推出线上云展览平台

2020年6月9日,2020世界人工智能大会云端峰会倒计时30天会议在上海举行。今年大会以"智联世界,共同家园"为主题,首次推出线上云展览平台,实现3×24小时全天候内容输出,预计线上参展企业约150家。

2020世界人工智能大会云端峰会定于7月9日至11日举行,今年大会打造全新的线上会展平台,以上海为蓝本打造的"3D虚拟AI家园"围绕"智联世界,共同家园"主题演绎,开辟了高端论坛、AI先导等区域。各企业分别入驻对应板块,通过在线展示、直播等功能,共建共享AI云家园,集中反映人工智能为经济社会发展赋能的效应。展览还引入了充满趣味性的互动机制,届时将为公众打造线上AI嘉年华。

上海市经济信息化委副主任张英:这次有150多家企业来到我们线上展,会给大家提供很多不同的展会的体验,同时也给大家更多了解数字会展的一些新的发展趋势。

世界人工智能大会自2018年以来成功举办了两届,伴随着上海人工智能产业发展从起步到壮大,已成为行业内具有一定国际影响力的品牌活动。今年大会获得了国内外专家学者、龙头企业、专业机构的良好反响和积极参与。目前已邀请包括获得图灵奖、诺贝尔奖等重量级嘉宾超过500位,其中80%确认参会。

资料来源:http://www.cnr.cn

二、会展企业信息化和数字化管理趋势与展望

全球各领域不断发展,催生了对最新信息的渴望,特别是信息的挖掘分析能力需要进一步跟进,满足各行业发展需求。目前信息化正在进一步向数字化方向发展,未来将更进一步向智慧化方向迈进。会展业的智慧化发展是必然趋势,一方面来自会展业转型升级的需要,特别是2020年新型冠状病毒肺炎的影响,行业从业人员更加迫切希望企业变革转型;另外一方面也是智慧城市发展的需要,近年来,部分国内城市倡导智慧城市建设,从交通、能源、教育各领域出发,会展业作为现代服务业中的主导产业之一,需要配合政府战略优化转型。

1. MR技术将广泛运用会展项目

MR(Mixed Reality,混合现实技术),不是简单的仅仅将AR(Augmented Reality,增强现实技术)/VR(Virtual Reality,虚拟现实技术)技术进行叠加整合,MR技术在虚拟环境中引入现实场景信息,这个过程并非简单增强,而是在虚拟世界、现实世界和用户之间搭起一个交互反馈的信息回路,以增强用户体验的真实感。

同时,未来5G与MR将深度融合,真实感将更加强烈,互动性也会不断增强,让用户更加能够融入到一个新的场景,并获得有用的信息。

图 1-4　混合现实技术场景

2. 数据将成为会展业的新能力

会展项目本身的信息量极大,给前期的营销策划带来了难度,信息化、数字化、智慧化技术不断进步、演变与发展,也加大了会展项目的有效衔接的难度,未来将借助大数据平台对会展项目的相关数据进行收集、归纳、整理和分析,进一步推动会展项目的营销推广与宣传,从而根本上提高工作效能。

3. 政府决策管理一体化

会展项目在城市管理角度来看涉及多个政府部门,诸如交通、公安、市容环卫、市场监督等,目前部分城市的智慧城市管理系统已将这些部门有效连接,未来需要进一步优化,在项目审批、管理及评估上,让企业少跑路,在管理会展项目质量的同时,要结合后台数据,更好地落地更有效的促进政策,保障各会展项目的顺利举办。

会展企业信息化和数字化管理实践对于任何一家会展企业而言都是摸索,但这种摸索的初衷是希望企业乃至整个行业能可持续发展,会展企业甚至是会展行业要面对未来的挑战,就要不断创新,吸收更新的技术为自己所用。

**本章小结**

会展项目有类型多、服务周期长等特点。近年来,会展行业发展迅速,加之信息技术迭代更新,给会展信息管理建设带来一定难度。信息技术的进步对会展业的影响主要在三个方面:一是对会展企业运营效率的提升;二是对会展项目组织和运营能力的提升;三是给会展业的发展带来了新机遇,伴随着互联网、AR、VR、区块链等新技术的应用,也给会展业的发展带来了新的畅想。

信息技术充分运用,并结合信息的有效管理,将推动会展业从策划开始到执行结果各个流程环节的优化,为会展业的发展提供多场景有效结合的发展条件。

思考题

1. 简述信息技术的内涵；
2. 简述现代信息技术与应用；
3. 举例说明会展企业的信息困扰，如何解决这些困扰？
4. 简述会展信息的分类；
5. 简述会展信息的作用；
6. 论述会展企业信息化和数字化管理实践。

第二章

会展项目策划、运营信息管理

 学习目标

- 理解会展项目策划信息的收集内容及方法
- 掌握会展项目策划信息的分析内容
- 理解会展项目策划信息的管理
- 理解会展项目运营信息化管理的流程
- 熟悉会展项目运营信息化管理的内容
- 掌握会展项目运营信息化管理的实践

第一节 会展项目策划信息的收集

2021年会展行业发展的6大趋势

一、国家战略对展览业发展的影响将更加明显。
二、科技领域新发展将给展览业发展带来新动力。
三、跨界融合将为展览业高质量发展注入新动能。
四、展览业发展将进入新旧动能转换的新时期。
五、资本介入将提升展览企业收购兼并和投资能力。
六、混合会展成为一大趋势，会展形式将有更多可能。

进行会展项目策划的首要前提是，在进行广泛市场调研的基础上，充分掌握各种有效信息。掌握有效信息的过程就是一个系统的、有目的的市场调研、信息收集和分析以及整理的过程。信息不充分的会展策划是盲目的策划，而充分掌握各种信息可以为即将要举办的会展活动建立起基本框架；初步提出会展项目的基本内容，为下一步研究会展项目的可行性、执行方案、营销策略以及竞争战略做必要的信息准备。

一、信息收集的内容

如图 2-1 所示，会展项目策划信息的收集主要包括以下几个方面的内容：

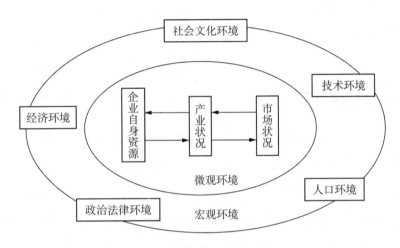

图 2-1　会展项目策划信息收集的内容

（一）宏观环境信息

1. 政治法律环境

政治环境包括一个国家的社会制度，执政党的性质，政府的方针、政策、法令等。不同的国家有着不同的社会性质，不同的社会制度对组织活动有着不同的限制和要求。政府的政策方针、政策、法令等也对会展活动产生巨大的影响。积极的政策能够极大带动当地的会展产业发展。具体来说，以展览会为例，国家的法律法规对举办会展活动的影响主要体现在三个方面：一是通过对国内外企业参展意愿和参展行为的影响来间接影响会展；二是通过对展会组织方式等约束条件来直接影响会展；三是通过对会展举办单位的市场准入资格的限制来影响会展。因此，在策划举办会展活动时，为了展览会的顺利举办，需要了解和收集与展会相关的法律和法规，主要内容包括。

（1）产业政策。

产业政策是国家制定的，引导国家产业发展方向、引导推动产业结构升级、协调国家产业结构、使国民经济健康可持续发展的政策。如国家对一些特殊产品，例如香烟、化妆品、药品等在生产和使用方面的规定,会对会展活动的参与者的参与意愿和动机产生直接或者间接的影响。近年来,我国各地政府纷纷出台了一系列针对会展活动的激励政策和措施,以刺激当地会展行业的高速发展。因此,在信息收集阶段,需要关注各地区的相关扶持政策,准确把握政策,往往能起到事半功倍的效果。

（2）产业发展规划。

产业发展规划是指国家和地方政府对于某一产业的发展所做的长远和宏观规划。一般来说,以政府大力扶持或被规划为重点发展的产业为题材举办的会展活动,发展前景比较看好。同时,会展企业也应该关注国家对于该类产业的发展规划。近几年国家加强了对会展业的宏观管理,政府在投资、制定政策、对行业协会的管理等方面已经有了重大作为,这对于会展行业的发展是特别有利的。

资料链接 2-1

看国家十四五规划，知会展业今后如何发展

根据目前国内各行业发展形势,党的十四五规划指出:"坚持创新在我国现代化建设全局中的核心地位,把科技自立自强作为国家发展的战略支撑……提升企业技术创新能力,强化企业创新主体地位……发挥企业家在技术创新中的重要作用。"会展行业在过去十几年的发展中,也经历了一些转型,但是在未来的发展中,更要注重创新能力,会展企业也要不断地提升自身的创新发展力,不断进行自我完善与改进,提升自身的应变能力,确保持续稳步的发展。

"加快发展现代服务业,推动生产性服务业向专业化和价值链高端延伸,推动现代服务业同先进制造业、现代农业深度融合,加快推进服务业数字化,推动生活性服务业向高品质和多样化升级,加快发展健康、文化、旅游、体育等服务业,推进服务业标准化、品牌化建设。"会展行业作为新型产业,也是新型服务业,已成为经济发展的主动力,要坚持跨界融合、模式创新,促进服务业扩大规模、拓展空间、优质高效发展。

"数字经济是未来的发展方向,要以数字政府建设为牵引,不断优化数字化环境,丰富数字化应用场景,切实推动经济社会发展数字化转型。"在经历新冠肺炎疫情后,国家对会展产业活动提出了更高的要求,会展业从"面对面"逐步拓展到"屏对屏",线上线下共同发展的有效方向,同样也是所有会展企业正在探索的新路径、新模式,未来更有望成为发展的新趋势。在疫情常态化的特殊时期,大型展会通过线上

> 这样一个方式与载体,纷纷"云"上集合,同样也赋予会展业发展新路径。在新形式下,我们更应该抓住机遇,迎接挑战,应用"互联网+"思维,做好会展行业发展的转型。
>
> 　　会展产业对于我国经济发展做出了重大贡献,国家、政府对会展行业都有各方面的政策支持,政府对会展扶持政策已经找准目标定位,增强政策的导向性,大力支持会展行业发展,支持会展企业做大做强,为会展行业发展保驾护航!
>
> 　　资料来源:百思特会展官方网站

(3) 海关有关规定。

海关有关规定是指针对某一产业的货物进出口政策、货物报关规定和关税等,这些规定对国内企业到海外参展,以及海外企业参加国内展会都将产生重大影响。

(4) 市场准入规定。

市场准入规定是指提供商品或服务的一方进入目标市场需要达到的条件或标准,以及进入市场后需要遵守的相关规范。主要包括两个方面:一是对举办会展的企业或机构的资格的审定;另一个是国家对外资进入该产业的政策规定。前者直接影响了企业是否能够举办会展活动,而后者则直接影响了海外企业的参与意愿和行为,也同样影响了会展活动的组织方对活动规模、内容以及性质的界定。

(5) 知识产权的保护。

近年来,知识产权的保护越来越受到国内外企业的重视。会展活动中经常会涉及到展台的设计,新品的发布等涉及到知识产权敏感区的内容。如何做好对会展活动参与者的知识产权保护,和对侵权行为的有效打击,是需要会展项目主办方必须要考虑的问题。知识产权的重视程度将会成为影响会展活动主办方以及品牌声誉的重要影响因素。

(6) 行业法规。

我国目前还没有一部会展法,有关于会展业务开展的规定和要求散见于国际条约、行政法规、部门规章、地方性法规、地方政府规章、行业规范以及相关政策(以下统称"法律规范")中,上述法律规范大致可分为国际条约、通用法律规范以及会展专项法律规范三大类。

第一类:国际条约

会展业属于服务业范畴,因此受到GATS的约束。我国作为WTO成员国之一,主办方在举办展会时应注意我国承诺遵守的GATS有关义务。此外,我国还加入(或签署)了一系列与知识产权保护有关的国际条约,这些国际条约也对展会的筹办和运营产生重要影响。如《保护工业产权巴黎公约》确立的国民待遇原则、优先权原则、独立性原则等基本原则,不仅为国际展览会知识产权保护提供保障,也一定程度推动了国内会展业立法。

第二类：通用法律规范

会展作为商业性活动，因其与其他经济活动一样存在营利性、公开性、参与主体多等共性特征，需考虑并实现诚实信用、等价有偿、公平竞争、安全环保等目的，故诸如《民法典》《公司法》《广告法》《保险法》《反不正当竞争法》《著作权法》《专利法》《商标法》；《大型群众性活动安全管理条例》《海关暂时进出境货物管理办法》；《上海市户外广告设施管理办法》《上海市社会生活噪声污染防治办法》等通用法律规范都是规制展会各类法律关系的依据。

第三类：会展专项法律规范

有别于通用法律规范，会展专项法律规范多以政策、部门规章、地方性法规、地方政府规章或行业规范的形式出现，这与展会的专业性、属地性的个性非常吻合，当然也凸显了高位阶会展专项法律规范较少的现状。会展专项法律规范主要涉及以下内容：

① 国务院及部委层面：《国务院关于进一步促进展览业改革发展的若干意见》（国发〔2015〕15号）、《国务院关于第二批取消152项中央指定地方实施行政审批事项的决定》（国发〔2016〕9号）、《对外贸易经济合作部关于印发〈在境内举办对外经济技术展览会管理暂行办法〉的通知》（〔1998〕外经贸政发第325号）、《展会知识产权保护办法》等。

② 地方或行业层面：《上海市展览业管理办法（2015年修正）》（以下简称为"《展览业管理办法》"）、《上海市人民政府关于取消和调整一批行政审批等事项的决定》（沪府发〔2016〕100号）、《上海市会展业自律公约》（以下称为"《会展业自律公约》"）等。

此外，会展活动涉及面广泛，往往涉及多种产业和部门。各个产业或者部门或多或少都会有自己的一些特殊的规定，在举办会展活动之前都需要从各个方面进行政策和规章制度的充分了解。

资料链接 2-2

这个区带来3 000万专项资金！打造会展产业集聚新高地

2021年2月2日上午，"津南区服务保障国家会展中心（天津）建设运营"新闻发布会在天津召开，会上重点发布了《津南区人民政府办公室关于促进会展产业发展实施意见（试行）》，津南区财政局负责安排会展发展专项资金不少于3 000万元，用于会展资金补贴及奖励，以加快产业升级步伐，将会展业打造成津南区现代服务业的主导产业和新的经济增长点，形成会展产业集聚新高地，提升区域经济地位。

《实施意见》主要内容如下

一、支持做大会展经济源头

1. 支持国家会展中心(天津)公司做大做强

鼓励国家会展中心(天津)有限责任公司加大自办会展力度,打造自办展品牌;广泛利用行业资源,积极引展引会。每年给予最高1 000万元,分两次支付,用于自办展、相关客展及论坛的服务保障性支出(如安保、知识产权保护、突出贡献会展活动等)。

2. 支持会展主承办方落户

鼓励国内外知名品牌展会主承办方注册在津南区,年组织举办展会营业收入超过1 000万元、3 000万元和5 000万元的展会主承办方在津南区注册设立子公司或合资公司的,分别给予10万元、20万元和30万元的一次性奖励。

3. 支持展览举办

对在津南区举办3天以上(含3天),展览规模在5万平方米、10万平方米、20万平方米的展会分别给予展会主承办方20万元、40万元、80万元奖励。展览项目由注册津南区的企业主办或承办的,可在奖励标准基础上上浮50%。对在津南区举办3天以上(含3天),展览规模在2万平方米以上的首次展会,给予主承办方10万元一次性奖励。

培育专业性会展,对在津南区举办2次以上、处于培育阶段但产业特色明显,符合津南区产业导向,展览面积在1—5万平方米的特色展会,经认定后给予主承办方最高不超过30万元的一次性奖励。

支持国际性品牌展会。对在津南区举办2次以上、具有国际影响力和规模的大型品牌展会,经认定后给予主承办方20万元的一次性奖励。

4. 支持会议举办

在国家会展中心(天津)举办的参会人数200人、500人、1 000人以上的会议,给予会议举办单位实付场地租金30%的扶持,单次会议支持最高金额分别不超过10万元、30万元、50万元。

5. 鼓励酒店承接国家会展中心(天津)展览期间的相关会议

对在津南区设立并纳统的酒店,承担参会人数单日在200人以上(含200人)的国内会议和参会人数单日在50人以上(含50人)的国际性会议,给予5万元的一次性奖励;承担参会人数单日在300人以上(含300人)的国内会议和参会人数单日在100人以上(含100人)的国际性会议,给予10万元的一次性奖励;承担参会人数单日在500人以上(含500人)的国内会议和参会人数单日在150人以上(含150人)的国际性会议,给予20万元的一次性奖励。

二、支持会展及配套企业集聚

1. 支持会展产业链上下游企业落户

鼓励国际著名展览公司独资子公司、全国性会展行业协会在津南区新落户。对新注册并落户津南区的企业、协会，经认定后给予前2年实际发生办公用房租金50%的补贴，每家企业、协会原则上每年租金补贴不超过30万元。

对新注册并落户津南区的会展配套服务企业，经认定后给予前2年实际发生办公用房租金50%的补贴，每家企业原则上每年租金补贴不超过10万元。

2. 鼓励会展企业聚集

吸引专业化会展公司、会展配套服务公司、会展工程企业落户的园区或基地，园区或基地内落户会展业企业20家及以上，且与会展相关年主营业务收入超过500万元的企业数量达到5家及以上，给予园区或基地运营方奖励每年20万元；落户会展业企业50家以上，且与会展相关年主营业务收入超过500万元的企业数量达到10家及以上，给予园区或基地运营方奖励每年40万元；落户会展业企业80家以上，且与会展相关年主营业务收入超过500万元的企业数量达到20家及以上，给予园区或基地运营方奖励每年100万元。

三、优化会展发展环境

1. 加强制度创新

设立会展审批"绿色通道"，实现政务服务一站式审批，提高审批和备案效率，提升市场主体的满意度。

2. 降低办展交通保障成本

鼓励出租车公司、租车企业、网约车企业为展会主承办机构提供交通保障服务。会展主承办机构可根据合同费用的50%向津南区交通运输管理局申请补贴，每届补贴总额不超过10万元。

3. 完善产业生态

推动设立津南区会展产业发展基金，全力构建会展产业生态体系。利用资本力量推动会议展览、餐饮住宿、文化旅游等优质项目落地发展，形成绿色高质量发展的产业生态良性循环。鼓励在津南区注册的有一定规模的会展企业通过收购、兼并、参股等形式组建会展集团，打造具有较强竞争力、有品牌优势的会展领军企业。

4. 强化展会知识产权保护

在展会期间，由津南区相关部门、国家会展中心（天津）有限责任公司、相关法律服务机构共同组织设立展会知识产权保护和投诉受理中心，为参展企业提供现场知识产权保护服务。

5. 支持品牌建设

对在津南区落地并获国际展览业协会(UFI)、国际会议协会(ICCA)等国际性组织认证的机构或项目,认证后2年发生的会员费给予50%补贴,单个项目最高补贴不超过15万。

资料来源:https://mp.weixin.qq.com/s/Vft0JDDv9jq87GVEih4XJg

2. 经济环境

经济环境主要包括宏观和微观两个方面的内容。宏观经济环境主要指一个国家的人口数量及其增长趋势,国民收入、国民生产总值及其变化情况以及通过这些指标能够反映的国民经济发展水平和发展速度。微观经济环境主要指企业所在地区或所服务地区的消费者的收入水平、消费偏好、储蓄情况、就业程度等因素。这些因素直接决定着会展活动目前的举办规模及未来的市场大小。

资料链接 2-3

上海2020年展会数量和规模全球第一,交出靓丽成绩单

2020年是特殊的一年,受新冠肺炎疫情影响,全球会展业都受到了较大的冲击。然而,在巨大的挑战面前,上海市会展行业一方面严格落实国家和上海市出台的各项防疫要求,另一方面,市政府和相关部门推出一系列扶持政策不断优化企业的营商环境,确保各类会展活动顺利进行。

2020年《进出口经理人》杂志发布的世界百强商展名单中,上海入榜的展会数量有14个,举办面积达到了324万平方米,同比增加了16.8%,入榜展会数量和规模在全球主要会展城市中位列第一。

全年共举办国际展181个,展览面积874万平方米,占全市展览总面积的78.9%;国际展占比较上年提高了1.5%。举世瞩目的第三届中国国际进口博览会展览面积近36万平方米,比第二届扩大近3万平方米;参展的世界500强和行业龙头企业274家;累计意向成交726.2亿美元,比第二届增长2.18%。

上海市会展行业在疫情之下仍能交出一份靓丽的成绩单,与上海市会展行业所处的良好的经济环境是分不开的。

资料来源:https://mp.weixin.qq.com/s/9qXr54EjY4bnVQE0VnRcDQ

3. 社会文化环境

社会文化环境包括一个国家或地区的居民教育程度和文化水平、宗教信仰、风俗习惯、审美观、价值观等。文化水平会影响居民的需求层次；宗教信仰和风俗习惯会禁止或抵制某些活动的进行；价值观会影响居民对组织目标、组织活动以及组织存在本身的认可与否；审美观则会影响人们对组织活动内容、活动方式以及活动成果的态度。

资料链接 2-4

上海狗展遭欧洲动物保护人士抵制　玉林狗肉节成争议点

据英国《每日邮报》报道，上海 2019 年举办世界狗展，但遭到欧洲动物权利活动人士的抵制，他们认为狗在中国遭食用、虐待，呼吁取消中国的主办权，并在网上发起请愿活动。

《环球时报》记者在 Care2 网站上看到，"不要让中国主办 2019 年狗展，除非它取消玉林狗肉节"的请愿已获得近 59 万签名。Care2 网站上介绍称，其总部设在美国，目标是"创建更好的世界"，关注人权、动物权利等，目前拥有 3 000 万成员。

世界狗展由比利时的世界犬业联盟主办，每年 6 月举行，约 90 个国家的代表参加展览。《每日邮报》称，玉林狗肉节也在每年 6 月举行，成千上万的人拥向那里，在十天的时间里，约有 1.5 万只狗被食用。英国国家狗展组织"养犬俱乐部"抵制参与中国举办的狗展。该组织秘书科斯克在接受《每日镜报》采访时表示，中国如果想要举办世界狗展，就必须采取积极行动来终止这些可怕的交易。"我们完全反对中国对狗的处理方式，我们每年都鼓励人们游说反对，所有人都希望看到这一行为结束。"《每日镜报》称，世界狗展是培训师们展示他们驯养的狗的最负盛名的国际盛会。世界犬业联盟不赞成中国对狗的残暴处置态度，严肃抗议中国的玉林狗肉节，但是认为中国有举办这一狗展活动的权利。

德国全球新闻网称，玉林狗肉节和上海狗展代表中国两种对狗的不同文化。玉林狗肉节遭到动物保护组织的抗议，甚至引起好莱坞明星的关注。但同时，中国大都市宠物狗盛行。在主办方看来，在上海举行狗展有利于推广世界狗展的知名度，有利于养狗经济。实际上，中国人对吃狗肉也存在巨大的争议。上海举行狗展势必会引发更大的讨论，或许这次展览会为中国带来改变，对狗更为友好。《南德意志报》则说，大部分中国人对狗肉的味道与西方人一样陌生。

资料来源：https://fo.ifeng.com/a/20160914/44451687_0.shtml

4. 技术环境

当今社会,任何会展项目都离不开软硬件的支持,技术水平为会展项目的效果实现提供了底层条件。会展活动的开展对场馆的设施供给和可提供的技术条件有很强的依赖性。现代会展行业的发展更是体现了这一点,现代会展是充分利用声音、光、电、以及多媒体和信息技术,给观众提供全方位全感官的冲击,从而影响观众的参观行为。这就需要会展活动的举办方能提供比较完备的配套设施和相应的技术服务,以满足这一需求。此外,会展活动的本质是为活动的参与者提供一个信息交流平台。那么,作为行业信息的集中地,对信息技术的依赖性极大。会展活动的举办者必须充分了解当前可利用的各类信息技术,以提高会展活动的组织效率以及展示效果。此外,随着信息时代高速发展,数字会展也是会展产业的未来发展趋势之一。

资料链接 2-5

数字化赋能进博会,提升展客商参展参会便利性和舒适度

在 2021 年 10 月 28 日(星期四)下午 3:00 举行的第四届中国国际进口博览会新闻发布会上,上海市政府副秘书长、进博会城市服务保障领导小组办公室主任顾洪辉,中国国际进口博览局副局长孙成海分别介绍了第四届进博会筹备进展、展会亮点及服务保障等情况,上海市卫健委主任邬惊雷、市商务委副主任周岚、市公安局副局长吕耀东出席发布会,并回答记者提问。

从提升展客商参展观展体验的角度,有哪些数字化赋能进博会服务保障应用?

周岚表示,今年,上海市相关部门积极推动城市数字化转型成果充分运用于进博会实践,借助数字治理强化服务保障的精准高效,借助数字应用场景提升展客商参展参会的便利性和舒适度。

一方面,数字化保障安全。一是数据比对确保防疫安全。按照第四届进博会疫情防控总体方案的要求,相关部门建立了疫情防控信息数据比对工作机制。依托大数据资源能力,开展参展参会人员健康码、核酸检测、疫苗接种数据比对,比对结果作为打开证件核验"健康钥匙"的重要依据,既增强了核验的准确性,又提高了证件办理的效率。二是依托平台强化安保交通指挥。公安部门运用"易的 PASS"系统,实时评估区域交通运行底数,动态调节管控强度,充分释放路网通行潜力。交通部门搭建"交通指挥平台",实时监控周边路网、线路运营、轨道站台、停车状态及在馆客流,做到第一时间掌握、第一时间研判、第一时间处置。三是智能监控保障展会运行安全。市场监管部门进一步完善"进博会市场监管服务保障智能监控平台",在业务全覆盖基础上,升级进口冷链食品展品监控、食品原料供应商监控监测等功能,实现集中高效的统一指挥、便捷精准的移动监管。四是"云仓"管理保障餐饮食品供应。商务部门进一步优化餐饮供应"云仓"管理平台,采取"虚拟总仓+实体分仓"模式,强化订单、调度、环节、防疫、运行管理五大功能,有效协同公安、市场监管等部门,实现餐饮食品全流程、可视化、可预警的闭环管理。

另一方面,数字化便捷参展。一是"进博随申"实现服务随身。依托"随申办"平台构建"进博随申"服务专栏,为参展商和专业观众提供找展商、订美食、看展馆、寻车位、查活动、选交通、享服务、追新闻、云看展、兜上海等信息。二是推进出行便捷便利。"进博随申"专栏中,集成了"进博交通3D可视化场景""线路指南服务""实时信息服务"三大交通出行服务内容。同时,通过"登记分配+自由预约",提供停车预约服务。参展参会人员可通过上海停车APP、小程序等进行在线预约、停车导航、无感支付,实现全智慧停车场景应用。三是提升展品通关效能。升级"跨境贸易管理大数据平台"功能,优化信息录入和巡馆APP应用,完善数字化、智能化、便利化监管模式。四是打造品质化住宿体验。重点打造600家数字酒店,围绕"在线预订、自助选房、快捷办理入住、智能客控、客房信息服务、快速离店"等六个环节,强化智慧化监管,推动便利化入住。

第四届进博会在交通组织方面有什么不同?

吕耀东表示,本着更便捷、更有序、更安全的目标精心组织好交通保障工作。道路交通组织方面。沿用去年有效保障措施的基础上,今年把刚贯通的北横通道纳入整体的保障体系,这样的话国家会展中心和市中心交通往来的效率就更高。同时为了减少对周边居民企业的影响,今年把管制的范围进一步缩小,今年仅仅对涞港路的部分路段实施凭证通行,对嘉闵高架路/盈港东路立交华翔路入口进行交通管制,已经对外公布。

此外针对国家会展中心里面即停即走的临时下客站,把去年的大型客车的范围扩展到中型客车,可以临时下客即停即走的范围更广。在今年的停车资源供给方面和上一届进博会差不多,国家会展中心周边一共设置了临时预约停车场20处,可以提供预约大巴的泊位1 100个,小汽车的泊位1 000个,在这个基础上进一步统筹协调虹桥商务区内的停车资源,提供工作日4 000个,非工作日6 000个小汽车预约泊位,全力保障需求。

在轨道交通保障方面,我们在进博会的核心圈的轨交站点能开尽开,保证群众在最短的范围内进场,同时会同有关方面做好客流服务的一站一方案,地上地下加强联动。确保大客流时做好有序疏导工作。

疫情方面从公安角度来讲,主要把好证件关和入口关,证件上人员的健康信息和证件的通行权限是捆绑在一起的,如果在防疫上不达标,那么证件就无效了。同时在进场时测温、安检、验证进行一体化操作,用最短的时间、最便捷的方式,既检测是否符合防疫要求,又检测是否符合安全要求,达到快速通行的目的。

资料来源:澎湃新闻:https://m.thepaper.cn/newsDetail_forward_15112409

5. 人口环境

人口因素是市场的第一要素,人口数量及质量直接决定市场规模和未来潜在的容量。人口环境既是企业生产经营活动的必要人力资源条件,又是企业的产品和劳务的市场条件,因而是企业生产经营的重要外部环境。而人口聚集是会展活动的一大显著特点。因此会展项目策划的信息收集阶段需要将人口环境因素纳入重要考量。人口环境信息主要包括人口数量和质量、分布、性别结构、年龄结构,以及可支配收入等要素。

(二)微观环境信息

微观环境是相对于宏观环境而言的,能够对会展项目起到直接影响作用的各种因素。主要包括以下几个方面:

1. 企业自身资源

办展企业自身的资源直接决定了会展活动是否能够成功举办,这里的资源主要指举办会展活动所需要的人力、物力、资金,以及能够整合到的各种社会资源。通过企业自身的可获取到的资源的信息收集和分析,能够帮助办展方准确地分析出会展项目所依托的产业以及办展方本身所具备的优势和劣势。这对接下来的项目可行性分析工作提供了重要信息储备。

2. 产业状况

产业发展状况和性质是影响一个会展活动是否能够成功举办的重要因素之一。会展行业素有"一个国家和地区经济发展晴雨表"的称号。因此,收集和分析会展活动所依托的产业状况信息非常重要。收集相关产业的信息,主要是从产业的角度分析行业能够为会展活动提供怎样的发展空间、产业对举办展会可能产生的影响等,为项目策划提出切实可行的举办方案提供参考。

具体来说,产业状况信息收集和掌握主要有以下几个方面:

(1) 产业发展阶段。

产业生命周期是每个产业都要经历的一个由初生到衰退的演变过程,是指从产业出现到完全退出社会经济活动所经历的时间。一般分为初创阶段、成长阶段、成熟阶段和衰退阶段四个阶段。不同的产业发展阶段，对于会展项目的规模策划有着重要的参考意义。例如，当产业处于初创阶段时，该产业的企业数量较少，且企业的利润普遍不高甚至处于亏损阶段，相应的营销预算也较少，导致企业参展热情不高。而处于成长阶段的企业，提高市场增长率的需求较高，企业参展的热情也较高。

（2）产业规模。

产业规模是指一类产业的产出规模或经营规模，产业规模可用生产总值或产出量表示。会展项目的规模直接取决于所依托的产业规模的大小。例如，据博览会现场了解，2020年上海动漫产业继续保持全国领先优势、稳步发展。产业规模达到200亿元，占全国总产值的10%；各类动漫公司7.05万家，同比增长27%；于此同时，在严格遵守防疫要求的前提下，2020年上海共举办8场大型动漫会展活动，接待观众50余万人次。上海动漫会展的场次和面积，以及年度观众总量票房规模，均位居全国前列。

（3）产业分布状况。

产业分布状况是指一类产业以及产业的相关资源在地理空间的分布状况。产业的分布状况对于会展项目的选址具有重要意义。一般来讲，会展项目的举办地也是该项目题材产业的聚集地。例如，我国是家电家具行业最大的产销国和出口国，江浙和粤闽等地是我国家电家具主要制造聚集区域。与此同时，江浙和粤闽地区也是我国家具类展会举办的规模最大和频次最高的两大地区，如每年固定在上海新国际博览中心举办的中国（上海）国际家具博览会，和国际名家具（东莞）展览会都是我国家具展类别里规模最大，档次最高的展会。

（4）厂商数量和质量。

行业内厂商的数量直接影响了展会的办展规模。从理论上讲，一个产业拥有的厂商数量就是即将要举办的会展的潜在参展商和专业观众的数量。如果某产业拥有的厂商数量较多，会展的潜在参展商和专业观众也会较多，则会展举办的成功性就越高；反之则成功的可能性较小。而厂商质量则间接影响了会展项目的最终的呈现效果和质量。

（5）产品销售方式。

不同的产品有着不同的销售方式。通常来讲，销售方式有以下几种：代销、渠道销售、电话销售、直销、网络销售等。产业的产品销售模式及其成熟度对举办展会的影响较大。比如，如果某类产业的销售渠道较为成熟，各企业的销售渠道都已经自成体系，则展览会的招展就会比较困难，举办展会的难度就较大。

而采用代销和渠道销售为主要营销方式的厂商的参展热情相对较高。

(6) 技术要求。

技术要求是指为了实现顺利的展出，展品或者相关设备所需要的技术需求。包括技术实现的难度，展品的大小和重量，以及展出环境要求等方面。了解这些信息对于即将举办的会展项目的场地选择具有重要的参考意义。各个展馆在建造设计方面都有着不同的结构和建筑技术参数，因此对于能够展出的展品的要求也不同。了解这些信息，对于即将举办的展览会的场地选择有着十分重要的参考意义。

(7) 产业的发展趋势、产业的热门话题和产业亮点等。

了解某一产业的市场发展趋势，就是要在了解该产业市场现状的基础上，对产业的未来发展趋势做出科学的预测，以此了解该产业举办展会的发展前景如何，并为展会项目的未来发展做出预测和规划。追踪产业的热门话题和产业亮点则有助于会展项目主办方选择合适的项目主题以吸引更多的参与者参展或者提高参会兴趣。

3. 市场状况

策划一个商业性的会展项目，需要事先对市场进行全面的了解，对各种市场信息进行全面和深入的分析，并在此基础上作出科学的项目策划。如果市场信息掌握不够全面，那么凭此作出的策划就会出现偏差，影响会展项目的成功举办。策划一个会展项目需要收集的市场信息有：

(1) 市场规模。

市场规模是指目标产品或者行业的整体规模，具体包括目标产品或行业在指定时间的产量、产值等。市场规模大小以及变化情况对会展项目的规模和前景会产生直接的影响。

(2) 市场竞争态势。

市场竞争态势是指行业内的企业之间的竞争关系，以及政府对于该行业的控制力和影响力。一般来讲，企业之间的竞争越激烈，对于会展项目的招商招展工作越有利。

(3) 经销商数量和分布状况。

掌握经销商的数量和分布状况对于展览项目而言有着重要的意义。经销商往往是会展的重要专业客户群体，同时在一些直接销售类的会展中，经销商又会以参展商的身份参加展会。经销商较为聚集的地区举办相应题材的会展项目较为有利。

(4) 行业协会状况。

行业协会的数量以及影响力对于会展项目的主办方来说也具有重要意义。一般而言，如果某行业内存在一个或几个号召力和影响力较大的行业协会，会展项目主办方与该协会合作对成功办展起到事半功倍的效果，因为这样的行业协会对于参展企业的参展意愿和方式也起到较大的影响效果。

(5) 市场发展趋势。

市场的发展趋势对于会展项目的生命力和发展前景有着直接的影响作用。在策划一个展览项目之前,必须要对该项目所依托产业的市场前景做出一个科学的预估和判断。并为展会项目的未来发展方向做出相应的战略规划。对于策划一个会展项目而言,需要事先了解的市场发展趋势的内容主要有:市场容量的变化、市场集中度的变化、产品营销方式的变化、市场分布的变化趋势等。特别值得一提的是会展项目主办方要时刻注意市场的变化趋势。例如,受到2019年全球爆发的新冠疫情影响,全球会展行业受到了极大的冲击,也影响了许多企业参加会展项目的信心和积极性。这样的变化也需要在策划之初进行充分的考虑和制定相应的应对策略。

资料链接 2-6

受新冠疫情影响2020全球展览市场净租赁面积收缩73%

根据全球管理咨询公司jwc与UFI官方杂志《展览世界》合作出版的全球展览行业年度报告《2021年全球行业表现》(GIPR)于近期公布研究成果显示,

宏观经济及会展业表现

报告预计2021年全球GDP将增长6%,由2020年的-3.3%反弹回升。新冠疫情后的全球经济复苏时间并不同步:中国是唯一一个在2020年实现增长并将在2021年恢复到危机前水平的主要经济体,美国在西方国家中复苏最快。

不同行业的恢复速度大相径庭:受封锁措施严重影响的高接触行业的活动(如零售、酒店)仍远低于危机前的水平,而低接触服务行业几乎完全恢复。旅游和酒店相关行业受疫情波及严重,目前无法准确预测到2024年之前是否可以恢复到危机前水平;航空公司运力下降39%(截至2021年4月);国际旅游业下降87%(截至2021年1月);酒店预订下降46%(截至2021年2月)。

会展业方面,2020年,欧洲的会展活动支出下降了80%。在美国,会议和贸易展相关就业人数在旅游相关行业中收缩幅度最大。全球疫苗接种覆盖率是国际商务旅行和国际活动全面回归的先决条件之一。

2020年,全球展览市场的净租赁面积为2 850万平方米,预计收缩73%。大部分展览面积在欧洲(39%),其次是亚洲(27%)和北美(26%)。就净租赁面积而言,亚洲市场的收缩率略低于欧洲(74%)。2020年,全球展览收入下降68%,市场规模为120亿欧元。

会展业在中短期内仍面临着疫情防控成本与较低线下活动参与度的双重盈利压力。依赖国际观众的展会，如出口导向型展会等，受影响尤为严重。而主要针对国内或地区观众的展会项目恢复最快。中国、美国、俄罗斯和英国的展览市场结构更加国内化，因此预计未来两年将表现最佳。德国和意大利或将面临艰难的复苏过程。展览企业必须采取更广泛的行动，应对危机的持续挑战，如通过研发数字产品、重组投资组合和重组劳动力等方式，实现成本结构的精简及更高的价值定位。

2020年展览业发展在历史上第一次与全球经济发展脱节。全球资产排名前列的展览公司在2020年的总收入下降了66%，年累计亏损总额达43亿欧元。各头部公司的业绩水平差异较大，但几乎所有公司都损失了至少50%的收入，有些公司的损失甚至超过80%。

英国的英富曼会展在2020年仍然是市场领导者，总市场份额为8%。英国励展和法国智奥展览紧随其后，各占4%；德国法兰克福展览占比2%。通过对欧洲展览公司成本结构的对比分析，盈利能力最强的企业往往在劳动成本控制和活动管控方面也做得最好。

中国会展市场势头强劲

中国会展市场未来两年前景乐观。尽管国际参与在未来一段时间内仍将受到限制，但许多国际公司正在并将通过其在中国境内的销售或代表处参与活动；中国国内厂商参与的规模和程度足以使许多会展活动迅速恢复到危机前的水平。

中国是拥有超过10万平方米展览面积场馆数量最多的国家。有274个场馆面积超过1万平方米，其中大部分场馆为政府或国有企业所有。中国的场馆容量仍在继续增加，35个场馆正在建设中，12个场馆正在规划中。在现有的1160万平方米的总供给量基础上，还将增加近500万平方米的场馆容量。中国不是一个"单一"市场，而是一个地区市场差异巨大的国家，未来仍有新的发展空间可待发掘。

冲进数字商业赛道

数字化转型正以两种主要方式影响着会展业：一是通过与会展活动相关的技术，如小程序或APP等，使实体参与更容易、更便捷；二是通过基于平台的在线服务，如在线配对或数字活动，通过全年可提供的线上增值服务，从而提升会展的价值。

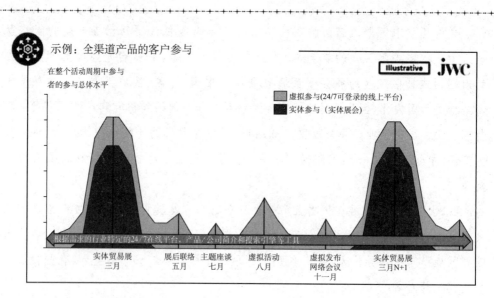

(参展观众各渠道模式展会的参与度示意图,浅色为数字渠道参与,深色为实体渠道参与)

　　在评估数字投资的效益时,直接经济回报不应成为主要指标。数字产品可以增强和延长客户关系,同时有助于加强实体活动,并提供获得新客户的机会。

　　在新冠疫情期间,线上活动平台的供应呈指数级增长,对平台供应商的投资力度及投资量暴增。现有的会展业服务供应商开始进入数字领域,一站式平台服务将越来越多。基于实体和数字产品之间的互补性,将实体贸易展与365天可访问的一站式在线平台相结合,可以最大限度地为参展商和观众创造价值,从而增加业界互动与持续热度。

　　资料来源:https://mp.weixin.qq.com/s/mL69px8IlwYXYcG3cHc4Aw

二、获取信息的方法及渠道

(一)获取信息的方法

　　一般调查研究,特别是市场调研,数据来源主要有两种,一种是一手信息、也称原始数据,另外一种是二手信息。一手信息的数据全部由会展项目主办方主体主动获取所得,所采用的方法主要是三大类:观察法、询问法和实验法。

　　1. 观察法

　　观察法是调查者在现场有目的、有计划、系统地对被调查者采用直接观察的方式记录,以取得直接信息资料的一种调查方法。它不是直接向被调查者提出问题并要求回答,而是凭调查人员的直观感觉或是利用影音设备记录和考察被调查者的活动和现场事实，以获得必要的信息。这种方法的的优点是在自然条件下获取的数据，真实可靠。缺点是被观察者可能存在一定的特殊性，导致观察结果流于片面。

2. 询问法

询问法是一种被广泛应用的调研手段，是将所要调查的事项以书面、电话或者当面的形式向被调查者提出询问以获取资料的方式。通过此方法可以有目的地收集到有价值的信息。询问法又可以分为：问卷调查法、小组访谈法、电话调查法、深度访谈法、专家意见法等。

3. 实验法

实验法是以实验为基础的调研，与以询问为基础的调研相比有根本的区别，其对调研环境、技术、人员素质等都有较高的要求。在会展活动中要想实现真正意义上的实验调研难度较大。但是，实验法有许多值得在会展调研中积极采用的思路和手段。例如，在会展中，有目的地设置一定的区域用于实验，测试现场观众对产品或者服务的反应。

此外，我们关于会展项目的市场信息获取也可以通过二手信息的方式获得，二手资料是指相对于原始资料而言的现成资料，这些资料一般与调研主题有一定的相关性，调研人员可以从中获得大量的初步信息。为了节省时间、人力和资金，二手资料调查法也是主办方经常采用的一种方法。

（二）二手信息的数据来源的渠道

1. 政府相关部门

政府相关部门掌握了最权威的行业商家的数据，是行业信息的一个重要信息来源。

2. 行业企业名录

很多行业都有一些资料齐全的行业企业名录或者企业大全，举办会展活动的单位可以从这里找到大量的客户信息。

3. 商会和行业协会

各行业的商会或者协会一般与本行业内的企业联系密切，掌握了大量的企业信息，有一定的会员单位，办展单位可以通过与商会和行业协会的合作得到这些资料。

4. 专业报刊

各行业的专业报纸和杂志与行业内企业有着密切的往来，也会掌握一定数量的企业信息。

5. 同主题活动

同类活动是收集目标客户的一个理想场所。由于同主题活动的目标客户大致与本活动的目标客户较为一致，所以可以直接收集到相关有用的信息。

6. 各国驻华机构

各国驻华机构每年都会向本国企业推荐一些著名的活动,同时它们也是掌握外国相关行业客户数据最直接的机构,因此,通过各国驻华机构收集行业客户数据也是一种不错的选择。

7. 专业网站

专业网站上有大量的相关行业的用户注册信息,也是一种获取信息的快捷途径。

(三) 市场调研的设计

会展市场调研的设计如图 2-2 所示,可分为确定调研目的、生成调研设计两大部分。

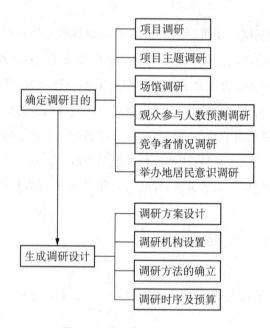

图 2-2 会展市场调研的设计

1. 确定调研目的

确定调研目的是进行调研工作的首要步骤。它是将调研目标具体化,调研项目的确定,决定了问卷设计或者提纲的范围;调研项目是否全面、适当。后面的一切调研活动都要围绕着目的来做。一般来说,会展项目调研主要包括以下几个方面:

(1) 项目调研。

项目调研就是为了确定项目的具体类型。任何会展项目都必须依托当地相关产业的发展状况。此类调研必须全面了解本地、本区域的经济结构、产业结构、地理位置、交通状况、场馆条件等因素,优先考虑本地区的优势产业、主导产业、重点发展的行业、政府扶持的行业,以及具体的行业市场状况,市场归属。并分析办展资源是否充足和其他社会资源是否可以获取等。

（2）项目主题调研。

项目类型确定后，策划人员还需要对项目的具体主题进行相关研究分析，主题对于会展项目的宣传以及吸引观众注册到场起到关键作用。因此，主题调研不仅应广泛研究已有的会展项目的主题性质和分类，也需要广泛了解会展活动潜在的参与者以及所有利益相关者的意见。

（3）场馆调研。

我国各大城市近年来新建了各种规模的会展场馆，但综合来看，场馆的规模、设施、地点、服务水平等各有差异。不同的会展项目需要选择合适的场馆进行举办。具体来说，会展场馆调研主要包括：

① 硬件条件调研：如场馆地点、交通情况、周边住宿容量和条件、停车位数量、场馆的空间规模和设计、场馆的地面承重量、内部配套设施（如多媒体设备、照明、空调、通风）的情况以及安全应急设施是否具备等。

② 软件条件调研：如场馆配套的服务内容、网络及通信条件、管理系统以及特殊情况下的应急预案（例如疫情之下的场馆防疫措施是否到位）。

美国商务手册出版社公司每年都会出版汇集当年商业展览会信息的《博览会、展销会和展览会手册》，手册中对全国各地的各类会展场馆都有详尽的介绍和评估，可以直接为调研工作提供信息服务。

（4）观众参与人数预测调研。

各种类型会展活动的成功举办，都离不开一定数量的观众参与。以商业展览会为例，参与到展览会的观众数量和质量将直接影响甚至一定程度上决定了参展商参与会展的意愿。此外，参与人数的预测还将直接影响场馆的选择、门票的定价、办展时间、预算等一系列重大决策。因此，预测会展活动的观众参与人数对于会展项目策划非常重要。

（5）竞争者情况调研。

随着会展行业在我国的高速发展，各类会展活动不断涌现。就上海而言，最著名的一对竞争对手就是每年9月份在上海举办的两场家具展，一个是由上海博华国际展览有限公司举办的中国国际家具展览会，另外一个是在2015年从广州琶洲展览馆移师到上海虹桥国家会展中心的广州家具展。两个展会几乎同时举行，在上海一东一西形成了激烈的竞争局面。在相同的行业、相同的主题下，要想成功举办会展活动就必须对竞争项目的规模、目标客户群体、举办时间、项目定位、举办的效果及满意度等做详尽的调查研究，不仅要知己知彼，更要扬长补短，避免恶性竞争。

资料链接 2-7

广州家具展移师上海 穗沪谁将更胜一筹？

广州展与上海展在业内都有着非同凡响的影响力，下一年秋季两展同台举行，2大业内有影响力的会展凑在一起，着实是吸引眼球，今年他们的秋季表现，自然也成为了各大展商及业内人士放在内心里暗暗评分的尺码，那么作为一直稳占上海的上海家具展能否继续独领风骚？我们下面从几个方面逐一分析。

【从规模大小的角度看】

上海展已经可以与米兰家具展、美国高点、德国科隆相媲美。但从影响力的角度看，广州家具展仍是中国家具的晴雨表。中国家具厂商一年一度的新产品都会亮相，立足为外销的上海家具展能否借助国内展在秋天抢得国内市场订单，目前看来还是一个未知数。因此，广州家具展移师上海，将对上海家具展造成一定的冲击。

【从资源选择的角度看】

广东作为我国的家具生产大省，广州展拥有着许多优质的家具资源，将为业内人士和企业带来更多的选择，能为长三角、华北、内陆、东北地区带来更多的资源。如此看来，广州展似乎足以扳倒上海展。但上海展多年来雄踞一方，其声誉与影响力也是众所周知的。

【从品牌效应的角度看】

广州展在上海地区并不具备上海展的品牌效应；广州展虽然享誉海外，但有着20年历史的上海展也毫不逊色。上海展作为多年来的老地主角色，其特有的品牌效应是广州展望尘莫及的。

【从展会特色的角度看】

广州春季家具展是一年之中的招商旺季，广州秋季家具展获得的关注往往不如春季展，广州秋季展大有一年不如一年之势。这样一来，移师上海的广州展似乎稍逊一筹，而另一方面，广州展一直以办公家具为重心，而上海展则以原创设计、时尚潮流为重心。现如今，家具业内越来越重视原创设计的力量，这是上海展无法取代的优势。

PChouse点评：综合来看，上海展与广州展两者各有千秋，不分伯仲。下一年的秋季家具展，谁将独领风骚？值得我们期待。然而，不管谁胜谁负、谁主沉浮，有竞争，而且是良性竞争，都将促进广州展与上海展的发展，也将共同推动行业进步与发展。

资料链接：太平洋家居网，https://news.pchouse.com.cn

(6) 举办地居民意识调研。

大型会展活动,如规模较大的展览会,级别较高的国际性会议,或者参与者人数较多的节事活动等在举办期间势必会对会展项目举办地居民的正常生活造成一定的影响。特别是一些重要活动需要重要领导甚至是国家元首出席的时候,城市相关管理部门需要对有关道路进行一定的交通管制,会对市民的工作、学习、休息、出行、日常生活等造成影响。而当地居民的态度和认知将很大程度上影响该活动是否能够顺利举行。热情好客的当地居民可以很好地配合主办方的各项安排,积极参与活动,为活动营造良好的氛围,增强活动参与者的体验感。2008年北京奥运会,我国人民特别是北京当地人民热情好客的态度和言行举止给来自世界各地的游客带来了深刻的印象。相反,居民的抵触情绪将给会展活动的举办带来很多不可预期困扰。因此,组委会在基本调研中需特别关注活动举办地居民意识的情况调研,以便尽早解决问题,为活动的顺利举办营造良好的外部环境。

2. 生成调研设计

为了更好地实现调研目的,并确保调研工作能够顺利进行,调研计划的设计就显得尤为重要。而一个科学的调研计划应至少包含调研方案设计、调研机构设置、调查方法确立、调查时序及预算等内容。

(1) 调研方案设计。调研方案设计的具体内容包括调研目的的要求、对象、内容、地点、时间和范围、提纲、抽样方案以及调研方案的呈现形式。此外,还应确立资料收集的具体方式。

(2) 调研机构设置。会展活动调研机构设置的主要任务是选择并设置调研活动负责人及负责部门。具体来说,是确定把这项工作委托给专门的市场调研机构来进行,还是由活动主办方自己开展。

(3) 调研方法的确立。调查方法的确立应根据调查的目的与要求,从众多的市场调研方法中选择最适合本组织的方法。例如,如果活动主办方选择的是调查表法,那么就必须要设计一个合格的调查表格,以利于调研活动的顺利进行和资料的收集与整理,并得到被调查者的配合,这些都关系到调研结果的科学性和准确性。

(4) 调研时序及预算。调研时序安排主要是指调研活动的起始以及各项活动的顺序时间安排计划。预算包括调研活动过程中产生的各项支出的预算计划。

资料链接 2-8

会议展览中心智慧化调研

第十三届中国会议产业大会(CMIC2020)会议展览中心智慧化调研

Q1：您是否正在使用在线运营管理系统，包括内部管理、业务管理等？

□是的　　　□没有

Q2：您的会议展览中心 5G 布置情况如何？

□一般，有 5G 信号

□较差，5G 网络待接入

□很好，5G 网络可以满足大中型会展活动的实际需要

Q3：您的会议展览中心 WiFi 布置情况如何？

□很好，WiFi 已经升级到最新的 WiFi6，能够充分满足会展活动的需要

□较好，WiFi 可以基本满足中大型会展活动需要

□一般，可以提供一般性的 WiFi 服务

□没有

Q4：您的会议展览中心是否提供专线网络接入服务？

□没有

□是的，不过只能提供一般性专线接入

□是的，可以提供高标准的光纤接入服务

Q5：您的会议展览中心提供的投影仪、音响等在体验度方面处于什么水平？

□一般　　　□较差　　　□很好

Q6：您的会议展览中心数字显示情况如何？

□没有　　　□一般，只有很少

□很好，数字显示系统可以满足场馆智慧化需要

Q7：您的会议展览中心有没有导航服务系统？

□有　　　□没有

Q8：您的会议展览中心有没有基于主办方的大数据服务？

□有　　　□没有

Q9：您的会议展览中心有没有智慧会议室？

□有　　　□没有

Q10：您的会议展览中心有没有智能安防系统？
☐有　　　　☐没有
Q11：请对下列在线运营管理系统的重要性进行排序
☐市场营销系统
☐业务管理系统
☐会展服务系统
☐设施管理系统
☐内部管理系统
☐安防管理系统
☐其他
Q12：请对下列智能化内容的重要性进行排序
☐5G网络充分满足需求
☐最新WiFi配置
☐智慧会议室
☐智慧管理系统
☐数字显示系统
☐大数据服务
☐智能导航系统
☐智能视听系统
☐其他

资料来源：问卷星，https://www.wjx.cn

三、信息的分析

在会展项目策划前期阶段，信息的分析主要是建立在市场调研获得的数据基础之上进行的与会展项目相关的条件分析，具体来说，主要为两大方面，即产业分析和市场需求分析。

(一) 产业分析

所谓产业分析，就是会展项目主办方等相关部门对项目相关的行业各方面状况进行的调查和分析，为制定科学有效的战略规划提供依据的活动。

以展览会为例,分析展览项目题材所在的行业性质和发展状况是影响展览项目发展前景的重要影响因素之一。如表 2-1 所示。

表 2-1 产业分析远离描述及作用

主要信息	原理描述	对展会策划的作用
产业性质	所处不同发展阶段的产业,市场成熟度和竞争状况不同,办展环境也不同。	从总体上判断展览会的发展前景
产业规模	一般来说,产业规模越大,潜在参展商和专业观众就越多。	帮助预测展览会的规模和专业观众的数量
产业分布状况	产业的分布状况影响着展会参与着的分布	产业的分布状况与展会的招展和宣传推广策划密切相关
产品销售方式	业内企业的产品分销体系不完善或者需要看样成交,更适合办展览会	为分析展会发展空间、确定展会举办时间等提供依据
产业技术含量	产业的技术含量越高,对展览场馆的要求也越高	为选择场地、布置会场等提供指导
产业热点问题	产业发展情况越复杂,策划展览会的创新空间越大	有助于策划展览会中的论坛、新闻发布会等配套活动,以及吸引媒体的关注

表格来源:王春雷.《会展策划与管理》[M].高等教育出版社,2018

1. 产业性质

每个产业都具有一定的生命周期,需要经过初生、成长、成熟和衰退四个阶段。处于初生期的产业,由于产业从业者人数非常有限,举办展会往往难以形成规模并获利。处于成长期的产业,市场快速扩张,企业数量迅速增长,市场对该类产品的需求度也较高,企业的营利性往往较好,较为适合举办展会。处于成熟期的产业,市场竞争非常激烈,企业往往需要增加自己的曝光度,为自己的产品寻找销路,也有一定的参展意愿。处于衰退期的产业,企业数量不断减少,企业的盈利性也随之减弱,举办展会的困难度较高。

2. 产业规模

产业规模主要是指该产业的生产总值、销售总额、进出口总额和从业人员数量等,这些数据和信息对于展会主办方来说非常的重要,直接关系到展会的潜在规模大小。可以说,产业的规模大小直接决定了展会规模的大小。例如,了解产业从业人员数量可以一定程度上预测展会的到场专业观众数量。

3. 产业分布状况

产业分布状况与展会的招展和宣传推广策略的制定密切相关,是制定展会招展、招商和宣传推广策略的基础。分析产业的分布状况,可以为展会的选址、定位以及招展招商宣传策略提供可靠的依据,提高展会方案的可行性。

4. 产品销售方式

产业的产品销售渠道模式及其成熟度对举办展会的影响也较大。不同的产品销售渠道和方式不同,那么企业的参展意愿也不同。例如,人们购买汽车类产品的时候,一定会经过全感官的感受和评估以后才会作出最终的购买决定。展览会现场则为消费者提供了集中的,全面的,全感官的购买体验,因此,无论是汽车厂商还是购买汽车的消费者的参展意愿都会很高。另外,如果某类产业的销售渠道比较成熟,企业不愿意为展览会支付更多的营销成本,展会招展也会相对困难。

5. 产业技术含量

产业技术含量主要是指生产该产业的产品以及生产设备所需要的技术的难易程度以及它们的体积大小和重量等。由于各地各个展馆的建造标准不同,展馆的层高,地面承重,进出场馆的通道等方面的因素都会成为展览会举办的限制性条件。

6. 产业热点问题

产业热点问题的分析和展会策划同期会议和相关活动的内容息息相关。此外,对产业热点问题的把握与展会的准确定位也有重要的参考价值。

(二) 市场需求分析

对于市场信息全面深入的分析对作出科学的会展项目策划具有重要的参考作用。如果市场信息把握不准,凭此作出的策划就会出现偏差,甚至重大决策错误。策划一个会展项目需要分析的市场信息主要有:市场规模、市场竞争态势、市场分布状况、市场发展趋势等。

1. 市场规模

某一产业的市场规模大小,对在该产业内举办的会展活动的规模会产生直接的影响。如果一个产业的市场规模越小,说明该行业的从业人员数量较少,那么无论是举办展会还是会议的人数和规模都会受到限制。分析市场规模也可以为会展活动的定位以及规模作出准确的定位。

2. 市场竞争态势

市场竞争态势的分析对于会展项目的策划也具有非常重要的意义。通常来说,以展会为例,市场竞争态势越激烈企业的参展意愿度更高,举办展会越有利。反之,对于垄断性较强的产业,企业通过参展来营销自己产品的积极性较小,则越不利于办展。

3. 市场分布状况

市场分布状况的分析主要是对该行业从业者,特别是经销商的分布分析。各种经销商是商业性会展活动的重要参与者,因此,事先准确掌握某一产业的经销商数量和分布状况对于预测会展活动参与者的数量有着重要意义。

4. 市场发展趋势

市场发展趋势直接影响会展项目未来的发展前景。例如,某一产业的市场规模缩减速度明显,会展项目的规模也必然会随之缩减。在分析市场发展趋势的时候需要关注到的信息有:市场容量的增减趋势、市场集中度的发展趋势、市场营销方式的变化趋势、市场竞争的发展趋势等。

资料链接 2-9

全球会展行业发展概况及发展趋势

一、会展行业未来发展趋势

1. 世界会展产业"东移"趋势更加明显

伴随着亚太、中东非、中南美等新兴市场国家经济发展的提速,国际会展产业出现了重心由发达国家向发展中国家转移的趋势。欧美国家在保持行业主导地位的同时,市场增速放缓,而亚太、中东非地区因人均可支配收入和生活水准的提升,其会展行业市场正以较高的年复合增长率快速增长。

步入"新常态"的中国更加渴望有更多、更大的平台进行自我展示,一系列国际会展的成功举办也为会展行业带来了难得的机遇,作为全球第二大经济体的展览市场将越来越令世界展览业瞩目。过去几年里,米兰、汉诺威等国际展览业巨头纷纷移植到中国或者举办新的展览会,成绩斐然。可以预见,中国经济的进一步转型将为国际市场带来更加巨大的机会,国际市场和中国市场的双向需求带动世界展览业加速"东移"。与此同时,为了展现中国制造,国家也将充分利用出国展览平台,将中国企业的形象输出到国外,国内的出国展览行业也将迎来历史性机遇。

2. 专业性展览会已成未来趋势

综合与细分是设定展会内容的两种思路。从展览业的发展看,展会的内容从综合到细分,是展览业发育成熟并迈向专业化的重要标志。欧美展览大国已经开始细分行业之后的"再细分",展览内容极具专业性,使采购商能够以最快的速度找到所需的产品。在我国,由于追求展览经济的规模效应和"大而全"的展示效果,偏综合性的展会仍大量存在。近几年,许多综合性展会开始将内容细分成专业性主体展览会或主题馆。虽然与欧美相比这种划分仍显粗放,却已体现出中国展览业专业化进程的加速。随着政府介入的逐步减少,中国展会将在市场的要求下对内容进行更合理、更专业的细分,许多大型展览会有可能分为规模更小、专业性更强的展览会,与国际展览业的发展更为紧密地联系在一起。

二、我国会展产业发展趋势与特点

（1）政府推动力度加大

在党的十八大报告中,现代服务业已成为中国经济战略结构调整的重要组成部分,这令会展行业看到了更好的未来。2015年3月29日,国务院正式出台《关于进一步促进展览业改革发展的若干意见》,指出"积极推进展览业市场化进程。坚持专业化、国际化、品牌化、信息化方向,倡导低碳、环保、绿色理念,培育壮大市场主体,加快展览业转型升级,努力推动我国从展览业大国向展览业强国发展,更好地服务于国民经济和社会发展全局。"这是国务院首次全面系统地提出展览业发展的战略目标和主要任务,并对进一步促进展览业改革发展作出全面部署,这将对行业的持续、健康发展产生积极、深远的影响。

（2）市场力量推动会展行业进一步发展

近年来,我国会展业市场化进程进一步加快,具体体现在政府展会项目外包、行业中介组织建设和行业标准建设三个方面取得的突破。

政府展会项目实施服务外包,例如武汉光博会、亚欧博览会、绵阳科博会、沈阳制博会等一批政府展会项目。

行业中介组织建设取得突破性进展,例如2014年广东筹备成立了广东会展组展者协会,四川等一些省市也相继成立了一些市场推动的会展行业中介组织;2015年,全国会展企业自发推进的东和会展企业联盟在北京成立。会展业的市场化程度逐步加深有利于形成行业优胜劣汰的竞争格局,进而使得诸多会展业企业有机会在相对公平的竞争环境中得以发展和壮大。

行业标准建设逐步系统与完善,2013—2014年先后颁布实施《会议中心运营服务规范》《会展设计搭建服务规范》《商贸类展览会等级分类标准》《会议分类与术语》;2015年实施《会展业节能降耗工作规范》等一批国家标准、行业标准;2017年先后颁布实施《展览展示工程服务基本要求》《展览会信息管理系统建设规范》;浙江、广西、山东、四川等省区也颁布制定了一系列地方性会展行业标准。

（3）国际会展企业进入中国市场步伐加快

近年来,国际会展企业进入中国市场步伐加快,进入方式灵活多样,包括收购中国会展项目、联合成立合资企业运营会展以及缔结战略合作关系共同开发会展项目等,其中收购中国会展项目成为国外会展企业进入中国市场的重要方式。

（4）科技助推会展进步,线上线下融合发展

近年来新技术在展会活动中得到广泛运用,从现场数据的收集统计,到线上线

下展会的共同发展;从信息技术的应用,到会展科技资本的融合,都充分体现出"会展与科技融合发展"的总体趋势。据中国贸促会发布的《中国展览经济发展报告2021》显示,近年来,会展业信息化水平显著提高。随着移动互联网的兴起,"自媒体"蓬勃发展,微博、微信等即时通信工具成为人们获取信息的重要来源,会展业也普遍应用官方微博、官方微信、公众号,及时发布展览资讯并与客户开展互动交流。

三、我国会展企业出国办展趋势与特点

随着我国外贸企业竞争优势增加、对外开放程度加深以及外贸稳增长调结构政策的落实,我国外贸交易将进一步增长,从而推动出国办展市场规模高速增长。

(1) 对外开放深入推进,为出国办展营造良好环境

我国对外开放进程深入推进,与各国之间贸易联系更加紧密,为中国外贸发展营造了良好的政治环境,促进我国对外贸易增长,从而带动我国企业出国参展、办展规模逐步提升。

首先,我国提出的"一带一路"合作倡议、国际产能和装备制造合作陆续进入实施阶段,"一带一路"沿线省市和展览业界积极支持国家方针,纷纷提出了更多的相关展会建议和设想,对外贸易与对外办展相互促进的局面正在形成。根据《中国国情国力》数据统计,"一带一路"沿线大多是新兴经济体和发展中国家,总人口约44亿,约占全球总人口的63%,经济总量约21万亿美元,约占全球经济总量的29%。这些国家普遍处于经济发展的上升期,与之开展互利合作的前景广阔;其次,我国积极发展多双边经贸关系,根据商务部投资促进事务局统计,我国已与25个国家和地区达成17个自贸协定,并正与20多个国家和地区进行自贸协定谈判或前期研究。

(2) 政府大力促进境外出展业务,政策利好不断

扶持中小企业境外参展是国家扩大外贸出口的重要措施之一,各国出台鼓励中小企业境外参展扶持政策是国际惯例,包括美国、日本、欧洲、中国香港等发达国家和地区均有类似政策的实施。

我国自2001年加入WTO以来,陆续出台了各项政策扶持中小企业以各种方式开拓国际市场,鼓励中小企业境外参展是一揽子扶持政策之一,补贴政策以降低中小企业境外参展成本而有助于其开拓海外市场,间接带动我国境外办展平台的不断发展。为了充分发挥会展行业在促进中国对外贸易的推动作用,政府陆续出台了一系列支持文件,进一步把促进展览业改革发展和国家对外战略相结合。2015年2月,国务院下发《关于加快培育外贸竞争新优势的若干意见》,

指出要加大中国品牌海外推介力度,全面提升与"一带一路"沿线国家的经贸合作水平;与此同时,加快贸易促进平台建设,培育若干个国际知名度高、影响力大的国家级会展平台。2015年3月,国务院下发《关于进一步促进展览业改革发展的若干意见》,继续强调"加快'走出去'步伐,大幅提升境外组展办展能力。在国际展览业中的话语权和影响力显著提升,培育一批具备国际竞争力的知名品牌展会。"相关文件的出台有利于境内展会企业在促进中国外贸发展方面发挥更为积极的作用,为境外办展行业长久发展提供了良好的环境。

(3) 我国企业竞争优势不断积累,推动出国办展市场规模增长

目前,我国企业在数量、技术、产业链、商业模式等方面不断积累优势,从而促进我国对外贸易增长,推动会展行业发展。在数量上,我国具备跨国化经营能力的企业群体日益壮大,并更加注重品牌建设;在技术方面,我国企业积极向高端产业、高附加值产品出口拓展,出口产品技术含量不断提高;在产业链方面,中西部地区外向型产业链日益完善,外贸发展能力持续增强;在商业模式上,市场采购贸易、外贸综合服务企业等外贸新型商业模式蓬勃发展。在以上因素的影响下,出国办展市场的潜在客户将逐步扩充。

(4) 国家战略催生新的出展项目

2015年国家发改委、外交部、商务部联合下发的《推动共建丝绸之路经济带和21世纪海上丝绸之路的愿景与行动》提出,要继续发挥中国-东盟博览会、中国-亚欧博览会、中国国际投资贸易洽谈会,以及中国-南亚博览会、中国-阿拉伯博览会、中国西部国际博览会、中国-俄罗斯博览会的作用。"一带一路"沿线省市和展览业界积极支持国家战略,纷纷提出了更多的相关展会建议和设想,全国范围内将逐渐形成各有侧重、主题鲜明、特色突出的"一带一路"对外交流合作平台格局,推动"一带一路"沿线国家建立更加紧密的经贸联系,"一带一路"国家的展会项目将进入高速发展期。

资料来源:https://www.reportrc.com/article/20200130/3803.html

四、会展项目策划信息的管理

会展项目策划信息的管理即在会展项目正式开展之前根据会展项目的实际需要对已经收集和分析的信息进行有效的整理以形成会展项目立项策划书的过程。将零碎的信息具体化,为即将举办的会展项目绘制出蓝图和执行的方针。

以展览会为例，会展项目策划信息的管理就是编制和撰写展会立项策划书。展会立项策划书就是根据掌握的各种信息，对即将举办的展览会有关事宜进行初步规划，设计出展览会的基本框架，提出计划举办的展览会的初步规划内容。主要内容包括：展会名称、举办地点、办展单位、办展时间、展品范围、办展频率、展会规模、展会定价、人员分工、招商招展和宣传推广计划、展会进度计划、现场管理计划和相关活动计划等。

（一）展会名称

确定了展会题材以后，首先需要确定该项目的正式名称，即为展会命名。一般来说，展会的名称有三个部分组成：基本部分、限定部分和行业标识。

1. 基本部分

基本部分一般用来表明展会的性质和特征。主要由展览会的基本词及其派生词和变体词构成。在汉语中，博览会、展览会、展销会、庙会和集市可以作为展览会的基本词，它们所表示的展览会的性质和特征如下所示：

博览会：综合性。内容广、规模大、展出者和参观者众多的展览。

交易会：贸易。由一个或数个相关的行业参与，规模多为中小型，以贸易和宣传为主要目的的现代形式的展览。

展销会：消费。由一个或数个行业参与，规模为中小型，以零售为主要目的的现代形式的展览。

庙会（含灯会、花会等）：消费为主。内容繁杂，集贸易、零售、文化、娱乐等为一体，以零售为主，在城镇举行的传统形式的展览。

集市（含集、墟、场等）：消费。以交流农副产品、土特产品、日用品为主，在乡村举行的传统形式的展览。

2. 限定部分

限定部分主要来表明展会举办的时间、地点及性质。展会时间一般有三种表达方式，一是用"届"，二是用"年"，三是用"季"来表示。比如，2021上海国际AI教育应用展览会、第十二届中国（广州）国际健康保健产业博览、2021年第58届广州秋季美博会等。展会的地点也可以体现在展会题目中，如，2021第十二届中国（成都）火锅食材用品展览会，成都即为该年度的展会举办地。其次，展会名称里体现展会性质的词主要有"国际""全球""世界""地区""城市"等，如2021中国国际珠宝展，"国际"二字表明本展会有来自各个国家和地区的展商和观众。

3. 行业标识

展会名称中的展览会题材以及展品的范围即为行业标识部分。行业标识通常为一个产业的名称，或者是产业中一个产品大类的名称。如2021中国国际珠宝展中，"珠宝"表明这是一个以珠宝为主题的展会。展会中行业标识词汇的筛选是一项非常重要又严谨的工作,在命名时既要注意不要含义过宽,也不要过窄。含义过宽会影响欲参加该展会的观众和参展商错误判断展会的展品范围,最终导致顾客对展会产生虚假宣传的印象。反之,如果含义过窄,会削弱展会的影响,两者都对展会的长远发展不利。

(二)举办地点

展会举办地的选择是经过信息分析以后,为展会项目选择一个最为合适的办展地点,办展地点也对展会的长远发展有重要的影响。展会地点的选择,具体来说,就是要确定展会在哪个国家、哪个省市,以及该城市的哪个具体展馆举办。因此,展会举办地点的选择需要考虑展馆所在地的各项区位条件,包括交通、经济、人文等各方面的因素。例如,如果举办一个大型国际性的展览会,就要考虑到展会周边的交通条件是否能够满足到场参展商以及观众的出行需求。一般来讲,经济发达的国家和城市通常具备良好的办展条件。

(三)办展单位

办展单位是指负责展会的策划、组织、招展以及管理等事宜的有关单位。办展单位主要有主办单位、承办单位、协办单位以及支持单位等。对于展会而言,主办单位和承办单位在展会中是必不可少的。在展会举办的整个过程中起到重要作用,也关系到展会的成功举办和长远发展。

(四)办展时间

办展时间是指展会举办的具体时间,主要有三个时间点。一是展会的开展时间和闭展时间以及持续时间。二是展会中参展商的布展和撤展时间。布展是指参展商在展会开展之前在场馆中搭建的时间,撤展是展会结束后,参展商拆除展位运出展品的时间。三是指展会对不同类型观众的开放时间,一些展会针对不同的观众,开放的时间也不尽相同。例如,2021第十九届上海国际汽车工业展览会的开放日期在官网展示如图2-3。

展会日程:
媒体日:2021年4月19日—20日
专业观众日:2021年4月21日—23日
公众日:2021年4月24日—28日

展会地点:
国家会展中心(上海)

图2-3 2021第十九届上海国际汽车工业展览会日程表

资料来源:2021第十九届上海国际汽车工业展览会官网

(五)展品范围

展品范围是指在该展会上展出的产品范围。展品范围决定了展会的题材以及定位。展品范围可以包括一个或者是几个产业,或者是一个产业中的一个或者几个产品大类。

(六) 办展频率

办展频率是指展会的举办频次,是一年一次还是一年多次,或者是多年一次,或不定期举办。办展频率的确定和展会题材息息相关,由展览题材所在的产业特征决定,每个产业都有自己的生命周期,产品的生命周期有长有短,生命周期较长的产品,该类展览会的举办频率就应该相应拉长,反之,生命周期较短的产品,该类展览会的办展频率就相应缩短。除此之外,一些行业有其固定的采购频率,办展频率也要考虑这些因素。

(七) 展会规模

展会规模的衡量有两个指标:一是展会的总展出面积;二是展览会的参与者人数,也就是参展商和观众的具体数量。在展会项目立项的阶段,这两个指标就要作出准确的预测和规划。

(八) 展会定价

展会定价主要包括三个方面。一是展位的价格,不同的展位在不同的位置,其定价也有不同。标准展会和光地展会价格也应有所差别。二是展会门票的定价。一些展会是免门票的,一些展会是需要收费的,具体的收费标准也需要有一个价格的确定。三是展会上广告位的定价。价格的合理制定对于展会后期招展招商都有重要的意义。

(九) 人员分工、招商招展和宣传推广计划

人员分工计划、招展计划、招商和宣传推广计划是展会的具体实施计划,这四个计划在具体实施时会互相影响。人员分工计划是对展会工作人员的工作进行统筹安排。招展计划主要是为招揽企业参展而制定的各种策略、措施和办法。招商计划主要是为招揽观众参观展会而制定的各种策略、措施和办法。宣传推广计划则是为建立展会品牌和树立展会形象而制定,同时为展会的招展和招商服务。

(十) 展会进度计划、现场管理计划和相关活动计划

展会进度计划是在时间上对展会的招展、招商、宣传推广和展位划分等工作进行的统筹安排。它明确在展会的筹办过程中,到什么阶段就应该完成哪些工作,直到展会成功举办。展会进度计划安排得好,展会筹备的各项工作就能有条不紊地进行。

现场管理计划是展会开幕后对展会现场进行有效管理的各种计划安排,它一般包括展会开幕计划、展会展场管理计划、观众登记计划和撤展计划等。现场管理计划安排合理,展会现场将井然有序。

展会相关活动计划是对准备在展会期间同期举办的各种相关活动作出的计划安排。与展会同期举办的相关活动最常见的有技术交流会、研讨会和各种表演等,它们是展会的有益补充。

资料链接 2-10

2020上海国际智能家居展立项策划书

一、展会基本信息

1. 名称：2020上海国际智能家居展

2. 地点：上海新国际博览中心（浦东新区龙阳路2345号）

3. 时间

举办时间：9月6日—9月8日 9:00—17:30

报到时间：9月3日 8:30—17:30

布展时间：9月4日 8:30—17:30 9月5日 8:30—17:30

撤展时间：9月8日 18:00—22:00 9月9日 8:00—22:00

4. 频率：一年一次

5. 办展机构

主办单位：

中国勘察设计协会工程智能设计分会

广州光亚法兰克福展览有限公司

承办单位：

上海博华国际展览有限公司

中国智能家居产业联盟

协办单位：

上海红杉会展服务有限公司

支持单位：

亚太地区智慧绿建筑联盟（APIGBA）、亚洲智能建筑学会（AIIB）、蓝牙技术联盟、建筑机电工程杂志社、美国国际定制电子系统设计与安装协会（CEDIA）、中国酒店工程联盟、加拿大大陆自动化建筑协会（CABA）、易能森联盟（EnOceanAlliance）、闪联产业联盟、韩国智慧建筑协会、中国勘察设计协会工程智能设计分会、KNX协会、LonMak国际协会、社团法人台湾智慧建筑协会、ZigBee联盟、Z-Wave联盟

合作单位：

海尔、南京物联、腾讯、广田股份、天诚、清华紫光、网易、紫光物联、家畅物联、乐视、智慧云谷、中船重工、睿祺智尚、晾霸智能、雅洁、捷阳科技、丙申智能、品物设计、东屋电气

二、展会特色：

① 智能家居技术性综合平台，展示全面的行业生态链

② 实现互联互通，展示跨界资源整合系统

③ 紧贴 AI 趋势，邀请行业精英跟与会者面对面交流

④ 观众来自全国及 52 个海外国家，推动行业国际化

三、展会活动：

本次展会将举办新产品（项目）展示、现场体验、高峰论坛等同期活动，论坛将重点围绕"智能家居知名企业负责人分析行业市场动态与发展方向；行业专家讲解智能家居核心技术；智能家居新产品新技术发布；探讨与分析智能家居在应用领域的新市场；NB-IoT 在智能门锁领域应用"等主题陆续展开一系列同期活动。

四、展品范围：

全屋智能家居：控制主机、电器控制系统、智能照明控制系统、智能遮阳系统、暖通空调系统、智能家居软件、家庭网络系统、智能面板/插座、智能睡眠与健康监测、花草自动浇灌、家庭机器人、云平台等

智能安防：防盗报警系统、视频监控系统、家居布线系统、自动抄表、智能（电子）猫眼、智能摄像头、智能门锁、报警探测器等

智能娱乐：家庭背景音乐系统、家庭影院系统、智能路由器、智能盒子、智能音响等

智慧社区：社区主机、楼宇对讲系统、智慧养老、智能门禁系统等

智能家电：智能晾衣架、智能扫地机、智能遥控器、智能电视、智能厨卫、家庭净化器、智能灯、智能投影仪、智能坐便器、智能按摩椅等

五、展会服务

1. 贸易配对服务

在展会期间提供与目标展商一对一的商贸洽谈机会，帮助您提高现场效率，更快更有效地找到合适参展商。

2. 贴心的保障服务

提供知识产权、质量认证、法律咨询等服务，切实保障会展活动安全与参与者的权益。

六、展会定位

搭建"智能家居技术综合性平台"，以"技术整合"及"跨界合作"为主轴，呈现不同层面智能家居技术。展会专注于配合中国智能家居市场的高速发展，构建跨产业商贸及交流平台。

七、参展人数

迎来 17 个国家和地区的 272 家参展商,呈献各自领域最耀目的产品。吸引来自 53 个国家和地区的 29 423 名观众,人数较去年增加 23%,规模破纪录。

八、展会规模

展出面积:25 000 m^2

标准展位 1 380 个

九、展位价格

标准展位:9 平方米单开口标准展位:(RMB)14 800 元/个

9 平方米双开口标准展位:(RMB)15 800 元/个

光地展位:(RMB)1 400 元/平方米(最小租用面积 36 平方米)

注1:标准展位基本设备:(长3米×宽3米×高2.5米)、三面围板(白色)、公司中英文楣板、一个电源插座(500 W 以内)、两支日光灯、一张咨询台、两张折椅、地毯、垃圾篓等。

注2:空地展位不带任何设施,由参展商自行设计装修或委托设计、装修。

十、优惠政策

1. 特装优惠

(1) 申请 6 个展位及以上的特装企业可给予 10% 的优惠。

(2) 申请 10 个展位及以上的特装企业可给予 15% 的优惠。

(3) 申请 16 个展位及以上的特装企业可给予 20% 的优惠。

2. 资质优惠

(1) 全球 500 强企业参展展位费(限 36 m^2)免费(中国总代理以上)。

(2) 中国制造业 500 强、中国对外贸易 500 强企业参展展位费优惠 50%(限 36 m^2)。

3. 老企业优惠

(1) 近 10 年累计参加本展会 3 届或者 4 届,本届报名参展的老企业,可享受 5% 回馈优惠。

(2) 近 10 年累计参加本展会 5 届及以上,本届报名参展的老企业,可享受 10% 回馈优惠。

十一、财务预算

略

十二、应急预案

成立展会活动应急协调中心,统一组织、指挥、协调展会突发公共事件应急处置工作。活动应急协调中心各成员单位由活动应急协调中心统一领导,结合有关规定开展处置工作。

1. 防御对象

(1) 保卫安全方面

包括领导护卫工作和活动场馆保卫工作,以及保障发生突发公共事件时的人员疏散安全,由安保部负责组织实施,其他部门协助开展工作。

(2) 消防安全方面

包括消防监测、排除消防隐患和消防应急准备工作,由消防小组负责组织实施,其他部门协助开展工作。

(3) 食品安全及医护保障方面

包括活动中心提供的各类餐饮的食品安全;医疗应急保障等,由医疗小组负责组织实施,其他部门协助开展工作。

(4) 交通安全方面

包括保障领导出行路线和其他参会人员的交通畅顺、交通安全,由安保部负责组织实施,其他部门协助开展工作。

(5) 供电保险方面

包括活动期间的日常供电保证和临时供电保证,由电力抢修小组负责组织实施,其他部门协助开展工作。

(6) 其他未列明情况

其他未列明情况由展会应急协调中心研究部署、统一指挥、协调有关部门组织实施。

2. 应急响应

活动应急协调中心办公室在领导小组的统一指挥下,协调有关部门做好下列工作。

(1) 立即通知相关部门人员以及专家赶赴现场紧急处理。

(2) 配合相关部门开展应急管理工作,应及时向活动应急协调中心报告应急工作进展。

(3) 组织专家对活动突发公共事件发生的原因、性质、危害程度、波及范围情况进行调查分析,提出下一步防范措施。

(4) 会同组委会制定信息发布方案,及时采取适当方式组织发布活动突发公共事件有关信息。向媒体发布的信息,应当严格按照"信息归口、统一发布"的原则和规定程序,信息内容应经单位领导或活动应急协调中心审查同意后,以单位名义发布。

3. 物资、经费、人员保障

活动期间建立临时应急物资库，储备足够应急物资，包括医疗设备、医疗药物、防护用品、封锁设施、运输工具、通信工具、消防器材等。由活动主办方设展会应急预备款，保障活动突发公共事件应急处置所需经费。根据实际需要，有关部门成立相应应急保障队伍，为应急工作提供必要的人员配备。活动应急协调中心办公室建立健全与公安、武警、交通、卫生、消防、供电等支援、救援队伍的应急联动机制，确保活动突发公共事件一旦发生，人员及时到位。

4. 培训与演练

活动开始之前，对活动应急管理工作有关人员进行应急知识培训，明确职责。并对应急预案进行演练，增强预案的针对性和实战性，增强与有关单位的协同配合、快速反应能力和应急处置水平。

资料来源：互联网整理而来

第二节　会展项目运营信息化管理的流程

会展项目的类型多样，会展项目管理的各阶段可能略有不同，主要可以分为：启动阶段、规划阶段、执行阶段、控制阶段、总结阶段等五个阶段。对于会展行业来说越来越多的企业走集团化模式，业务涉及会议管理、公关传播、体育营销和博览展览等。简要来说，各业务类型的流程略有不同，包括会议管理业务流程（如图 2-4）、公关传播业务流程（如图 2-5）等。

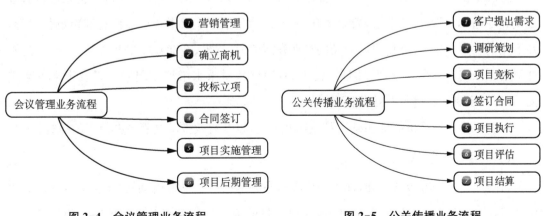

图 2-4　会议管理业务流程　　　　　图 2-5　公关传播业务流程

各类型中信息管理的工作体现在各个流程环节之中,如展览项目运营信息管理,可以体现在展览市场信息调查与信息收集、项目立项、项目审批、场地选择、招商招展、宣传推广、观众组织以及展览评估与总结等各个流程(如图2-6),会议项目运营信息管理,可以体现在会议招投标、会议策划、嘉宾管理、参会人员组织以及会后评估与总结等多个方面。这就需要为各会展主办方提供一个全方位的信息管理平台。实现信息发布、观众或买家管理、参展、布展、项目招商引资、项目撮合、会议发布、会议报名、邮件订阅、电子刊物等功能。

图2-6 展览项目办展流程

一、会展启动阶段和规划阶段

会展项目的启动和规划阶段,一般称为会展项目前期阶段。在此期间,会展项目运营信息化管理内容主要包括以下几个方面:

(一)项目信息采集

会展项目是否可以成功举办,受到各方面信息准确性的影响,会展项目的工作人员,需要有系统、有计划、有组织地收集、记录、整理和分析有关会展项目涉及的市场及产品信息,在汇总的信息中,进行客观且有效的评测,充分了解现状,发现各种问题,形成有效的知识库(如图2-7)。

会展项目信息收集过程中,可能面临很多有用和无用的信息,需要通过分析来进行有效鉴别和筛选,对于有用的信息,要集中在多个方面,包括但不仅限于产业信息和市场信息等,在产业信息中,对于会展项目所涉及的产业发展阶段、规模、企业规模等都需要一一掌握,并通过信息系统进行有效管理。同样,在市场信息中,对未来市场发展趋势以及未来政策走向,要根据现有资料进行有效分析、总结。

以上工作为的是更好地明确展览主题及定位,以及有效推动会展主办流程的执行。

(二)目的地信息

目的地信息内容包含多样,除了会展项目举办地的产业政策信息外,还包括目的地交通信息、目的地管理公司信息、目的地酒店信息、目的地会场信息以及目的地餐饮信息等。这些目的地配套资源信息的准确与否,将影响到会展项目的成功举办,会展项目少则几十人,

图 2-7 "优品"会展信息管理平台在线会展资源课学习库界面

多则上万人,对于目的地的吃、住、行等配套资源需求明显,会展项目团队需要将大量的商旅信息汇总起来,有效的信息管理能够让这些信息在会展项目中发挥作用,并为会展企业创造可观利润(如图 2-8)。在对一些酒店有效管理的同时,我们还能通过系统进行收款管理(如图 2-9)。

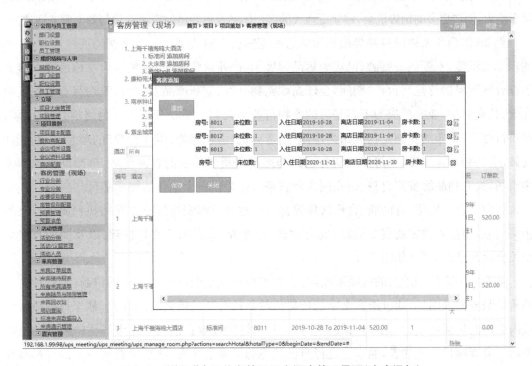

图 2-8 "优品"会展信息管理平台酒店管理界面(客房添加)

图 2-9 "优品"会展信息管理平台酒店管理界面(收款管理)

(三) 网页设计制作

互联网推动了商业革命,它给我们的日常生活带来了无限的机遇和空间。同样,数字化的转型,也给会展企业创造了更多的市场机遇。越来越多的会展企业,将所主办的会展项目呈现在互联网之上,让会展信息通过互联网通达世界各个角落。

网站对于会展企业的重要性不言而喻,会展企业可以通过网站发布最新会展信息,并提供多种语言,方便全球观众或买家使用,不仅可以宣传自己的企业,也可以宣传会展项目及服务等。通过网络与参展商、观众、赞助商等进行交流、推销和合作,不断发掘新的客户和商机。

会展网站本身所带来的商业利润可观,越来越多会展公司为项目设置专属的网站,以便获得更强的竞争力,拥有更多的优势。当然,建立专属网站的目的更多的是为了提升会展项目品牌影响力,创造更多的销售机会,建立更强大的客户体系及更经济的资讯互动与效率服务通道。

例如,作为亚太地区最具规模和影响力的宠物行业旗舰展——亚洲宠物展经历了 23 年的积累和沉淀,不断创新突破,已成为集品牌展示、产业链整合、跨区贸易为一体的亚太级宠物综合性贸易的首选平台,这期间,全球高端宠物品牌、创新产品及技术、宠物行业领军人物齐聚,共襄盛举,亚宠展成为不容错过的宠物行业大聚会。2022 年亚洲宠物展举办第 24 届,深耕行业 20 多年的亚洲宠物展始终遵循"创造商机、引领趋势、服务行业"的理念,不断创新突破,秉持初心再出发,坚持传统贸易通路与终端消费者并重的资源优势,继续助推中国宠物市场,为宠物品牌推广自身、拓宽国内外贸易合作提供一个绝佳的展示平台。

展商、观众、媒体、赞助商、合作伙伴等都可以通过亚洲宠物展官方网站找到属于自己的相关信息,包括各大宠物展览信息、展会动态、行业资讯、现场照片与视频,以及同期与展后相关会议及活动信息(如图 2-10)。

随着中国市场走出去的战略不断深入,为实现全球范围内的有效招展招商,多语种跨国的营销服务需求明显,通过语言文字的传播依然是最有效的传播交流方式,基于每种语言区域内受众的传播环境、文化和习惯的差异,有针对性的高效营销仍然是市场营销人员的核心关切。会展项目的关注者,通常会选择自己熟悉的语言去搜索,这意味着每一种语言都将在一个特定的市场内有效传播。

图 2-10　亚洲宠物展官方网站部分页面

每一个展览项目都有目标语种的市场,对主要的目标市场,除了中英文以外,其他大语种的网站也应按需建设,根据相关语种用户群的搜索习惯及信息获取习惯,进行针对性的网站策划设计(如图2-11)。

图 2-11　亚洲宠物展官方网站(日语版)部分页面

网站是会展企业和会展项目在互联网上的品牌名片,可以向世界任何角落传播信息、送达服务,来自世界各地的参展商可以在官方网站注册并选择合适的展位(如图2-12)。同时,对于一些商业性的展览,观众到场人数也是参展商参展关注的重点,观众可以通过会展项目的官方网站完成注册、购票等多环节流程(如图2-13)。

图2-12 亚洲宠物展海外版在线参展申请页面

图2-13 亚洲宠物展(北京)观众在线注册页面

由于会展项目线下活动受到时间、空间等限制,无法延时举办,故催生了线上展览。而为了提升主办方、参展商以及客户之间的黏性,增加互动性的同时,满足各方利益的诉求,不少会展项目主办方利用线上渠道,为参展商与客户之间搭起商业合作的桥梁。例如,2020年8月,亚洲宠物展推出线上销售平台——宠萌找货(如图2-14),打造永不落幕的亚宠展,平台通过企业的品牌和产品信息线上可视化,便捷的即时通讯功能为零售商提供24小时*365天不间断的在线选货及商务洽谈,在线上完美还原亚宠展,给参展商以及观众一个全年无休的展后服务。单一线下展+线上营销平台,满足了会展项目各利益方的不同诉求(如表2-2)。

图 2-14 宠萌找货微信小程序页面

表 2-2 单一线下展与单一线下展+线上营销平台优劣势分析

单一线下展	单一线下展+线上营销平台
品牌多,但现场展示有限	品牌量多,商品库随时更新,更加丰富
时间有限,无法全部调研	365天,可随时调研
对于新品牌了解不足,顾客不敢下单	可全面了解品牌实力,决策时间充裕
时间与场地限制,未必全面了解产品	产品信息可视化,全面查看产品细节

(四)公众号建立与运营

公众号是企业对外的内容展示窗口。当今移动互联网盛行,公众号渐渐替代了原来的PC端官网,对于会展项目来说,会展项目的公众号已成为对外宣传以及与用户沟通的一个重要渠道。会展企业建立公众号营销平台的目的是建立一对多的互动营销平台,依靠公众号自身的社会性,在真实的社交圈中创建营销渠道:传播品牌、产品、项目、企业形象等。以便吸引更多的参展商、观众等加入其中。

会展项目在前期最大的一项工作就是项目营销,公众号已经成为会展企业移动互联网营销渠道的重要组成部分。所以,在运营时,我们需要注意以下三点内容:

1. 明确公众号的对象

明确每一次沟通、互动、推送的对象是谁,让读者对项目本身越了解,信任度就越高,越能达到精准营销。

2. 重视互动

公众号并非能够直接吸引读者的转发和评论,而是需要通过与读者的沟通来取得读者的信任。公众号可以充当媒体、官方网站、论坛、电子商务等角色。

3. 建立符合项目品牌价值的 KOL

KOL(Key Opinion Leader,简称 KOL),中文译为关键意见领袖,是营销学上的概念,指被相关群体所接受或信任,并对该群体的购买行为有较大影响力的人。会展企业在营造公众号互动的同时,可培育符合自身价值发展的 KOL,推动包括参展商品牌在内的要素积极向外延伸,当然 KOL 的自身形象也需要重点关注,以免适得其反。

(五)注册登记

会展项目中,尤其是会议活动,注册登记可为主办方提供跟踪参会代表信息的手段,并根据所收集的信息为参会代表提供更高效、更满意的服务。那么良好的注册流程设计是用户转化的重中之重,通常参会代表在线提交注册信息进行参会注册和在线缴费,而信息系统会提供个人代表注册和单位团体注册两种注册形式。在信息系统的后台,会展企业可配置注册费用类型、注册费用价格以及注册系统开放、截止时间等信息。

会展项目的观众和参会代表,需要对注册登记的截止时间充分知晓,为此,消息提醒就非常重要,不管是对于会展主办方,还是参会代表都是很有必要的。会展信息管理系统需集成强大的消息提醒功能,一是对于会展主办方的新用户报名提醒,可以及时了解最新的报名情况;二是对于活动参会人的报名提醒、直播报名提醒、付款提醒等,给到参会代表一个良好的参会体验,也避免遗忘重要的会议事项。

在收集观众或参会代表信息的同时,会展企业还需针对不同的项目,设计有特色的展览或大会证件(胸卡)。

资料链接 2-11

线下活动嘉宾证的创意制作

在一场线下活动当中,我们都知道嘉宾证(胸卡)是现场必不可少的,嘉宾证不仅用作参会者准入凭证,还可以让与会人员轻松地相互进行交流。

目前在国内的线下活动当中,总结下来,基本上采用了两种形式,一种是PVC材质的长方形嘉宾证,还有一种就是使用塑料卡套＋内嵌铜版纸的长方形嘉宾证。

对于活动策划人,嘉宾证在整个活动规划中看似繁琐乏味,但是如果将嘉宾证变得与众不同,那么,就可以让参会者获得超出预期的参会体验,并且能够获得"嘉宾"身份的荣誉感。

所以,设计出有创意,有内涵的嘉宾证真的很有必要,接下来,就给大家推荐几种嘉宾证创意玩法。

1. 木质材料

选用木质材料作为现场嘉宾证,其实是一种大胆的创新尝试,在国内活动中,至今尚未看到过这种材质的出现。虽然木质材料有超强的硬度和厚度,但是仍可以轻松地转换成各种形状和颜色。而且选用木质材料作为嘉宾证可以带来即时的质感,温暖感和动感。

2. PVC材质

PVC是目前活动中常用到的嘉宾证之一,一般会用到3种尺寸,分别是9×13 cm、8×12 cm、7×10 cm。材质比较耐用,可以根据设计需要,加印图案和文字上去。

另外,我们可以将嘉宾证的反面来进行利用,将活动的其他重要信息体现在上面,方便参会者随时随地进行查看。例如:活动流程、参会注意事项等。

3. 亚克力激光雕刻

这种嘉宾证的创新之处在于在亚克力上添加了激光雕刻技术。雕刻时,这种耐用的塑料会形成磨砂蚀刻,可以从某些角度照亮。任何形状、颜色和大小都可以。此外,还可以定制设计荧光颜色,用于烘托参会氛围。

4. 电路板

电路板嘉宾证是属于高科技范畴,也是值得一试的设计,他们通常会变成一种引人入胜的竞争性黑客体验。适用于互联网科技活动、电竞赛事等。

5. 丝带腕带

也被称为"一次性丝带手环腕带",是当下嘉宾证样式中采购成本最低的一种,一般分为2种类型,一种是倒刺扣,带上后需要剪刀剪掉。另外一种是活扣,可以自由上下拉动。制作工艺采用热转印工艺,好处是不掉色,佩戴起来比较舒适。

6. 徽章图钉

以往的徽章图钉也被称为"别针",用来替代嘉宾证,容易破坏参会者的上衣,也很难被参会者接纳,但是现在徽章图钉带有磁铁,通过这种紧固,它可以再次成为嘉宾证的替代品,佩戴起来也很轻便。

7. 纹身贴

纹身贴一般用在派对、赛事、音乐节、集市活动类型当中,通过艺术的手法将活动主题或活动图案暂时性地印在嘉宾的手臂上,这种玩法很具时尚感。同时也可以用来烘托活动现场氛围。

8. 荧光手环

荧光手环分为2种,一种是硅胶手环,另外一种可以用来签到的RFID感应式手环,这2种同样都具有在夜晚发出荧光的作用。

一般适用于荧光跑、大型发布会、演唱会等活动。可以结合纹身贴来使用,会收获意想不到的参会体验效果。

最后,要想设计一款具有创意的嘉宾证,一定要将挂绳充分考虑进去。好的嘉宾证可以让嘉宾带回家收藏起来,还能成为活动中传播的抓手,同时也是主办方活动现场的"品牌大使"。

那到底如何设计出一款合格的嘉宾证呢?有4点建议给到大家:

1. 参会者的姓名应占嘉宾证区域的很大一部分。
2. 尽量使用最简单的字体,譬如无衬线字体。
3. 印刷品的颜色和厚度应与嘉宾证的尺寸和设计相匹配。
4. 一定要记住,要将主办方logo融入到嘉宾证当中,可以设计成从远处看到的相当大且颜色可识别的活动嘉宾证。

资料来源:https://mp.weixin.qq.com/s/7_9vBhQWYywX_NtYiI7pRg(作者有所删减)

(六) 会展项目前期阶段其他工作

会展项目前期工作繁重,除完成网站建设管理外,诸如学术日程管理、网站会员页面配置、展位图制作等工作都需要一一落实。

1. 展位图

展位图的制作,需要通过专业的会展信息管理系统或制图软件完成,目前诸多会展信息管理系统已经自带此项功能,可帮助展位排布的设计者布置展位,核心作用是确定展位大小并把展位位置摆正确(如图2-15)。同时,通过系统呈现的场馆展位布置图,我们可以判断其合理性,避免现场的二次修改(如图2-16)。

图2-15 "优品"会展信息管理平台展位管理界面

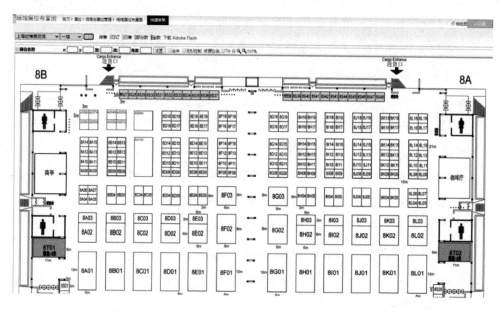

图2-16 "优品"会展信息管理平台场馆展位布置图界面

出于整体性的要求,一般所有展位的位置只能在系统中一个窗口下进行调整,调整后的位置将在项目组成员中的系统页面中显示,特别是展位销售端。

为了减轻项目组工作人员的压力,常用的会展信息管理系统中展位的位置可以利用输入数据的方式精确调整展位在图上的大小与位置(如图2-17)。

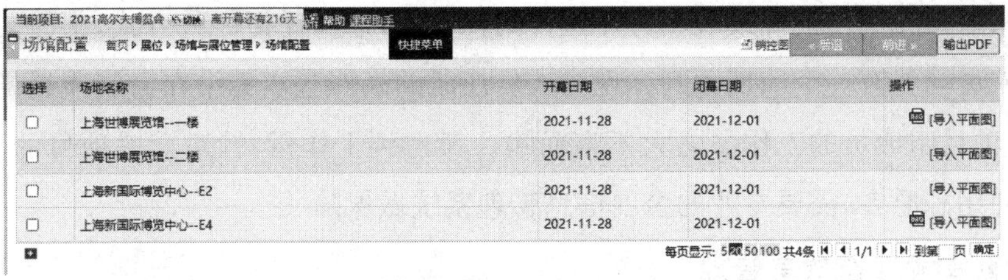

图 2-17 "优品"会展信息管理平台展位空间信息管理界面

2. 学术日程

学术日程是学术会议的核心组成部分,常规的会展信息管理系统,可以为主办方管理学术日程提供网上编辑管理功能,可执行学术会议会场安排、时间规划、详细日程编辑、主持人和演讲者等管理。部分会展信息管理系统,为大会邀请的每位演讲者和主持人提供一对一的服务,系统还能对每位演讲者和主持人提供学术任务确认和学术任务管理两个功能。会展项目组在完成日程的录入后,可向每位演讲者和主持人分发与之配对的任务单,以便他们对学术任务进行确认,系统后台可随时监控学术任务确认过程。同时,确认后即可给演讲者和主持人分发确认提示,实现对演讲者和主持人的动态实时管理。

3. 观众或买家信息

会展项目在通过系统进行观众或买家注册后,信息的管理尤为重要,需要尽快统一管理观众或买家资料,全面掌握观众或买家信息。通过观众或买家在线报名或者前期收集的观众或买家信息,主办方可以查询到观众或买家的各种详细信息,如观众或买家基本资料、观众或买家参会资料等。主办方可以方便地掌握到每一届所有观众或买家的与会情况,以及同一观众或买家所有届别的参会情况。提高工作效率,降低成本。

二、会展执行阶段和控制阶段

会展项目的执行和控制阶段,一般称之为会展项目中期阶段,其中控制阶段是与执行阶段同步进行,起到了"踩刹车"的作用。在此期间,会展项目运营信息化管理内容主要包括以下几个方面:

(一) 观众或买家信息管理

会展执行阶段和控制阶段中,最重要的一项工作就是现场接待与组织管理工作,这其中也包括对于前期注册观众或买家的现场签到服务工作,也可以称之为二次确认。根据各类国际会议的统计,注册观众和实际到场观众比例为1:0.7左右,虽然前期部分会展项目会有注册费收取环节,但也存在取消、退款情况。

观众或买家的信息主要来自在线注册和现场注册两种,针对不同规模的会展项目,项目团队一般采取预先制作证件或现场打印证件两种方式,选择任何一种方式,都需要对会展项目的到场人员峰谷有一个前期预判。现场人员注册的高峰基本集中在会展项目开始的前一天和当天,项目组成员的工作量之大不言而喻。考虑到工作量,针对会展项目的注册环节,更多的是使用志愿者,需要专业的会展信息管理系统做保障。

(二) 嘉宾或展商信息管理

嘉宾或展商信息管理的难度及复杂性要比观众或买家信息管理复杂得多,原因有以下几点:

1. 嘉宾或展商的活动内容相对较多

根据展览或大会日程,嘉宾或展商每天都有不同的活动安排,特别是大会嘉宾,他们每天都有可能穿梭在不同的会场,展开不同话题的讨论。同时,他们在发言时需要使用演示文稿,这些演示文稿内容繁杂,信息量较大。

2. 嘉宾或展商的出席情况变动性大

嘉宾或展商的出席率通常受自身事务、城际交通情况等因素影响,部分展商考虑到城际交通的不确定性,特别是航班延误、取消等情况,会分批次前往展览目的地,以便能够准时出席,而大会嘉宾,他们往往自身事务较多,一些突发性事务可能影响他们的准时出席。如果会展项目主办方不能及时掌握这些信息,在服务接待、现场会议安排等事项上可能会出现问题,影响各方的感受度。

3. 嘉宾或展商的服务体验要求较高

会展项目中,会展主办方尤其关注嘉宾或展商的服务体验,就展商而言,他们的满意度,直接影响未来的参展意愿,而就嘉宾而言,他们对于服务接待、现场会议安排的满意度,直接会影响未来他们参会或是上台发言的积极性。嘉宾或展商可能是会展项目的"名片",我们需要让他们满意,从而提升会展项目的整体价值,过程中会展项目主办方可听取他们的意见,并及时反馈。

省市会展数字贸易平台案例分享

在 2021 年 3 月 1 日"re:EVENT 重构会展新动能"31 会议 2021 用户和伙伴年会上,31 会议研究院副院长杨正先生以某省会展数字贸易平台为例,从政策、趋势、案例及启示等方面展开数字会展实践分享,以下为分享内容精彩摘要。

中央和各地政府发布会展和产业政策

2020 年 3 月以来,中央陆续发布了 4 个鼓励会展和贸易创新发展的政策文件;商务部发布加快推动数字贸易发展政策;全国数十个省、市发布应对疫情,恢复会展、创新会展和贸易服务模式鼓励政策;展望十四五,各地地方政府正积极打造会展与产业平台,全国将有近百个省市发布会展业十四五规划,提出建设区域性或国际性会展中心城市的将超过50个。

政策引导下会展和产业发展趋势

在中央和各地政策积极引导之下,数字会展和数字贸易呈现新趋势:(一)绝大部分会展主办方认可融合会展是大势所趋,收费模式也逐步清晰;(二)参展商对线上活动的认可度、满意度逐步提高;(三)地方政府、贸促机构建设数字贸易会展平台渐成趋势,数字贸易试验区从线下走向线上,在线会展从项目化走向平台化,从一次性或间断运营走向全年、全生命周期持续运营。

省市会展数字贸易平台案例分享

B2B在线展览本质上与数字贸易殊途同归,目的在于解决供采双方信息不对称、促进双方达成交易、运用新工具产生高效的数字贸易。

当前,建设数字贸易平台的主力军包括:全国和省市级贸促系统、区域性商协会、地方商务委办局、自贸区管委会、产业园区等。以某省数字贸易平台为例,该省以打造省国际贸易投资数字化信息服务平台为核心宗旨,基于贸促官网平台,提供数字贸易服务、会议展览服务、直播培训服务、商法服务、专家智库服务5大服务,以期服务产业和地方经济、培育贸易竞争新优势、引领推进实体经济数字转型。

资料来源:31会议官网,https://www.31huiyi.com(作者有所删减)

三、会展总结阶段

会展项目的总结阶段,一般称之为会展项目后期阶段。在此期间,会展项目运营信息化管理内容主要包括以下几个方面:

(一)统计分析

会展统计分析报告首先反映参展或参会人员性别统计、年龄统计、城市统计、职称统计、单位类型及归属地统计等内容;其次反映入场人员人次情况,特别是大会日程中分会的实际入场人数或展台实际到场人次,能够轻松了解参会或参展人员兴趣程度,并可了解会展项目达到的效果。

(二)客户回访

客户回访,其中包括对参展商、专业买家、参会观众以及参会嘉宾的后期回访。多数会展项目均采用线上调查问卷的方式进行,通过电子邮件、项目官网等渠道进行发布。部分展览项目前期有配对环节,故而后续可在官网中查询前往过哪些展商的展台,这些展商目前有哪些新的资讯可以分享等,如有后续合作意向也可查询到相关展商联系方式。

(三) 成本结算

由于部分会展项目的经费涉及会展企业的垫资,特别是一些企业会议项目,客户的付款周期较长,为了尽可能减少人为因素影响,会展项目组成员应主动平衡公司财务的需要,提供最新、最真实、最完整的成本结算清单,以便参展商、企业会议客户等履行支付约定。

(四) 项目总结

会展项目总结不能简单地用文字来表述,需要通过具体量化的指标来加以分析,评估同类会展项目与其不同之处,特别是在举办效果上有哪些不同。通过对项目的总结,可以整体推动会展项目可持续发展:一是有利于发现潜在客户,诸如新的参展商;二是有利于找到自身的不足,为未来的会展项目提供可信的参考依据;三是有利于确定会展项目未来主题及明确未来的定位,充分满足各方的利益诉求。

资料链接 2-13

第23届亚洲宠物展览会展后报告(部分)

资料来源:亚洲宠物展官网,https://www.petfairasia.com(作者整理而成)

第三节　会展项目运营信息化管理的内容

近年来,会展企业趋向探索新的商业模式,特别是双线会展的模式影响下,业务范围涵盖线上展览、线下展览、混合展览、线上会议、线下会议以及混合会议等。同时,针对线上服务,在增加服务满意度的情况下,会展企业陆续推出增值的收费服务,包括:采购服务、智能推荐以及智能客服等。

结合会展项目类型的特点,在展览项目以及会议项目中,会展项目运营信息化管理的主要内容有以下几点:

一、展览项目

(一) 展位图管理

展位图在展览运营中非常重要,展位图信息化管理能有效化解展位销售信息不对称、不及时准确带来的撞单矛盾(如图2-18)。

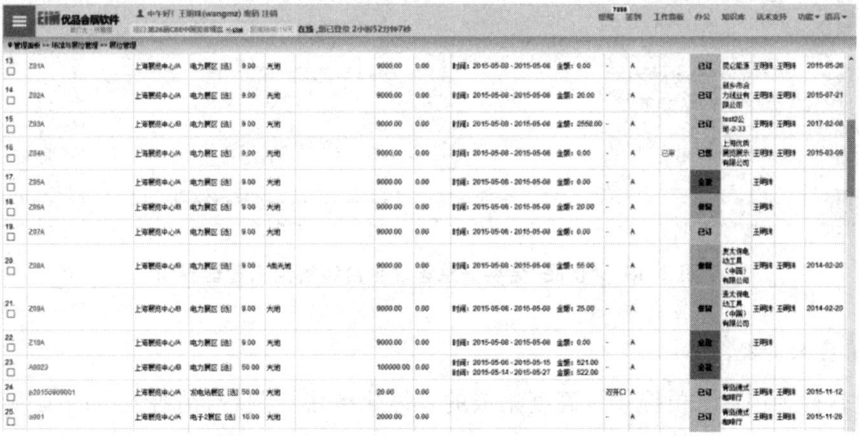

图 2-18　"优品"会展信息管理平台展位图管理界面

1. 展位图设计

有效管理展位及展位布局,提供可交互的展位图设计工具,所见即所得,确保展位布局的即时准确性。

2. 展位图监控

多种颜色昭示展位销售进度,始终保持最新即时的展位状态,显示展位详细信息、展商名、销售状态等,有效避免展位资源被重复占用,有助于发现风险与机会。

3. 展位图输出

展位图可直接输出成.jpg、.bmp 等格式的位图,也可输出成矢量.pdf 格式,或直接打印到纸质载体。

4. 打包发布

可以展位图为基础,打包发布展会现场指引,用户可以基于展位图查找展位、展商、展品等信息。

(二) 销售组织管理

展位的销售,往往存在一些不可控因素,会展企业的销售团队压力不小,加之部分会展企业会通过专业代理商来销售展位,故对于他们的有效管理就尤为关键。销售过程中需要精细化控制,可根据实际需要组建适合的销售团队(如图 2-19)。

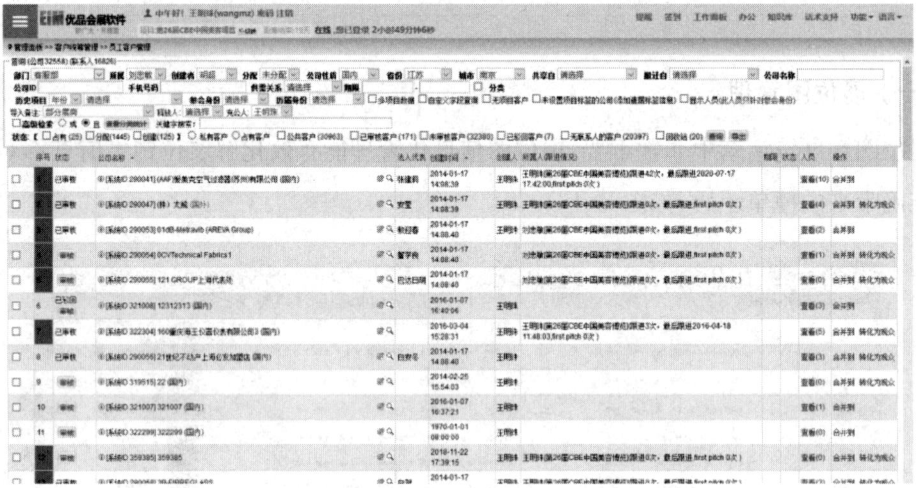

图 2-19 "优品"会展信息管理平台销售组织管理界面

1. 销售人员视图

展览软件为销售人员提供了高度集成的一体化销售控制台,销售人员的销售活动完全可以在该面板处理,包括客户增删查改、联系跟进、商机、报名、签约、售后等。

2. 客户配额模型

为最大化客户价值的挖掘,展览软件的客户配额模型主要是用户推动客户数据应用的流动性,防止客户资源被恶意侵占不开发的风险,管理者可随时监测员工的数据拥有量,并追踪客户的跟进情况,酌情调整员工可支配的客户配额数。

3. 管理视图

管理者主要借助展览系统提供的报表进行客户分配、客户转移、客户审核、销售进度、配额管理等操作。

(三) 客户关系管理(CRM)

展览软件的客户关系管理旨在满足与展览相关的客户信息积累,质量管理,客户历史追溯等需求(如图 2-20)。

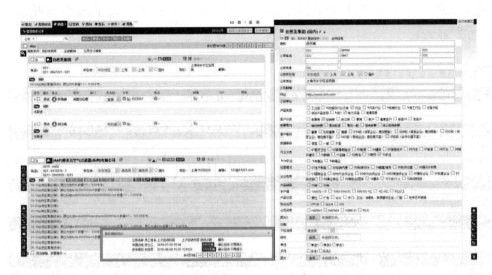

图 2-20 "优品"会展信息管理平台 CRM 客户关系管理界面Ⅰ

1. 客户入库

可批量导入,也可单独录入,为保障数据质量和数据的唯一性,此两种入库行为需进行查重和排重判断。

2. 实现客户的一对一管理

有效杜绝撞单,客户联系信息全记录,有效提升客户服务体验(如图 2-21)。

图 2-21 "优品"会展信息管理平台 CRM 客户关系管理界面Ⅱ

3. 客户价值周期管理

对客户的价值评估、客户信息修改删除进行全程记录，确保数据的可逆性恢复和防范恶意删改客户信息。

4. 客户全视图

包括人员信息、产品信息、展品信息、销售进度、成交历史、客户关怀、支付情况、售后服务等（如图2-22）。

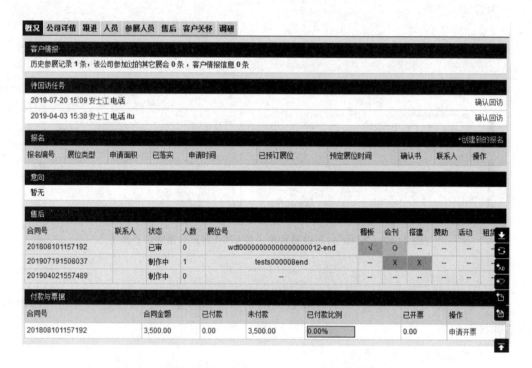

图2-22 "优品"会展信息管理平台CRM客户关系管理界面Ⅲ

（四）合同管理

展览运营中签订的合同主要是与销售收入有关的合同，特别是主办方与供应商签订的采购合同往往都需要进行有效的管理，借助系统还能进行检索以及有效期提示等（如图2-23）。

1. 合同制作

会展系统为合同制作提供了独立的合同制作面板，将与展览销售有关的展位、广告、活动、优惠政策、其他服务、付款节点信息等进行整合罗列，帮助签约者完成合同制作。

2. 合同审核

合同需要由制作者发起"审核"后由审核管理者进行"通过"和"驳回"操作，驳回后可修改重新发起审核，审核通过的合同将进入履行付款环节。

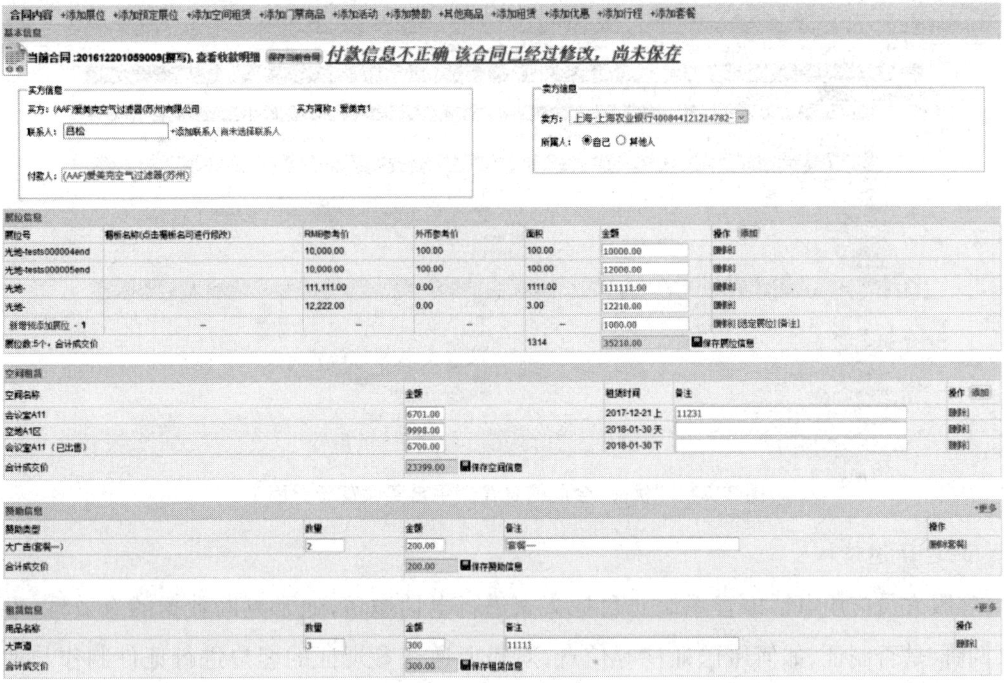

图 2-23 "优品"会展信息管理平台合同管理界面

3. 合同作废

合同若终止,进行作废操作,相关款项由财务模块做转出操作。

(五)买家管理

买家也称专业观众、采购商等。俗话说"成也买家,败也买家",所有会展项目的成功,尤其是展览项目的成功,取决于专业买家组织的成功。大部分买家信息管理系统具备以下功能:

1. 项目设置

可实现多项目观众数据互不干扰平行管理,可保障数据的独立性与独特性;同时设置买家有关各种分类,调研项设置等。

2. 数据导入

按照给定的数据格式批量导入数据(如图 2-24)。

3. 数据查重

对导入的数据进行内部查重及标准买家数据库查重。

4. 数据分配

将数据分配给客服人员,以便电话邀请。

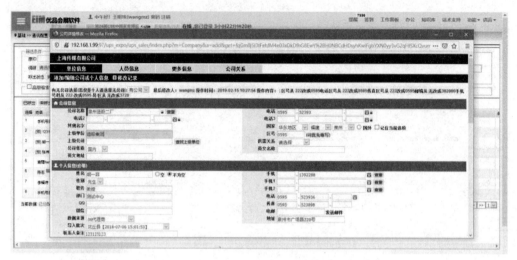

图 2-24 "优品"会展信息管理平台买家管理界面 I

5. 电话邀请

客服人员应用电话语音系统对目标买家进行电话邀请,通常判断数据的有效性、准确性、调研、是否制证、如何递送证件等信息;对需要递送参观证的客户进行证件制作与递送(如图 2-25)。

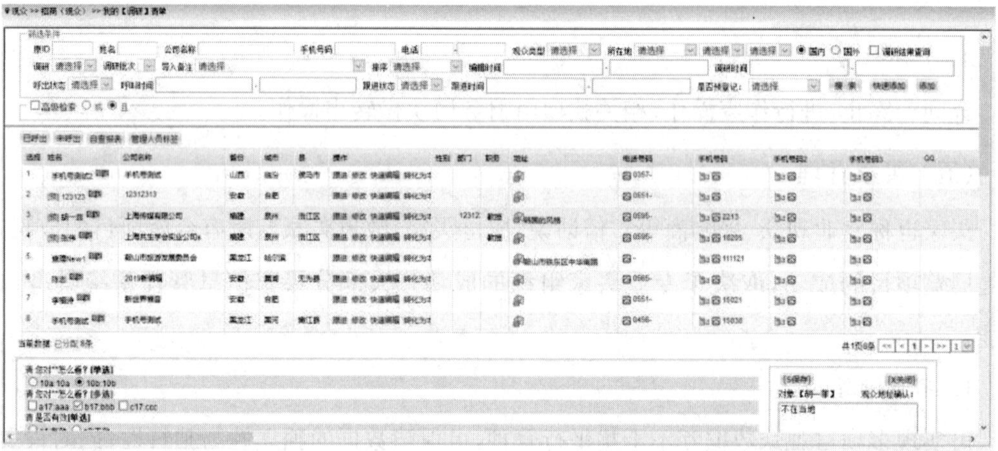

图 2-25 "优品"会展信息管理平台买家管理界面 II

6. 电话回访

对发出的快递进行电话回访,了解快递的送达情况;相关跟进皆进行实时录音。

7. 电话统计

对电话邀请行为进行统计,可监听录音,统计通话时长,投入产出率等。

8. 数据回收

对展览现场获取的买家数据进行回收。

9. 买家营销

根据买家地区、行业等分类属性及调研结果进行精确搜索，针对性地进行短信、邮件、传真、直邮等手段的营销。

10. 数据统计

借助丰富的买家报表，为管理者完善展览项目提供最佳数据支撑。

（六）呼叫中心管理

如今，专业买家邀请成为展览项目主办方最为关注的核心，不少展览主办方还成立独立的买家组织部门，即建立自己的呼叫中心，目标就是为了提升参展商的参展收益，实现展览项目的可持续发展。买家数据质量是关注的核心，海量数据借助排重核校，并进行有序分工协作，内容包括数据增删查改、数据查重、数据确认、调研、营销、证件制作与递送、直邮确认、买家回访等（如图2-26）。

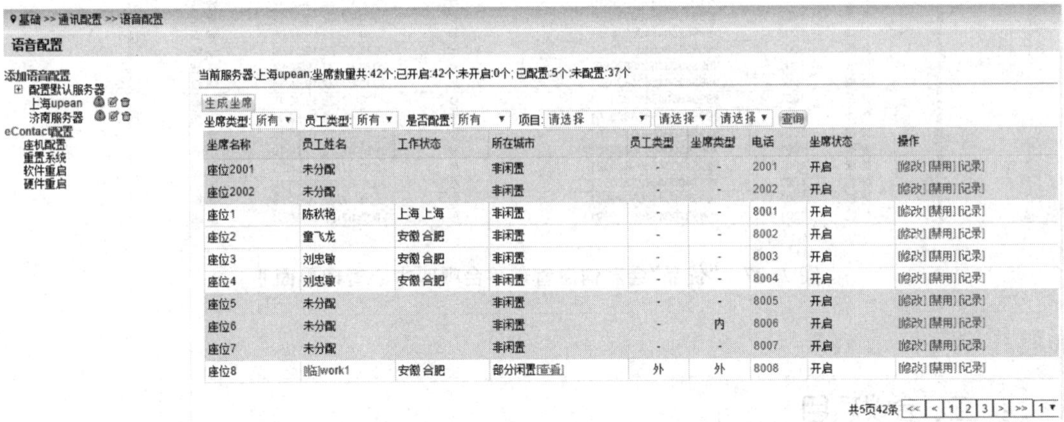

图2-26 "优品"会展信息管理平台呼叫中心管理界面 I

在会展软件平台中，基于电话的营销、销售、客服等业务是会展机构内外部沟通的主要通信手段，电话语音系统（也称电话呼叫中心平台）帮助会展机构组建低投入、低资费的先进电话呼叫中心平台，在营销、销售、客服、观众邀请等主要业务环节提升电话效率，降低拨号失误率，有效降低电话通信资费，通话全程跟踪记录，有助于销售诊断、销售监控及事后追溯，明晰洞察实际电话量（如图2-27）。

同时，先进的会展信息管理系统软件已将呼叫中心集成了人工智能呼叫功能，并同时集成短信、邮件、微信等功能，提升呼叫中心的投入转化率。

图 2-27 "优品"会展信息管理平台呼叫中心管理界面Ⅱ

二、会议项目

(一) 网站设置管理

会议项目中除政府会议外,高校学术会议、协会会议、非政府组织会议等,虽没有像展览项目的网站需要更富设计创意,但其功能的需求往往多于展览项目。会展信息管理系统中网站的设置管理通常分为中文网站设置和英文网站设置两部分。会议项目主要包括会议基本信息的完善,网站页面模板即风格选择,网站导航栏目设定以及网站首页内容设定、管理,以实现个性化会议网站的搭建和网站内容的设定、发布和日常更新管理(如图 2-28)。

会议企业可自主选择是否开放中文网站,同时为了丰富登陆场景,部分会展信息管理系统还增设了微信登陆方式,会议企业可视情况启用。结合不同类型的学术会议主题,为帮助用户创建不同版式和风格的会议网站,还提供了多套常见的会议网站模板,根据喜好进行选择。

图 2-28 "优品"会展信息管理平台会议网站管理界面

(二) 参会注册管理

参会代表前台在线提交注册信息进行参会注册和在线缴费,提供个人代表注册和单位团体注册两种注册形式(如图 2-29)。

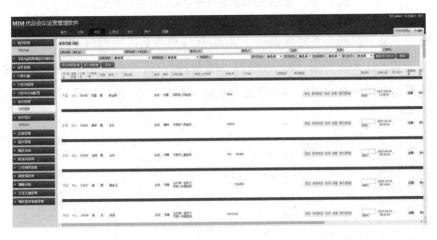

图 2-29 "优品"会展信息管理平台会议注册管理界面

在后台可配置注册费用类型、注册费用价格以及注册系统开放、截止日期等信息。并可设置参会代表填写的信息字段,可实现按不同需要配置不同信息收集项目。根据注册情况,提供参会注册用户信息的查看、修改、注册缴费确认邮件发送、按地区和单位实时统计和导出 Excel 表。

结合会议日程的规划要求，会展信息管理系统一般可提供除注册类型外的辅助活动类型，例如会前培训班、研讨会（Workshop）、晚宴（Gala Dinner），甚至旅游线路、接送机等收费项目的配置和管理。

（三）差旅管理

考虑到学术会议存在参会人员众多，差旅需求多，服务要求高等特点，这些差旅服务除了人工外，会展信息管理系统也可提供酒店预订等功能，提供可选的多个酒店住宿预订服务，包括提供的酒店住宿在线预订服务可以设置开放系统预订有效期、房型、价格等信息（图2-30）。

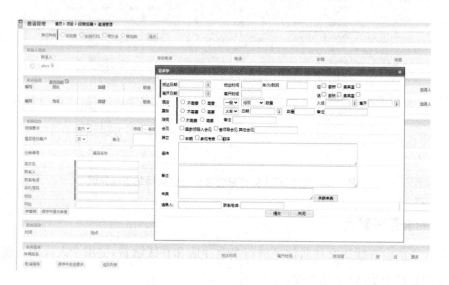

图2-30 "优品"会展信息管理平台差旅管理界面Ⅰ

为了避免参会人员线上预定流程过于繁琐，在注册参会的流程内，可选择主办方提供的酒店并自动计算入住天数费用，实现在线预订缴费，同时运用会展信息管理系统时，需支持按照不同注册类型代表开放对应的酒店类型功能，并对酒店住宿信息实时统计，可以随时导出Excel表（图2-31）。

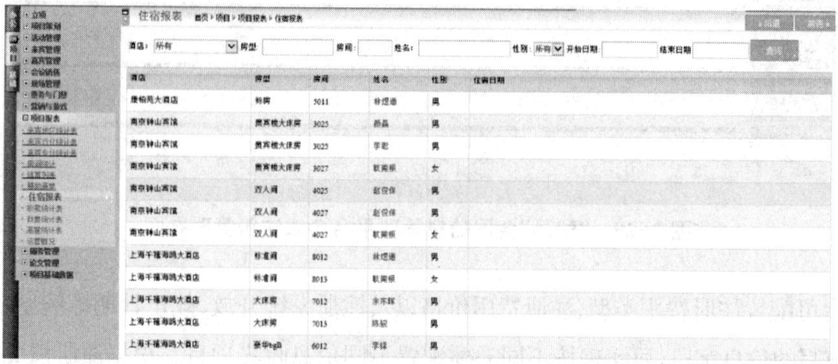

图2-31 "优品"会展信息管理平台差旅管理界面Ⅱ

(四) 论文投稿管理

论文投稿以及评审工作的任务繁重，牵涉人员众多，加之在学术研究中，学科分类较为复杂，需要精细化管理，以便有效加以区分、归类。通过会展信息管理系统，后台可设置征文开始结束时间、投稿类别、交流形式及摘要段落提交模式。

学术会议与一般商业会议的主要区别有以下几点：

- 学术会议报名、付款的流程更为复杂，报名可能需要提前 6 个月以上；
- 演讲嘉宾数量众多，为了有更好的体验感，需要嘉宾和 VIP 管理；
- 参加学术会议交流会获得学会或协会相关的学分，用于维持职称以及晋升，需要有相应的管理；
- 学术会议经常会持续 3—5 天，日程较为复杂，多位演讲者每天都有不同的学术交流安排，日程的排布需要耗费大量的时间和精力，且演讲嘉宾变更频繁；
- 学术会议需要收集、评审、过滤大量的学术论文，并在最后形成论文（摘要）集。

第四节　会展项目运营信息化管理的应用场景及功能

随着会展市场的不断扩张，业务类型的不断多样，会展企业的管理难度不断增加。由于业务扩张，后端存储大量的合同、产品（服务）、订单及用户等私密数据，安全性缘故，这些数据无法供前台拿过来直接使用。所谓前台，是指系统的前端平台，是直接与终端用户进行交互的应用层，我们日常使用的 APP、H5 端、PC 端以及微信小程序都属于前台系统。数据的庞大及部分数据的私密性，使得无法快速地改造系统来响应前台的变化。出现了前台需要更新，后台需要稳定的矛盾。所谓后台，是指系统的后端平台，终端用户是感知不到它的存在的。后台的价值是存储和计算企业的核心数据。

鉴于上述矛盾，为了满足前台的更新需求和后台的稳定性需求，系统开发人员提出了"中台"概念，数据中台可定义为一个集数据采集、融合、治理、组织管理、智能分析为一体，将数据以服务方式提供给前台应用，以提升业务运行效率、持续促进业务创新为目标的整体平台。其核心是将后台的逻辑层拆出来，形成"前台（应用层）＋中台（逻辑层）＋后台（数据层）"的产品架构（如图 2-32）。在这一产品架构下，当前台需求来临时，中台能快速地进行响应，从而提升了研发效率，降低了创新成本。

结合常规的会展信息管理系统架构以及未来的发展方向，会展信息管理系统的运用场景非常广泛，包括：门户管理、注册管理、接待管理、签到管理、门禁管理、云上活动管理以及防疫管理等。会展项目运营信息化管理的主要应用场景及功能有：

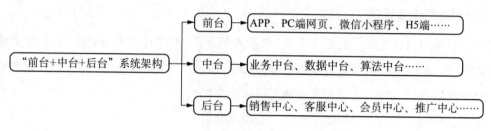

图 2-32 "前台+中台+后台"系统架构

一、会展项目服务内涵提升

借助系统,主办方可以快速开展观众或买家报名、报到等工作,发布最新会展项目信息,同时观众或买家可以及时、准确了解到会展项目的最新动态。

主办方即使在会展项目结束后,仍然可以利用系统发布同类型的会展项目信息,实现网上报名、参展、布展、项目招商、引资等,延续会展项目商务平台功能影响力。

最后可以借助系统对商务信息的分析,跟踪投资项目签约情况,了解观众或买家的后续需求,提升会展项目服务水平,吸引更多的观众或买家参加。

二、会展项目展商合作意愿提升

借助系统,可提供从招商信息到投资意向撮合的流程化管理,实现项目方与投资商的自动匹配、对接,自动生成会晤日程表,使双方能够尽快地与合适的合作伙伴洽谈,提高洽谈效率。

会展项目的平台效应是显而易见的,但不应单单局限在会展项目举办期间,更重要的是体现在日常,主办方可借助系统,更好地管理好终端客户,特别是买家或观众的信息,解决展商在市场开发上的痛点,提升展商与主办方的合作意愿。

三、通过数字营销获取完整的用户画像

借助系统,在多渠道营销(信息推送)过程中,获取用户信息(如图 2-33),并分析他们的购买习惯或是关注重点,勾勒出比较清晰的用户画像,以便更加精准地提供优质的服务。

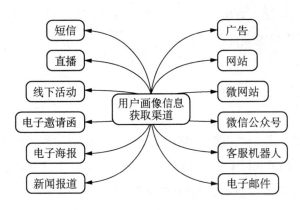

图 2-33　用户画像信息获取渠道

四、学术会议论文有序管理

论文管理系统如图 2-34 所示。与会人员注册账号后即可在线提交论文稿件及附件,并可随时查看状态,支持一篇文章多个作者、一个作者多个单位等配置管理,所投稿件随时可在线统计,并可按条件导出,提供论文集排版导出的字体、字号大小和空行选择及排序选项配置,实现论文集的自动排版。在论文评审后可根据评审结果,实现与会人员前台自动查询和论文录取通知的自助打印。

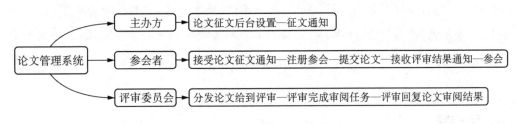

图 2-34　论文管理系统架构

学术会议是通常由学术团体(学会、协会、高校等)主办的周期性的学术交流,通常都是国际大会,需要中英文版本支持。学术会议是供研究员发表及讨论其研究成果的会议,若有学术期刊和科学期刊的辅助,研讨会将成为研究人员间信息交流相当重要的桥梁。学术会议通常会将提交的会议论文结集出版。

同时,在论文管理过程中,论文评审也是重头戏,常见的会展信息系统可提供稿件评审规则设定,评审论文稿件可按分数和评审结果两种方式进行评选。评审专家选定后,通过账号登陆即可在线评审论文稿件。由于学科分类较为复杂,系统一般都支持按亚学科、组的评审专家管理模式,可实现每个组内专家审稿的稿件分配。评审稿件也可下载打印,进行线下评审，评审最终结果可以导入数据库并公布上网。最终，系统可提供论文评审结果的在线查询和论文录取通知的直接生成打印。

五、支付流程更加便捷

借助系统，可提供在线支付注册费和酒店住宿费的网银在线收费功能，随着支付渠道的扩大，常见的系统同时可提供支付宝、微信以及云闪付等接口，使支付方可以自由选择支付方式。

另外，考虑到支付方所在企业自身财务要求的特殊性，系统一般都会提供现场收款管理，减轻现场工作人员的管理压力。

本章小结

会展信息管理流程基于会展项目类型的情况而定，包括展览管理业务流程、会议管理业务流程、公关传播业务流程等，由于流程复杂多样，造成了会展项目信息较为庞大，来自多个渠道的信息汇总到主办方，并在会展项目的各个阶段中互相作用。只有通过有效的信息管理，特别是运用先进的系统工具对信息加以筛选、分析及整合，才有利于会展项目的可持续发展。

现有的系统工具，在进行信息管理时，应用场景也在不断增加，包括但不仅限于活动展示、活动推广、注册报名、现场签到、现场互动、线上直播、数据管理等环节，在解决主办方、参展商、交易团、采购商、观众、嘉宾以及服务商等角色的实际需求上，起到了重要的作用，有效规避了因为人力不足而造成服务不到位的情况发生。

思考题

1. 简述会展项目管理各有哪些阶段？
2. 简述会展项目的启动和规划阶段信息化管理主要内容。
3. 简述会展项目的执行和控制阶段信息化管理主要内容。
4. 简述会展项目的总结阶段信息化管理主要内容。
5. 简述在展览项目中，会展项目运营信息化管理的主要内容。
6. 简述在会议项目中，会展项目运营信息化管理的主要内容。
7. 简述会展项目运营信息化管理的主要应用场景及功能。

第三章

会展现场服务信息管理

学习目标

- 理解会展现场信息化管理内容
- 熟悉会展现场信息化管理系统
- 掌握会展现场信息化应用场景

资料链接 3-1

31会议助力2020国际人力资源技术大会双线全流程管理

2020年9月2日—3日,2020国际人力资源技术大会在上海世博展览馆召开,本届大会主题为"科技,赋能于人",展厅面积为5 500平方米,70余位来自海内外的各界企业高管、人力资源领域专家共同探讨人力资源与技术的发展,线上加线下共计超100 000人次参与本次大会。

由于疫情的影响,结合发展需要,大会着力创新,打造线下全国大会和线上海外分论坛云端展览双模式,全新升级人力资源与技术顶级交流平台,除了来到现场的嘉宾之外,让线上观众同样享受科技与人力资源碰撞的奇妙魅力。31会议作为本次大会数字会展服务商,助力大会网上展厅、云直播、注册报名、渠道邀约、在线服务、智慧现场等线上线下全流程数字化管理。

本届国际人力资源技术大会官方网站和往届不同,不仅承载了大会介绍、演讲嘉宾介绍、日程介绍、新闻咨询、会场导航、大会指南等相关内容,还是嘉宾、特邀买家、参展商等不同群体的注册登录的入口,更是云峰会、云展厅的云端载体。大会官网集云端展示、信息展示、注册报名和自助服务于一体,全面展示大会内容,提高服务效率。

本届大会在信息管理上有如下亮点：

1. 云峰会，实现参会嘉宾从"面对面"到"屏对屏"

本次大会包含 1 场开幕式、10 场平行论坛、X 场特色活动技术路演等丰富的活动，不仅如此，大会通过云直播技术，将线下会议搬到线上，实现了线下面对面，线上屏对屏，线上线下相互融合，2*24 h 在线分享，让更多的线上嘉宾摆脱时空限制，实现云参会。

2. 多通道报名、多渠道监测、在线服务，实现不同群体的参会参展

本次大会注册报名的群体多样，票种复杂，个人、团队、展商、特邀买家和演讲嘉宾各有不同的注册路径。本次大会采用的注册管理系统，可实现不同群体的报名、支付、订单和发票管理。多渠道的邀约管理，助力主办方监控不同渠道来源的报名情况。在嘉宾报名成功后，进入到个人中心，可参看订单、积分并管理参会日程，形成个性化日程列表，并通过智慧通知系统，及时提醒，以保证嘉宾多日程参会无忧。不仅如此，个人中心可打通线上线下参会参展信息管理，统一账号，统一管理，提高服务体验。

3. 智慧现场管理，为现场安全保驾护航

在后疫情时代，现场安全管理尤为重要，本次大会采用的智慧现场管理解决方案，融注册、签到、互动、权限管理和数据管理为一体，通过参会凭证识别参会权限，通过签到管理，监控入场进度，有效进行资源协调，通过互动系统，调动现场氛围，嗨翻全场。

4. 线上线下数据管理，提高数据协同能力

大会数据管理系统可支持不同群体线上线下全流程跨屏多端数据采集、存储和分析，实现展商、嘉宾、特邀买家等不同群体数据实时统计，浏览数据、注册数据、订单数据、收入情况、发票数据、签到数据等一目了然。

31会议作为本次大会数字会展服务商,全流程数字化支持大会实现"云展示""云直播""云互动""云服务"等功能,协助主办方保障大会现场有效入场,提高大会运营效率、数据协同能力和服务体验。

资料来源:31会议官网,https://www.31huiyi.com(作者有所删减)

第一节 会展现场信息化管理内容

一、会展行业的价值链分析

会展业务类型多样,随之而来的就是数据来源多样。会展行业价值链关系如图3-1所示。展览主要涉及:主办方、参展商、买家、普通观众、搭建商、物流公司、场馆方等,会议主要涉及:专业会议组织者(PCO)、目的地管理公司(DMC)、酒店、会议中心、车辆服务公司等。

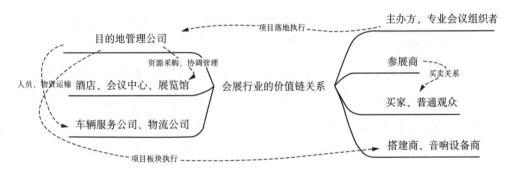

图 3-1 会展行业价值链关系

在会展行业价值链关系中的任何一方,既是利益获得者,又是利益输送者,当前,会展项目的规模越来越大,对会展现场管理的要求也越来越高,多利益方、多板块、多人员的立体交叉管理,给管理增加了难度,信息量的激增,也给信息管理在现场的运用带来了一些新的挑战。

众所周知,会展业可为其他产业的发展带来新的动能,有利于一个产业在会展项目举办地的持续发展,并具有一定的辐射效应。除了会展项目可以带动与自身有关的产业链的发展及基础设施建设外,会展行业中展览、会议的实际作用也各有不同。

1. 展览的作用

对于展览而言,参展商参展,能够为其展示最新成果,并在现场听取专业观众对于以往产品或新产品的意见或建议，同时能够在短时间内在目标客户中树立一个良好的形象，赢得市场份额。

2. 会议的作用

会议的类型较多，主要目的还是传递信息，故会议的主要作用有传递、交流市场最新信息及研究成果，并在会议期间进行深度的交流、意见的碰撞，从而产生新的观点或认识，并在会议期间及会议闭幕后传播出去，成为该行业新的"亮点"。

二、会展现场信息管理的意义

会展有广义和狭义之分，故会展服务的狭义定义是指在会展项目的整体运营过程中，由项目主办方、承办方（或服务机构）向展览参展商或会议演讲嘉宾，以及专业买家或专业观众所提供的与该项目有关的服务。

广义的会展服务，在考虑会展类型被不断扩大的同时，一些学者已用活动来概括会展，故广义的会展服务是指会展服务机构及关联方，向会展项目的主办方、承办方、展览参展商或会议演讲嘉宾，以及专业买家或专业观众所提供全方位的整合（营销）服务，业务范围包括：会议管理、公关传播、广告营销、展览管理、目的地营销等，讲求系统化管理，注重规模化与现代化，突出整合为中心。

随着会展行业的竞争越发激烈，如果会展公司不能正确判断、把握行业的市场动态和新技术的发展趋势，不能根据技术发展、行业标准和需求及时进行产品和业务模式创新，则会面临市场份额下降、经营业绩下滑的风险。同时，会展现场的服务好与坏，也将影响客户对于会展企业价值的判断。充分运用信息化来有效管理现场运营，能有效提升各利益方在其中的体验感。

（一）会展现场信息对于展览各利益方的重要性

根据中国国际贸易促进委员会发布的《中国展览经济发展报告（2019）》显示，2019年，随着中国特色社会主义进入新时代，我国展览经济已由高速增长阶段向高质量发展转变，其中一个重要特征就是境内展览总体规模增长由高速转为中高速，展览业发展不再单纯追求数量增长，开始转向高质量发展轨道。据不完全统计，在已采集到面积信息的展览中，中国境内共举办经贸类展览3 547个，同比下降6.5%；展览总面积为13 048万平方米，同比增长0.8%。这个一降一升，也说明了我国的展览业整体质量在稳步向前。当然，一些品牌的展览项目已将参展商和专业观众或专业买家的撮合度放到了首位，以此吸引更多的参展商参展。

如图3-2,展览项目中常见的利益方大致可以分为三类,主办方、参展商以及专业观众,当然还有部分围绕这三大类的服务链,包括场馆、搭建商等。展览项目能够给这三类带来诸多信息,如加以利用,将给他们带来更多利益回报。

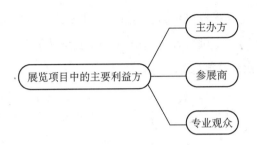

图 3-2　展览项目中的主要利益方

(1) 建立完善的市场信息库,包括行业中各链条之间的企业信息、各链条之间的买家信息。通过这些信息,还能进一步就行业未来发展做进一步调研分析,获得最新的行业趋势。

(2) 给参展商提供多角度的服务,特别是在与专业买家的撮合上,通过有效的信息管理,将买家需求与参展商供货信息进行精准匹配,增加参展商在展览现场的签约率,提升参展商在参展过程中的"获得感",加之部分参展商可能是展览项目的赞助商,让他们从中获得更多权益,有利于未来展览的可持续发展;

(3) 快速收集多方意见,精准分析展会,为下一届的招展招商做数据支撑。

第四届进博会第四批参展商名单公布　网上展厅同步上线

2021年7月26日,第四届中国国际进口博览会开幕倒计时100天之际,企业商业展第四批参展商名单公布,本批共有94家参展企业和20个地区展团。截至目前,第四届进博会已分四批公布了共569家参展企业和34个地区展团。

第四届进博会企业展网上展厅也在倒计时100天之际上线。通过网上展厅,参展商可提前发布企业介绍和展品信息;注册采购商可查看、收藏感兴趣的展商和展品,利用邮件等方式与参展商提前沟通,提升现场观展洽谈效率,捕捉更多商机;社会公众可查询更多参展商。2021年的网上展厅增加了个性化推荐功能,将根据采购商的行业及关注内容,展示更多符合采购商需求的信息。

资料来源:澎湃新闻,https://www.thepaper.cn(作者有所删减)

(二)会展现场信息对于会议各利益方的重要性

一般而言,展览业的服务对象主要是参展商、专业观众,会议服务是根据不同会议实际情况,结合会议主办方或会议委托方的委托要求,提供符合会议主题及内容要求的会议策划、组织和管理等服务。会议服务机构为会议主办方提供策划、组织和管理会议项目等专业服务,并收取相应服务费用。提供内容包括但不仅限于会议策划、议程管理、代表注册、会场采购和预定、预算规划、成本控制与管理等服务。

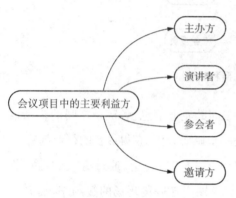

图 3-3 会议项目中的主要利益方

如图 3-3,会议项目中常见的利益方大致可以分为四类,主办方、演讲者、参会者以及邀请方,与展览有所不同的是,会议的演讲者或者参会者,并不是完全由主办方邀请,而是由邀请方来邀请,这些邀请方并不直接赞助此次会议,而是通过邀请人员参会,获得其他相关利益。会议项目能够给各利益方带来诸多信息,如加以利用,将给他们带来更多利益回报。

(1) 会议的主办方类型较为多样,例如:企业、政府组织、非政府组织、协会(学会)、高校等。在会议中,通过信息的流转以及思想的碰撞可以获得有价值的信息,加以分析运用,主办方可以对涉足领域有一个较为深入的崭新认识,并为未来的会议话题扩展带来有效的信息支撑。

(2) 会议中的演讲者,多为重要嘉宾,也有一些是临时上台演讲。主要是将最新的信息进行发布或对最新的研究成果进行总结分享,他们可能并非是主办方邀请来的,可能由邀请方来负责邀请,并提供商旅服务。演讲者可以通过会议来提升自身在所在领域的价值程度。

(3) 会议中的参会者,来源多样,有自行报名参会,也有邀请方邀请。他们在会议期间会提出自己的观点或认识,并在会议中交流互动,向会议演讲者提出问题,得出较为准确的回答,结合自身获得信息,形成相对固化的结论。对于主办方来说,这些结论对于下一届会议的举办有一定的参考价值。

(4) 会议中的邀请方,和传统的赞助商有所不同,主要的工作是邀请演讲者或参会者积极投入会议中,并向他们提供商旅服务。对于邀请方而言,他们获得的价值回报是长久的,这些演讲者或参会者可能与邀请方有某种合作关系,将对邀请方的市场开发带来一定的提升作用。

无论是展览还是会议,信息能够给价值链中的各方带来直接或间接的利益,如果在会展现场的信息得到充分利用并转化,那么各方的黏性会增强,不仅提高了会展项目的整体品质,也有利于将会展项目搭建成为一个信息共享的平台。

团标助力新发展,数字化规范有据可依

2021年1月,由中国国际贸易促进委员会商业行业委员会发布的《线上展会服务规范》团体标准正式印发实施。

《线上展会服务规范》(T/CCPITCSC 066—2021,以下简称《规范》)团体标准,既是"十四五"开局之年我国会展业出台的首个全国性团体标准,也是对我国在线上展会领域良好实践的总结与凝炼,弥补了国内外线上展会领域的标准空白。

强调参展体验、数据保护、线上线下融合发展等

根据《规范》,线上展会服务机构在服务过程中,更应注重满足参展商的参展体验和观众的观展体验,从获取信息快速有效、产品展示多维真实、沟通方便快捷等多维度,创建良好体验,加强参展商和观众的密切联系。与传统的线下实体展会相对比,突出了线上展会的快捷高效、多维立体的功能。

《规范》明确,要确保线上展会相关数据得到妥善积累和保护。2020年以来,以大数据、人工智能为基础的新技术新应用新业态在疫情防控与促进经济恢复与发展方面发挥了重要作用,但也对业界在相关领域的安全保障能力与意识提出了更高的要求。保护用户的隐私是维护用户在网络空间合法权益的核心,线上展会的安全运行,是安全可控和开放创新并重的重要实践。

《规范》还将线上展会与线下展会的结合点进行了阐述,并提出,如有线上展会与线下展会同时举办,更要促进线上展会与线下展会形成互动机制,与线下展会协同发展。

从执行细节来看,《规范》详细规范了线上展会服务机构在组织线上展会过程中的全流程工作内容,从策划与展陈服务、营销服务、邀约服务、在线撮合服务、在线商洽服务、大数据服务等模块进行了工作分解,规范了线上展会服务机构在工作过程中应具备的能力以及应提供的服务,规范了服务机构的行为。

随着互联网巨头进入到会展行业中来,更多新企业进入线上展会领域也成为必然,因此,该标准也为新进入该行业的相关机构开展线上展会服务工作提供了重要的指导与借鉴。更多从业人员也将进入这一行业,本标准有助于相关从业人员能力的提升、工作的规范。

> **团标助力新发展,数字化规范有据可依**
>
> 《线上展会服务规范》团体标准不仅是一次业务标准化的升级,同时也反映了业界对于线上展会发展的一致要求。该标准将对下一阶段我国推动线上展会模式发展提供规范,也为在国际标准化舞台上讲好"中国故事"、分享"中国智慧"提供必要的技术支撑。
>
> 资料来源:31会议官网,https://www.31huiyi.com(作者有所删减)

三、会展现场信息管理的服务对象

鉴于会展项目主要集中在会议及展览,那么会展现场信息管理的服务对象就集中在四个方面(如图3-4)。

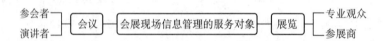

图3-4 会展现场信息管理的服务对象

1. 专业观众的信息管理

展览项目现场的专业观众,一般称之为买家,但并不完全都是买家,也可能是简单了解市场的买家,更有可能就是未来的参展商,来了解展会情况或是竞争对手,为后续参展打前站。因此,我们需要精准知晓他们的基本信息,以便在后台能够做到精准分类,结合他们的实际需求,将买家管理进一步细化,从采购计划到采购规模,为后续的精准匹配做好准备,同时为在展后向潜在买家做信息推送做好前期准备。

在展览项目中,买家实际签约情况也是主办方关注的,这些信息不单单是展后报告的重要数据,更是参展商,特别是潜在参展商所关注的数据,可借助展商预约签到功能,了解买家实际到展情况,并通过展位与展位之间的时间与空间距离,来勾勒出买家的实际观展画像。

2. 参展商的信息管理

一场有规模的展览项目,参展商的整体质量尤为关键,当今,知名品牌展览项目,不再一味地追求参展商数量,而是从质量出发,提升展览项目的品质。

展览项目前期,主办方会充分了解该行业实际情况,如有行业协会,会与其合作,收集重要的行业信息,包括产业上下游的重要企业信息,为前期招展做好准备,将行业排名与参展信息进行比对,了解展览项目在行业中的影响程度,从而激发参展商的参与度。

3. 参会者的信息管理

会议中的参会者,往往是被会议的话题以及演讲者所吸引而来,他们一部分是自费注册报名,还有一部分是通过邀请方来支付注册费报名,他们的背后是一群同类型的受众,对于参会者而言,需要详细了解他们的基本信息,包括工作单位、工作岗位及职责等信息,甚至还需要了解参会者的饮食习惯。

在会议举办期间,通过他们每次进入各会场的签到情况,勾勒他们对于某些话题的感兴趣程度,为今后会议的持续举办提供信息支持。

4. 演讲者的信息管理

演讲者可以说是会议成功举办的关键要素之一,演讲者的行业地位一般都很高,演讲者的信息获取程度较为方便,但除了公开的信息外,还需要收集其饮食、住宿、出行等偏好或习惯,同时绝大部分的演讲者工作事务较为繁忙,演讲流程的沟通,往往需要提前准备信息,并在其有限的时间内进行彩排。

会展现场的信息管理,有助于提升服务对象对会展项目的满意度,有助于会展项目的顺利举办,更有助于会展项目的可持续发展。将会展项目搭建成信息交流的平台,资源共享的空间,信息的有效利用是关键。

资料链接 3-4

网上办展,您的展商和观众信息采集做对了吗?

当线下展会被迫按下"暂停键"的同时,作为"备胎"的线上展会似乎一夜之间完成了转正。"线上展会,让服务始终在线"口号看上去很美,然而如何落地毫无疑问是展会人 2020 年必须直面的考验。而线上报名管理则是迈出的第一步。

要点 1:信息获取要准

在线上展会场景下,展会的主办方精准获取专业观众信息的诉求显得更为迫切。这就需要展会报名表单的量身定制、观众报名信息的个性化采集。

要点 2:权限管理要精

展商、专业观众、媒体、赞助商等不同展会主体诉求不同,其权限也不尽相同,例如展商在展区内的权限界定,同期配套论坛面向专业观众的权限开放等。通过在线报名系统通道的权限设置,就能让展会的组织更高效。

要点 3:多渠道触达,撒网要广

在报名邀约阶段,结合不同观众报名习惯,多渠道、多媒介的报名信息触达也是有效报名管理的关键点。PC网站、微网站、微信邀请函、APP、小程序、微信公众号……多渠道报名链接嵌入,多种报名方式同步,为展会组织者创造更多的观众邀约场景。

同时,团体票、早鸟票等多种营销玩法也是观众邀约的有效促销吸引方式。使用注册报名系统中的多票种的设置,便可实现这一功能,数字化的票种管理,可以实现对观众数据类别化管理,让组织者可以清晰地明确不同票种的观众数据。

要点4:数据监控分析质量要高

在线报名开启后,还需要高质量的实时监控和数据留存及分析。主办方可清楚观众所缴纳门票费用情况、基本信息及联系方式,有效收集观众信息,为后续展会的现场管理提供依据,为来年的招商招展工作提供参考。

通过把注册报名链接嵌入到企业公众号内,可以让观众注册报名缴费;同时为公众号吸粉,实现观众数据的留存,便于展会组织者进行数据的运营和维护。

资料来源:31会议官网,https://www.31huiyi.com(作者有所删减)

第二节　会展现场信息化管理系统

一、会展现场信息化管理系统介绍

目前,随着我国改革开放的不断深入,各类展览、会议相继举办,参展或参会规模越来越大,现场管理难度不断增加,要求不断提高,现场信息量不断增加。更多会展企业通过自行开发或是购买系统的方式,提升管理能级,但在现有的管理系统中,还未真正出现一个包含企业管理和项目管理的融合信息系统平台。一般而言,会展信息系统主架构如图3-5所示。

图3-5　会展信息系统主架构

根据会展项目类型的不同,各系统一般提供多种解决方案,类型包括:政府会议、学术会议、企业会议以及展览会等,而所展现的系统功能主要有:场地预订和租赁、施工搭建管理、搭建报馆管理、现场注册签到管理、现场门禁管理、现场日程管理、会场幻灯片传输转播管理、会议网络直播管理、展厅信息管理、交互式信息管理、餐饮排桌管理等。

(一) 主要功能介绍

1. 场地预订和租赁

场馆预定管理系统,主要面对会展场馆,该系统通过一个预订日历将一个场馆内所有场地的预订情况直观地展示出来。场地预定是场馆管理软件的核心部分,它的具体功能包括:

(1) 在日历上直接进行预定,并用日历的形式来显示场地预定的状况。预定日历可按天、周、月等多种方法来显示;也可以按用户选择的场地来显示。

(2) 场地的预订可以分不同的状态,并用不同颜色显示出来。

(3) 不同销售状态(如销售机会、预订、预订确认、取消等)在预订日历上可以被筛选,并按筛选的结果单独显示在预订日历上,从而方便场地销售人员、服务统筹协调员和管理层从预订日历上只看到与自己相关的展会及活动。

(4) 可用鼠标进行拖拽式预定,并能自动检查有冲突的预订。

(5) 预订日历可以在平板电脑和移动设备上实时显示,方便场馆管理人员随时、随地查阅场地的预订状况。

(6) 场地预订后能自动生成场租报价书、场地租赁合同;报价书、合同的格式可按客户要求的格式进行编制。

(7) 允许会展场馆管理人员将某个时间段的预订情况有选择地发布给会展项目主办方。

(8) 自动生成各种和场地预订相关的报告和报表。

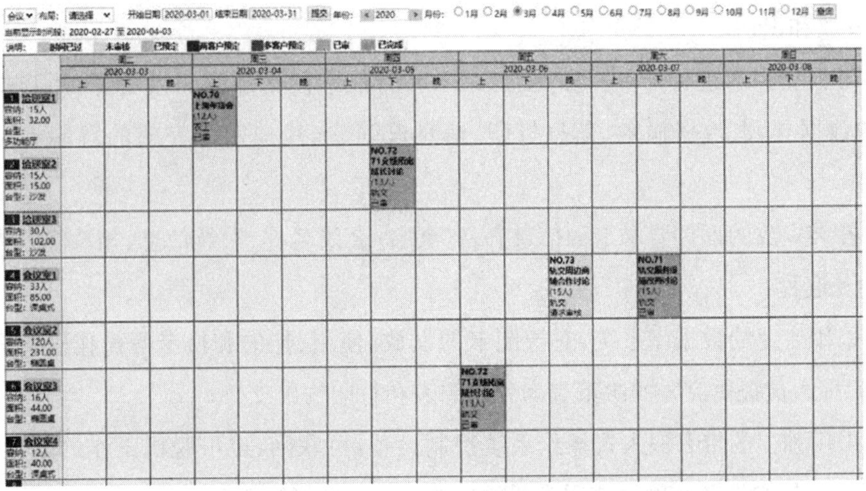

图 3-6 "优品"会展信息管理平台会展中心管理界面(场地租赁排期图表)

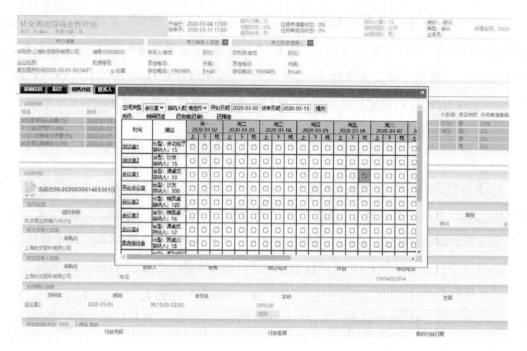

图 3-7 "优品"会展信息管理平台会展中心管理界面(场地租赁合同管理)

2. 施工搭建管理

为了规范进出会展场馆卸货区的车辆、施工人员、参展商,结合现场以及安保方面的要求,会展场馆方会运用制证中心管理系统,此系统与会展公司所用的系统略有不同,相对独立,通过信息化手段强化控制展馆现场车辆及各类人员的出入。制证中心管理运营系统总体功能如下:

(1) 采用符合智能卡规范可读可写可加密的非接触集成电路智能卡(RFID 卡)或采用简单条码技术,作为车辆和人员出入管理的智能识别证件,证件能够通过制证中心相关系统被制作、发放和识别;

(2) 可根据需求进行证卡打印、信息录入和智能卡读写加密的设备,为用户提供高度自动化的数据导入、数据输入、信息打印、信息读写、卡片加密等完整的智能卡证件发放系统;

(3) 各类发放的证件要求卡面信息齐备(展会/会议名称、人员信息、相片等),方便安保人员识别及巡检;

(4) 采用专业的数据库系统,对智能卡的发放、使用、挂失和换卡等操作进行完整的记录,并为管理人员提供完善的决策查询分析图表和打印输出支持;

(5) 采用独立的带有嵌入式操作系统控制设备,可联网、也可脱机工作的验证终端,保障卸货区出入控制设备在网络或服务器发生故障时仍然能够正常进行工作;

（6）建立搭建商施工人员实名认证系统，加强对施工单位和施工工人的现场管理。

3. 搭建报馆管理

会展场馆直接向参展商及搭建商提供现场服务，需要展览现场下单系统来处理搭建商和参展商在展前报馆及展览期间的现场下单。系统支持场馆方或主办方与服务商之间基于工作任务协同、监管、费用结算等功能。可实现对会议、展览等项目的订单集中统一管理，提高项目的运营效率和管理水平。针对搭建商和场馆，该系统主要功能如下：

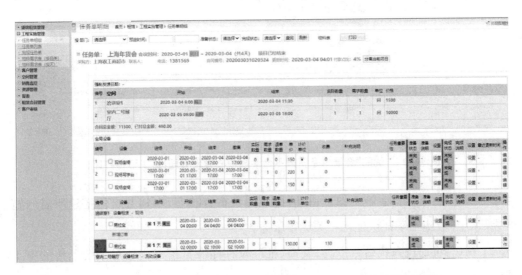

图3-8 "优品"会展信息管理平台会展中心管理界面（工程实施任务单）

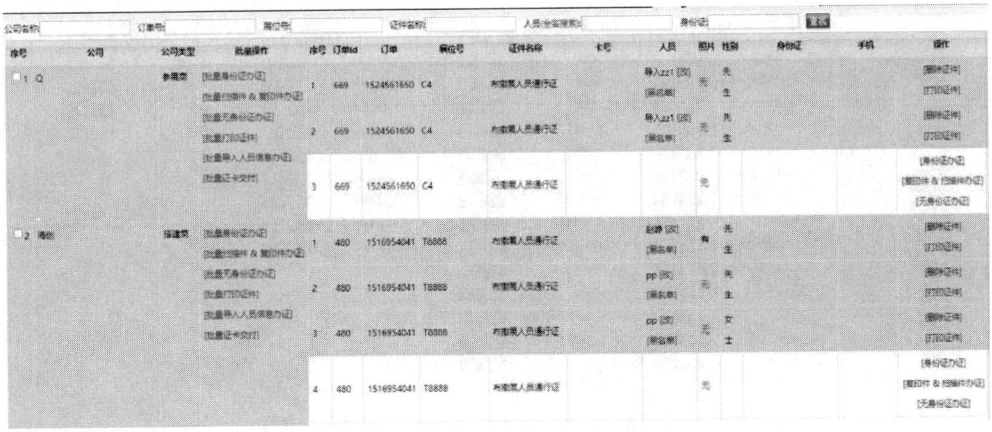

图3-9 "优品"会展信息管理平台会展中心管理界面（施工证件管理）

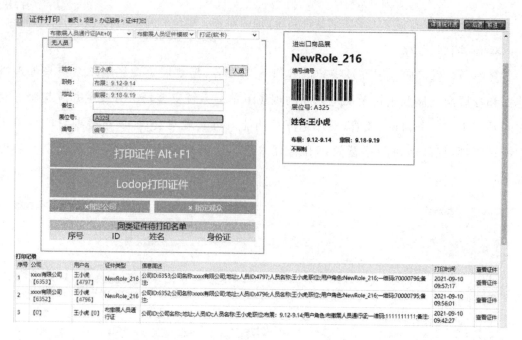

图 3-10 "优品"会展信息管理平台会展中心管理界面(施工证件打印)

（1）搭建商：上传搭建施工图纸；查看施工图纸审查状态；申请并支付搭建所需的施工管理费、水电气、施工车证认证等相关场馆服务。

（2）场馆：可通过系统后台审查、反馈、批准及存储展览搭建商通过系统上传的施工搭建图纸。

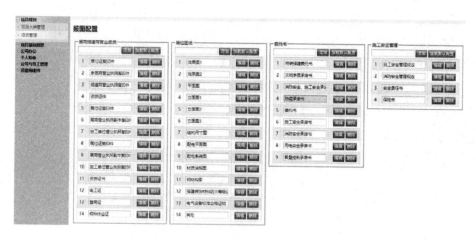

图 3-11 "优品"会展信息管理平台会展中心管理界面(报管资料配置)

4. 现场注册签到管理

现场注册签到管理系统，能够体现会展项目的主办方及相关承办方的服务效率，系统实现参展商、买家或嘉宾、参会者现场报到管理并进行数据查询、收费管理、数据统计等功能。

它直接基于会展信息管理系统数据库，集成买家或参会者现场自助注册、条码扫描识别管理、胸卡打印管理及展厅或会场管理，同时能够落实参展商或嘉宾的到场报到管理，并结合先期导入的参展商人员名单，有效避免非参展商人员混入的情况。

（1）现场自助注册。现场自助注册主要针对前期未注册而直接到场人员，会展信息管理系统提供自助注册系统，到场人员只需填写个人信息和选择注册类型，即可完成注册，并获得一个现场打印的唯一的一维码或二维码。

（2）人员快速报到。会展信息管理系统按照参展或参会代表类型，包括已付费或未付费等情况，实现注册分区管理，参会者只需携带注册条形码或注册表，系统会快速查找出人员信息及缴费状态，并可直接打印带条码的证件，快速完成签到工作。

（3）实时数据统计。由于会展项目的规模不断扩大，特别人员的类型多样，通过会展信息系统可随时按照参展或参会者的所属国家或省份、注册类型等要素进行实时的数据统计，并通过可视化屏幕显示其付款缴费情况，方便财务核对与后期管理。

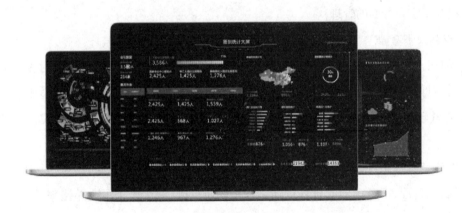

图 3-12　可视化数据中心

（4）系统权限管理。会展现场，需要依照工作板块不同，工作人员依照板块分组操作，组与组之间的沟通，需要系统来给予支持，同时各组所执行的内容，也需要系统做辅助。

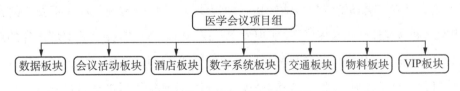

图 3-13　医学会议项目组板块

会展项目负责人，可通过会展信息管理系统进行人员分工，系统相应可设置每一位工作人员的权限，同时系统会形成操作日志，记录每一位工作人员的操作记录，以备核查之需。

5. 现场门禁管理

现场门禁管理系统,是基于参展或参会者通过会展信息系统开放的各渠道进行注册,并获得相应凭证(一维码或二维码),此凭证将用以现场确认,核实人员身份信息、缴费状况等。

会展现场,工作人员手持扫码类设备,对参展或参会者凭证进行验证,以便指引到相应柜台办理报到手续,目前扫码类设备有:扫码枪、手持机、iPad、微光、自助签到机等几种。

为配合国家生态发展需要,会展行业已在全行业倡导绿色办展或办会,部分会展现场不再制证(胸卡),参展或参会者只需凭一维码或二维码通过有障碍闸机或无障碍闸机即可,也可通过人脸识别方式入场,大大方便了现场管理,也有力提升了安全方面的管理。

图 3-14　人脸识别闸机

6. 现场日程管理

现场日程管理,往往是会展项目管理中的难点之一,计划赶不上变化,同时参会者往往无法及时掌握最新的会议日程,可以说会议日程是会议的导航。大型会议或学术会议通常由于参会者较多,分会场及学术分类多,给日程编排、日程邀约确认,日程变更带来很多不便。

会展信息管理系统,可对日常会议日程进行动态管理。当演讲者(嘉宾)日程发生变化时,实时联动日程,同时场地的日程也随之发生同步更改,减少人工更改差错率。

通过日程信息化管理,参展或参会者无需携带纸质版日程计划,只需一部手机,就可安心参展或参会。

7. 会场幻灯片传输转播管理

演讲者(嘉宾)带着移动存储设备,游走于各会场之间,数据的安全性以及现场的电脑系统安全性等问题就尤为重要。为有效规避风险,并提升参会者的满意度,部分会展信息管理系统开发公司开发了会场幻灯片传输转播管理模块,系统摒弃传统幻灯片不安全的拷贝模式,利用网络和多媒体转播技术,不仅实现大型会议演讲者(嘉宾)提交的幻灯试片的统一收集和管理,同时能将收集后的幻灯片按会场自动分发到分会场,并实现分会场讲座日程自动更新和幻灯片的自动播放、录制和转播,是提升大型会议现场管理水平和效率的重要工具。

8. 会议网络直播管理

会议网络直播系统一般可支持万级到十万级的在线直播观看需求,并拥有点赞、留言、互动、弹幕等实时互动功能,有效打破传统线下会议在时间安排和传播范围上的限制。

图 3-15　第十四届中国南方血管大会

9. 展厅信息管理

贸易类展会，主办方希望精准了解买家观展、签约情况，通过在每个展台布置扫码设备，来读取到场买家信息，并给展后报告做数据支持。如能与参展商供货系统进行条码配对，还能精准获取买家采购情况，为下一届展览项目营销提供数据支持。

10. 交互式信息管理

传统的会展现场交互信息系统，一般是触摸屏、短信发布等方式，但由于骚扰短信屏蔽的出现，加之参展或参会者对于触摸屏卫生问题的担忧，利用会展项目管理系统搭建的会展项目官网（PC端或手机端），可以有效提供动态提示，还可通过系统与微信平台对接，让最新信息瞬间到达每一位参会者，既避免了骚扰问题，也避免了对卫生问题的担忧。

11. 餐饮排桌管理

上百人，甚至是上千人的宴会用餐，同时用餐面积也在不断扩大，考验着管理中的"排兵布阵"。为提高场馆销售团队和会展项目主办方间关于宴会摆台要求的沟通，场馆的餐饮管理团队可使用餐饮排桌管理软件。

餐饮排桌管理软件可以提高场馆销售团队和客户,会展中心内部各部门关于宴会摆台要求的沟通和服务。该系统一般包括以下功能:

(1) 场馆画图器。该工具让场馆销售团队按照自己场地的面积具体情况,并结合客户的要求创建桌型图。此外,场馆销售团队还可以和客户在线共享创建的桌型图,并允许客户在线提出更改方案和意见。该画图器是摆桌软件的核心部分。

(2) 桌型图 3D 成像。桌型图 3D 成像技术能让排桌的平面图立即生成三维立体效果图,让场馆销售团队和客户知道其活动摆台的情景。

资料链接 3-5

数字中国峰会上的"黑"科技:人脸识别闸机自带 AI 美颜

中国日报网 2019 年 5 月 8 日电(曹静)来福州参加数字中国建设峰会,除了听大咖谈论技术、展望未来,最让我期待的就是数字科技。这篇文章,就先说说人脸识别吧,这是我到峰会现场后体验的第一个"黑"科技。

人脸识别闸机"颜"值高,效率更高

第二届数字中国建设峰会是在 5 月 6 号举行,这天恰好夏至。提前一天,我到达福州入住峰会主办方安排的酒店,在前台录入了人脸信息,只是听说在进入峰会会场时要用到。在现场工作人员的帮助下进行操作时,我发现屏幕上出现的人像竟然自带美颜效果,一个小小的惊喜,也感到神奇。

这次峰会人脸识别设备的提供方是海康威视,承办方是太极,两家都是中国电子科技集团(以下简称"中电科")旗下的企业,相互配合保证峰会顺利进行。峰会现场,在与中电科的工作人员梅志军和林戈焜交流时我才知道,之所以会有美颜效果,是总结了首届峰会的经验。首届峰会上,部分嘉宾在注册登记时提供的照片会进行美颜处理,无法保证人脸识别的准确性,所以才会在这届峰会的机器上加上了轻微的人工智能(AI)美颜功能。工作人员跟我说,他们会不断优化算法来提高人脸识别的准确率,但同时也会根据用户的使用习惯来改进技术,带了美颜功能的人脸识别闸机就是一个例子。

这只是一个插曲。真正让我感到人脸识别方便之处的,是在峰会现场。

畅通无阻,一"脸"走天下

峰会开幕当天,我通过人脸识别闸机进入会场时发现,不管闸机前面的人流有多么密集,人脸识别都可以做到准确无误,嘉宾几乎不用停脚就能一个接一个地顺利通过闸机,从识别到走过闸机,大概只用了两到三秒,会场入口完全没有大排长龙的现象。

排队时，闸机上的摄像头可能会拍到后面排队的人，那么人脸识别会出错吗？现场的体验是不会。工作人员对我解释说，在这种情况下，机器会自动就近识别，而且"近"的程度可控，比如这次会场，嘉宾需要在闸机镜头的一米之内才能被识别，保证不出现非相关人员"插空"进入会场的情况。

进入会场内，我也完全可以"一脸走天下"，完全不用提前准备好身份证，或者拿出手机扫描二维码入场。为什么这么说？

这届峰会举办的同时，还在举行数字中国成果展览会，会场和展馆相通，都在海峡国际会展中心，但之间设置了人脸识别闸机，嘉宾可以通过扫脸穿梭于会场和展馆之间，而前来展馆参观的普通观众是不能进入会场的（他们没有提前录入人脸信息，需要通过识别身份证件或扫描二维码入场）。记者在会场和展馆之间两头穿梭时，只要刷脸就能轻松通过。想象一下，着急从展馆赶到会场参加分论坛，一手拿着笔记本电脑、一手拎着背包，却还要掏出手机或身份证？体验了人脸识别闸机的顺畅、迅速之后，无论是掏出手机还是身份证对我来说都太麻烦了。

对了，工作人员还告诉我，除了极个别情况，包括到会政府和企业界领导人在内的所有嘉宾都要提前录入人脸信息，然后在现场通过识别闸机后进入会场。

峰会后，所有数据将清零

说实话，人脸识别能让我无障碍地穿梭于会场和展馆之间，虽然方便，我也一直担心这些录入的个人数据会不会被泄露。在和中电科的工作人员交流后，我放心了。

工作人员说，为这次峰会提供技术和设备的厂商具备政府颁发的资质，搜集的数据受到政府监管，不会被滥用。峰会结束后，企业将在政府的监督下，把嘉宾、媒体、观众的相关数据清零，包括闸机和电脑上的数据。

资料来源：央广网，https://www.cnr.cn（作者有所删减）

（二）系统主要结构

1. 展览信息管理系统结构

基于当今线上线下融合发展的趋势，展览信息管理系统（如图3-16）主要满足主办方、参展商以及专业观众等三方需求，提升三方的协同、效率、体验。

为了有效体现协同管理，对于相关服务者接入，会展信息管理系统也会开放端口，目的是为了让核心参与者能够精准获得服务信息及反馈，同时让相关服务者能够及时获得指令，以便及时给出反馈。

未来会展信息管理系统，还可主动对接政府部门审批平台，真正让数据多跑路，让企业少跑路，在项目审批上，给予更多的便利环境。

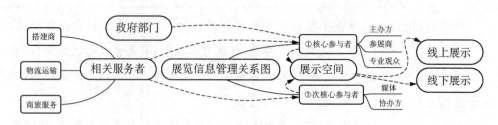

图 3-16 展览信息管理关系图

展览会现场管理,更像是一次数据管理,包括:专业观众数据、行为数据、业务数据、参展商数据、商机数据以及展品数据等。如此庞大的数据,使得会展信息管理系统要成为专业观众与参展商的服务中心以及洽谈中心。

2. 会议信息管理系统结构

会议现场人员管理的好坏决定了会议的成败,与展览不同,会议的管理,就是人与人之间的相互管理。如图 3-17 所示,会议中各类型人员在不同的场景中出现,围绕他们的服务人员,通过会展信息管理系统,能够有效、精准地判定其身份类型,提供有针对性的服务。

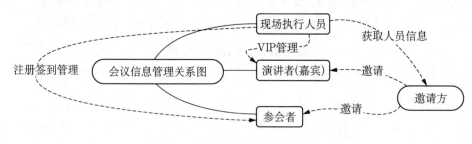

图 3-17 会议信息管理关系图

现场管理是服务交付,是履约,是完成业务闭环的过程,是以人与服务为核心的对应关系。现场管理的核心在于线上业务通过一系列的产品组合和设备组合在现场实现的过程,是各方预期在现场能够满足的过程,价值点主要体现在交付时,各方所获得的体验和感受。

图 3-18 会议信息管理系统子系统(现场)

会议信息管理系统的各子系统并非面对单一类型人员,而是面对所有需要服务的对象(如图 3-18)。各子系统需要满足不同类型人员的需求,更好地提升服务质量。

第三节　会展现场信息化应用场景

随着技术革命的不断深入，加之越来越多的会展企业认识到了信息技术对于会展业发展的重要性，会展现场信息化应用场景不断扩大，主要包括：会场导航、智能签到、互动体验、线上商城、商务配对等。

1. 会场导航

常见的会场导航，很多都是在参展或参会者手册上，印制一份场馆平面图，这份平面图上标注出了各展馆或会场内各功能区域名称及编号（如图 3-19）。

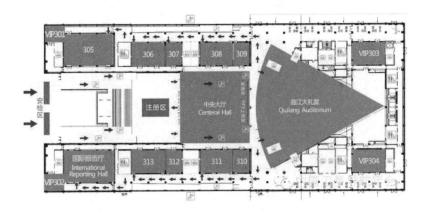

图 3-19　展馆平面图

部分场馆由于场馆空间面积大、层数多，故在各楼层重要位置，提供相应导视系统，这类系统可支持复杂内部结构，可实现平层、跨楼层等导航指引。但这类系统只能根据现在的位置进行导航，无法做到参展或参会者的移动导航，更无法了解实时位置（如图 3-20）。

我们常用的手机导航系统，是基于数字化地图的基础上运用卫星导航系统来进行精准指引，这种导航都基本在室外，第一届进博会筹办期间，为了让观众、参展者在国展中心"少走弯路"，同济大学电子与信息工程学院的项目团队自主研发了一款高精度的室内定位导航系统，并将这套系统功能融入进博会 APP 中，结合未来的场景需要，通过会展信息管理系统的后端管理，对于每一位参展或参会者的行动轨迹、喜好等，系统都可以做出一套较为精准的用户画像。

图 3-20　场馆引导牌

资料链接 3-6

同济大学研发高精度室内定位导航，服务中国进博会

国展中心是世界上规模最大、辐射最广的单体建筑和会展综合体，一共有13个大展厅，包括双层和单层结构的展厅，其中单层展厅层高达32米。

为了让进博会观众、参展者在国展中心"少走弯路"，同济大学电子与信息工程学院的项目团队自主研发了一款高精度的室内定位导航系统。

在手机上下载进博会APP，进入其中"导路者"功能，打开后就是国展中心各场馆的缩略图，轻轻点击缩略图选择出发地点和到达地点，系统就可给出室内导航路线，帮助使用者快速到达目的地。

资料来源：澎湃新闻，https://www.thepaper.cn（作者有所删减）

2. 智能签到

智能签到一般分为：扫码签到（包括扫码枪、iPad 等）、微信签到、人脸识别签到、闸机签到及身份证签到等。

（1）扫码签到。

分为扫码枪签到或 iPad 签到，扫码签到一般速度较快，参展或参会者的等待时间较短，参展或参会者在会展现场，只需出示报名成功后显示的一维码或二维码，会展现场工作人员持扫码枪或 iPad 进行扫码，系统便可自动匹配报名数据，完成签到过程。

（2）微信签到。

需要参展或参会者用手机打开微信，扫描预先张贴的签到二维码，扫描后会出现手机签到页面，输入规定的信息，提交即可签到成功，由于需要参展或参会者自助扫码，人员等候时间可能因此较长，故此类签到比较适合小型会议。

（3）人脸识别签到。

此类签到科技感较强，参展或参会者只需面对摄像头，通过预先注册时收集的照片信息，进行头像精准配对，确认一致后即可完成快速签到流程。

（4）闸机签到。

分为有障碍闸机签到和无障碍闸机签到两种类型，在有障碍闸机签到过程中，扫码签到或人脸识别签到可充分结合，如验证成功，则闸机门自动打开，人员可自由通行。而无障碍闸机签到，需要基于参展或参会人员的证件，通过在证件中嵌入芯片的方式，参展或参会人员通过无障碍闸机时，如验证成功，则机器发出绿光，如验证失败，则机器发出红光并发出警示声。

3. 互动体验

展览现场的活动，有助于拉近参展商与专业观众的距离，有利于强化展出效果。以往展览现场的活动，以表演性质为主。会展经济已进入体验时代，展会的现场体验在参展选择中的权重将会越来越大。会展信息管理系统的运用，有助于给现场活动参与带来独特体验，同时系统与微信结合，通过场馆免费 Wi-Fi 或 5G 信号，增强用户黏性，优化用户体验。

4. 基于移动支付的微商城

利用微信公众号或小程序与现有的会员系统实现对接。

5. 线上商城

线上商城可以说是将线下展会中的参展商以及专业观众（买家）引入到线上，为各方搭建一个不限空间、不限时间的交易平台。

6. 商务配对

参展商关注的是如何找到有意愿且愿意买单的买家，而买家则是希望找到质优，且性价比高的商品(产品),可以通过会展信息管理系统在前期收集买家的采购数量及预算等情况,在买家确认的情况下,有选择性地向参展商发出意向订单,以便参展商做好前期准备工作。买家如发现合适的参展商,也可在系统中进行答复回应,或直接发起洽谈预约。

会展项目开幕后,结合会展现场服务信息管理,对已入馆的买家根据会展信息管理系统中的参展商数据以及展品信息,进行快速精准匹配,供买家参考。

 **本章小结**

会展现场服务信息管理,是基于对会展现场中各类型人的有效管理,获取相关有用信息加以分析利用,提升参展或参会者的满意度,增强他们的获得感,最终提升他们对于该会展项目忠诚度,使得会展项目能长久持续发展。由于会展项目空间在扩大,类型不断变化,会展信息管理系统,特别是其中的现场服务信息管理系统,也需要顺应这些变化,营造不同的场景和可使用的方式方法,提升界面友好度,助推会展项目的自身价值不断提高。

 **思考题**

1. 论述会展现场信息对于展览各利益方的重要性。
2. 论述会展现场信息对于会议各利益方的重要性。
3. 简述会展现场信息管理的服务对象。
4. 论述会展现场信息管理系统主要功能。
5. 论述会展现场信息管理系统主要结构。

第四章

展馆信息及其智能化管理

 学习目标

- 理解智慧展馆的形成与发展
- 熟悉国内外会展场馆发展现状
- 理解基于信息技术的会展场馆与展台的构建

第一节 国内外会展场馆发展现状

2021年是我国开启"十四五"规划建设的开局之年。当前,我国发展仍然处于重要的战略机遇期,但机遇与挑战也随着全球大环境的变化而变化。总览国内经济市场发展环境,会展业与会展经济在促进国民生产、社会发展、产业建设等方面的比重持续大幅增加。会展场馆是保障会议、展览等顺利运行的物质基础。其作为促进会展业发展与会展经济建设的关键要素,对我国展会运营与服务起到了关键的支撑作用。随着经济社会的不断发展与变革,新思维、新观念也促使新业态的产生。因此,打造国际化、智能化、特色化的会展场馆已经成为一个国家或城市的会展实力象征。我国会展业发展较国外发达国家来说,起步相对晚,但是近几年呈现发展迅速的趋势。而对于会展场馆的智能化管理与信息化建设还不够完善,因此,本章将着重对这方面内容进行探讨。

一、会展场馆的概念

对会展场馆的概念从字面上解释,包括"场"和"馆"两个方面:"场"即会场,指能够聚集数量众多的人群的地点;"馆"即展馆,指能够展示各种展品或开展信息交流活动的建筑空间。会展场馆可以是露天剧场、竞技场、礼堂、会议中心、博览中心、会展中心、市民中心、复合建筑群、展厅、演艺中心、剧院、体育场和特殊活动场馆等。

会展场馆具有不同的功能与风格,因此可以从不同的角度进行定义。马奥尼(Mahoney,2015)从建筑设计目的的角度,将会展场馆定义为"那些被设计用来容纳为共同目的所聚集的人群的所有公共和私人的建筑物"。国际场馆管理者协会(International Association of Venue Manager,简称 IAVM),从活动举办的角度来定义会展场馆,即活动发生的场馆,特别是那些精心策划的活动(planned event),包括展览、会议、体育赛事、音乐会等。依照"精心策划的活动"这一目的来定义,可以从两个层面更深刻地理解会展场馆:首先,会展场馆是从空间上定义的;其次,会展场馆是有计划举办各类活动场馆,这一点将会展场馆与自发性活动所发生的场所区分开来。

二、国外会展场馆发展现状

在国外尤其是在德国、意大利、法国等会展业发达国家,会展场馆的空间发展模式表现为集聚的特点,其最大优势是容易实现规模效应。其中,"集聚"的内涵主要指由大规模带来的非同一般的影响力和品牌效果。事实上,国外会展场馆的发展是聚中有散的,只不过这里的"散"不是松散,而是一种合理布局。

(一) 总体上重点集中、合理分散

会展发达国家凭借自己在资金、技术、交通及服务等方面的优势,建造大规模的现代化场馆,举办高水平的展览会,在国际会展市场竞争中占据着主导地位。从总体布局上来看,会展业发达国家或地区的场馆建设具有"重点集中、合理分散"的特点。

所谓重点集中,包括两层含义:一是指会展场馆主要集中在几个大城市,以便集中力量培育国际会展名城;二是指各会展城市的场馆建设规模较大,便于统一规划、集中布展。例如,德国是名副其实的展览大国,在世界 50 强展馆中占有 11 席,面积达 239.68 万平方米。顶级展馆拥有量第一,共计 4 家,展览面积 146.5 万平方米,占比 46.9%,展馆平均面积高达 36.63 万平方米,呈现数量多、面积大、实力强的特征。全国的展览场地主要分布在汉诺威、科隆、慕尼黑、法兰克福及杜塞尔多夫等城市,而且周边各项基础设施完善,正因为如此,世界上许多国际性的品牌展览会都落户德国。

所谓合理分散,指几乎每个会展业发达国家都制定了科学的会展业发展规划,表现在场馆上便是突出重点、分级开发,以确保本国会展业具有持续发展的潜力。例如,目前意大利的大型国际展览会主要在米兰、博洛尼亚、巴里和维罗纳 4 个城市举办,这些城市都是著名的旅游城市,但相隔一定的距离且各自的品牌展览也不一样,因而在开展会展活动上各具特

色;同时,为促进意大利经济的进一步发展,也形成了一些地区性会展中心。

(二) 单个场馆规模优先、以人为本

相对会展业总体布局的聚中有散,国外会展场馆更加讲究规模,大部分场馆的展览面积都在 10 万平方米以上;在建筑设计和设施安排上则强调以人为本,即尽量为参展商和观展人员提供方便。如 2000 年 5 月在德国汉诺威举办的印刷机械展 Dupa 是全球较具影响的展览会之一。整个展览会分 18 个馆展出,展览总面积达 15.8 万平方米,有来自 42 个国家的 1 800 多家厂商参展,来自德国及世界各地的约 40 万观众观展。场馆的各项设施和服务均以人为本,旨在为参展商和观众提供全方位的配套服务。观众一进展馆便能得到一份用多种文字编写的参观指南,各展馆的展览内容、观众出口、公共交通及停车场一目了然;展场中间的露天场地设有饮食和休闲中心,除提供快餐外还有各式风味餐厅;不同展馆之间有遮雨通道相连,有些地方参观者还能乘坐电动通道直接进入不同展区。

(三) 场馆建设持续优化,不断扩张

随着会展业的快速发展,大多原有的场馆已经不能满足要求,必须对原有场馆进行改建。规划时重视扩建方式、后续工程或改建工程,且不影响建成部分的使用。如跨度、大规模、高效率的建筑取代,在不断的建设过程中,应用新的技术,适应新需求,完善新功能。如科隆会展中心就在原地将围院式建筑逐步改造为大跨度的展厅,并以连廊将各个展厅相连通。再如法兰克福会展中心,它拥有从 1909 年一直到 2001 年建设的包括穹顶式多功能会堂、超高层办公楼、大跨度的新型展厅等各类型的建筑。其形态清楚地刻画出多次改扩建的时间痕迹。这样的扩建投资规模比较小,实施灵活,多以加建单独的大型展馆、连接通廊或主要的入口大厅等内容为主。

2020 年新型冠状病毒肺炎在全球肆虐,给会展行业带来了沉重的打击,受疫情影响,全球金融市场震荡,美股创下 2008 年金融危机以来的单日最大跌幅。3 月 3 日,美联储突然宣布下调基准利率 50 个基点。中国这个"制造工厂"按下了暂停键,对全球制造业供应链影响巨大,也将对全球的展览会市场带来重大利空。海外展会大面积停办或延期,意味着近两年国际展会市场会陷入历史低迷期,参展企业资金影响是一方面,大量的海外和本土观众的减少将成为各国展会最为重要的影响因素之一。

"十四五"期间,剔除 2020 年新冠肺炎疫情冲击而导致的突发因素,中国会展业恢复至 2019 年水平后,可能会延续"十三五"时期正常年份的发展态势:展会数量保持 5%～6% 左右的增长水平;随着更多大型会展设施建成投入使用,有扩张潜力的展会规模会扩大,超大型展会数量会增多,展览面积增长速度可能会超过展会数量增长速度。

根据历史经验,疫情的发展会经历萌芽、扩散、爆发和衰退四个阶段。展览会属于密闭空间行业,且人员密集、流动性大,疫情结束后延续的展会现场防控成本也将直接增加主办单位的各类成本支出。值得一提的是,疫情发生后,会展业界纷纷通过线上直播方式开设战疫课堂、公开课、实操指南等,在这场战"疫"中,各行业协会、展览组织呼吁会展企业尽快提升传统会展模式,培育新兴手段。

三、我国会展场馆发展现状

"十四五"期间,我国会展业将在"十三五"发展的基础上更上一层楼,指导我国会展业在"十三五"时期发展的规划性文件就是 2015 年 3 月发布的《国务院关于进一步促进展览业改革发展的若干意见》,强调促进展业业发展,关键要坚持专业化、国际化、品牌化、信息化。在此基础上,高质量发展将成为"十四五"会展业的主基调和主旋律。其中会展业的基础性建设,一方面包括场馆设施等硬实力方面的建设,另一方面还有关于管理方面的软实力建设。中央第 15 号文件提出"完善展览业标准体系,完善行业诚信体系,加强知识产权保护,打击侵权和假冒伪劣,优化展览业布局,落实财税政策,改善金融保险服务,提高便利化水平,健全行业统计制度,加强人才体系建设,发挥中介组织作用"等多方面工作。在"十四五"期间,这些基础性建设工作进一步加强与夯实。

会展场馆是会展经济发展的载体,被誉为"会展经济发展的火车头",是会展业发展的基础。早期我国会展场馆集中在展览业的发展,主要为展览会提供举办的场所。没有相当规模及配套设施齐全的会展场馆,就难以催生具有影响力的品牌展会。一段时间以来,随着我国各地一批新型展馆的建设及投入使用,现代风格的展览馆已成为一个城市体现经济快速发展的"名片"。同时,作为会展行业发展的硬件设施,展览场馆的地域集中程度是会展业发展的方向标。一般而言,会展场馆集中的地区往往也是会展业发展的中心。会展场馆的区位布局对办展效率、办展效果、展后场馆经济效益的发挥和会展经济的协调发展有着十分重要的意义。

(一) 我国会展场馆发展趋势

1. 全国会展场馆总面积持续增加

根据中国国际贸易促进委员会发布的《中国展览经济发展报告(2019)》指出,2019 年中国展览馆的数量与面积均保持持续增势。数据显示,2019 年国内展览馆数量达到 173 个,比 2018 年增加 9 个,增幅约 5.5%;室内可租用总面积约为 1 076 万平方米,比 2018 年增加约 92 万平方米,增幅约 9.3%。未来,随着天津国家会展中心、中国国际展览中心二期等大型展馆项目落地,展馆总供给预计将持续增加。

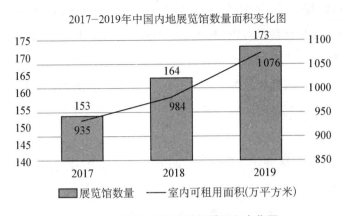

图 4-1　中国内地展览馆数量面积变化图

2. 单个会展场馆规模不断增加

与前些年中国会展场馆的规模相对比,近些年中国会展场馆正在发生着改变。会展场馆规模开始逐渐扩大。多年来,中国会展场馆随着展会数量的增多和规模的扩大而发展。以中国国际展览中心为例,1985年静安庄馆初建时室内展厅2.5万平方米,1988年扩展为3.8万平方米,1994年扩展为5万平方米,1999年扩展到6万平方米。中国国际展览中心(天竺新馆)于2008年建立,总规划用地155.5公顷,建成后成为北京市规模最大、功能最为完善的展览中心,包括16个可分合的单体、单层、无柱、大空间展厅,室内使用面积20万平方米。每个展厅既可独立承办小型展览,又能通过内部连廊彼此相互连通,利于承办大型展览。近几年已有不计其数的新场馆在各大城市建立。国家会展中心(上海)位于上海市,地处上海虹桥商务区核心区西区,该场馆于2011年12月26日动工兴建,于2016年12月1日全面运营。国家会展中心(上海)是一个具有国际水平的综合性会展中心,是顺应会展业壮大和发展的重要产物,建成后可以解决上海、长三角乃至国内大型会展场馆缺失的问题。伴随着上海会展业的飞速发展,尤其是上海世博会成功举办后,上海作为新兴会展城市在国际的影响力越来越高。上海处于长三角地区的核心,是集经济中心、金融中心于一体的国际大都市,有着得天独厚的经济优势。在2019年国家会展中心(上海)进行展览规模的提升工程,国家会展中心(上海)1、2号馆于10月10日投入使用,目前配备有会展场馆、商业广场、办公楼宇和商业酒店。

3. 会展场馆聚集与分散并存

目前我国会展业已形成了"长三角、珠三角、环渤海、东北、中西部"等5个会展经济产业带。

(1) 长三角会展经济产业带。

长三角会展城市群的空间地域范围涉及两省一市,包括1个直辖市——上海,3个副省级市——南京、杭州、宁波，11个地级市——江苏省的苏州、无锡、常州、镇江、南通、扬州、泰州和浙江省的湖州、嘉兴、绍兴、舟山，共15个城市。土地面积10万平方公里，占全国总面积的1%；人口7 570万，占全国人口总数的5.9%。以长三角为龙头的长三角会展经济带，正在形成以沿江、沿海为两翼的发展格局。南京、合肥、苏州、南通、宁波、温州、义乌、杭州等城市均以上海为龙头，各自发展区域会展经济。

(2) 珠三角会展经济产业带。

在十三届全国人大一次会议闭幕后举行的中外记者会上，李克强总理强调，我们要把粤港澳大湾区建设成为世界级湾区，要充分发挥三地特色、优势互补，形成新的经济增长点。珠三角地区是我国沿海发展的经济地带，这里拥有高效运转的经济形态、多维的市场结构以及完善的人员传输体制，是社会资源综合流动与调控的主导区域。相比于长三角，珠三角将通过建设世界一流湾区进入新旧动能转化的新一轮经济发展加速期。珠三角会展业也随之进入新的调整期。近年来，珠三角会展场馆建设十分活跃，如位于深圳宝安新区的国家会展中心、广东(潭州)国际会展中心、珠海国际会展中心二期等，它们将随着粤港澳大湾区的建设而影响珠三角会展业未来竞争格局。

整体而言，珠江三角洲华南会展经济产业带中的各城市依据自身特色开发各类展会，将形成多层次、互补的会展市场结构：广州作为华南会展业的中心城市，以继续举办广交会这样大型的综合性的展览为主，以规模大、参展商多见长；深圳以举办高科技专业展会为主，其他珠三角各城市依托特色产业，举办具有浓厚的产业色彩的展会，如虎门的服装节、东莞的民博会等；而海南三亚和博鳌以大型论坛和研讨会为主，南宁和桂林以专业展会、小而精为特色。

(3) 环渤海会展经济带。

环渤海地区是指环绕着渤海全部及黄河部分沿岸地区所组成的广大区域，是我国港口群和产业群最为密集的区域之一。环渤海会展经济带的空间布局就目前来看主要以北京为中心，北京作为首都会展业发展领先，发展条件优越，其会展经济效益远远优于周边其他城市。北京作为中国的政治、文化和经济中心，会展业起步较早，无论在会展的规模、档次，还是场馆建设上，均居全国前列。北京会展场馆较多、国际性展会多，获得国际展览联盟(UFI)认证的国际品牌展会个数在全国首屈一指，一批代表行业发展、体现行业发展趋势、具有明确市场方向和固定客户群体的专业品牌展会也成为北京会展业的特色之一。北京凭借着丰富的自然观光资源和历史文化资源，依靠独特的政治地位、便利的交通条件和良好的设施条件，成为中国大型会议首选目的地。北京筹办2008年奥运会也对北京城市建设、经济发展产生了巨大的促进作用，而奥运会本身就是一个大型的体育博览盛会，商业运行形成规模，其产生的经济价值和后续影响不可估量。

(4) 东北会展经济带。

东北会展经济带主要包括三个省：辽宁省、吉林省和黑龙江省。其中大连、沈阳、长春及哈尔滨市为主要的会展经济发展城市。东北老工业发展使东北经济带建立了雄厚的发展基础。东北三省之中，黑龙江相比于其它两个省的会展经济发展水平较低。在大连、沈阳、长春、哈尔滨等一些经济发展较为发达的城市，会展业的规模相对壮大，场馆及馆内设施较为现代化和全面，管理和服务方面也比较规范。按目前的发展来看，沈阳的会展活动数量占东北会展之首。东北地区较为出名的会展活动有哈尔滨啤酒节、东北亚博览会、大连服装博览会、沈阳中国国际制造业装备博览会等带有东北特色的展会。

(5) 中西部会展中心城市。

以武汉、郑州、成都、昆明等城市为龙头的中西部会展中心城市与京津地区、长江三角洲和珠江三角洲不同，不是谁为龙头，形成聚群效应会展经济产业带，而是突出个性，培育地区特色展会。如中部的郑州，因其具有得天独厚的区位优势，能够使大批货物大进大出、快进快出，使广大客商既节约时间，又节约费用。因此郑州会展业的发展应主要依托这一优势，突出这一特色，多举办大型机械、建材、农产品等物流量大的会展。而在西部地区，作为中国西部特大中心城市的成都，是西南地区的"三中心、两枢纽"，具有较强的地缘优势，其城市的辐射功能较强，对中国西部大市场的培育与发展有着举足轻重的影响。

(二) 我国会展场馆存在的问题

在智慧化浪潮下，会展场馆是行业变革升级的重要抓手，也是会展智慧化建设成果集合的线下场景。但从智慧场馆构架设计到具体成果实践，场馆的智慧化建设存在诸多挑战，在已投入运营的场馆中尤为凸显。包括缺少硬件设施，改造成本大，前期信息软件铺设多而杂，缺乏统筹性，系统之间无法实现互联，对未来的更新与持续提升也存在重重障碍。

伴随着展览业的发展，我国展馆数量呈现出高速增长的态势。一方面，展馆面积的迅速增加，从硬件上满足了会展业快速发展的需要，彻底改变了以往有展无处办的尴尬困境，为主办方提供了更大的选择余地；另一方面，过热展馆建设的背后隐藏着极大的盲目性，并引发了一系列问题，严重影响了我国展览业的健康有序发展。

1. 展馆供需失衡

目前我国展馆室内、室外展览总面积已达到 500 多万平方米，远远超过"世界展览王国"德国的 250 万平方米，而且还有一些城市的大型展馆正在计划或筹划建设中，展览的供给大大超过展会的需求。展馆闲置状况严重，使用率低下，目前我国展馆的平均使用率仅有 10% 左右，会展业相对发达的北京也只有 35%，上海为 50%，而国外展馆的利用率指标可以达到 70% 以上。展馆规模急剧扩大，平均收入却逐年下降，许多展馆入不敷出，已经成为城市财政的巨大包袱。同时，各个展馆为了生存需要，加强了对会展资源的争夺，使会展资源不断分流,并降低了对办展主体的资质审核,进一步加剧了我国会展业的无序竞争。许多地方政府追求一步到位,展馆建设缺乏标准的规模定位,普遍出现了大型化趋势。展览资源是有限的,大型展览更是稀缺资源,我国的大型展览多数集中于北京、上海、广州等区域经济中心城市,其他城市很少有大型展会的举办。为规模有限的展会而去筹建大型的展馆,不仅造成了资源的浪费,也降低了展会的视觉效果。

2. 功能单一,配套设施欠完整

目前,国内很多大型活动场馆的建设,由于在设计时主要是为了满足某种单一功能的需要,如奥运会是为了体育比赛而主要建设比赛场馆,上海世博会是为了展示主题内容而主要建设展览展示馆,世界园艺博览会是为了展示园林园艺等,使得展览场馆功能和基础设施配套都比较单一,而现代大型展会要求会展中心具备完善的功能并与周边基础设施配套。由于住宿、餐饮、交通、物流、通讯等配套设施相对滞后,配套设施不齐全,不能满足展览、会议、商务、节事活动等对场馆功能的要求,势必会给展会乃至展览中心的运营带来影响。

3. 智慧化成果推行成效甚微

智慧化升级需要通过实践来验证其价值,但在建设过程中常常出现无法发挥预期效能的情况,原因或有两个方面,一是由于场景应用的偏差无法推行,是设计过程出现问题;二是可能涉及到"人"的因素,组织策划往往由管理者把控,但决策是否能落实到位取决于执行者的意愿。一方面,使用者同时也应是研发者,智慧化建设的过程忽略最终使用者参与的重要性,就造成使用者不懂系统逻辑需要重新理解而缺少积极推行的动力。因此,在智慧化的过程中一定要先考虑到相关的使用部门,全程参与痛点挖掘、需求分析、场景融合等环节。另一方面,部分人存在"习惯依赖",智慧化往往需要改变原有的思维方式或工作流程,但"习惯依赖"让人更倾向于选择原有的熟悉度更高的模式,包括在应用过程中无法避免出现各种问题,也需要足够的探索精神不断地克服。究其本质,是需要提升整个组织的创新意识与创新能力。

场馆作为会展经济的价值聚合点,在数量增幅稳步提升的同时质量也在逐步提高,行业关注的焦点已从外在的"高大上"转向内在的"精优细"。智慧化升级作为打造高质量场馆的重要抓手之一,或许也将成为市场营销中的核心竞争力。此外,场馆的智能化升级不应只停留在软硬件的升级,智慧化建设的核心价值是将新的思维模式融入到场馆运营的管理之中。

势在必行——2015"互联网+中国"峰会

2015年4月29日,为进一步探讨"互联网+"的发展趋势与前景,促进城市管理创新与产业转型升级,在北京钓鱼台国宾馆举办"势在必行——2015'互联网+中国'

峰会",有500位政府官员和各地领导一起,共同就"互联网+"主题展开深入探讨。

最初传统行业认为互联网是虚拟经济,而当互联网发展越来越迅猛的时候,大家又把它定义为对传统产生颠覆、冲突和替代,其实这些认识并不是互联网的本质。实际上,互联网本身只是一个工具、一个舞台、一种思维方式,而"互联网+"则是一种新的能力、创新和形态。"互联网+"应该是现实世界的"升级创新"过程,是开辟了一个新的时空和市场,是加速资源、信息传递整合和分享效率的平台,其本身并不直接产生价值。所谓价值,是其创新了新的商业模式或空间以及其产品和服务被数字化后所带来的新模式、新业务、新市场或成本下降或者利润上升或者由于参与者门槛降低带来的市场放大效应。

我们还会看到更多的领域都可以跟互联网整合。因为这些年移动互联网高速发展,中国有7亿多网民,是全世界最多网民的国家。中国的手机用户是全球第一。只有这样大的网民基础才有可能形成7亿人24小时不间断地和周边的传统行业保持实时连接的"另一个生态和社会",才有很多的商机,这是我们一个难得的机遇,是一个大浪潮。"互联网+"的领域非常大,而且国家又在推动众创空间、创新创业、数字产业和数字经济的浪潮。

资料来源:finance.youth.cn

第二节　智慧展馆与绿色会展的探索与实践

随着会展行业快速发展,市场竞争逐渐激烈,传统会展企业要想在复杂的竞争环境中脱颖而出,需要通过信息管理来满足企业运营需要,在顺应时代发展的基础上,尽可能突出管理创新。行业大步发展,需要有序管理,信息技术有效运用到日常运营管理中,改善管理中存在的高投入、低产出等问题,为企业乃至行业的长远发展添砖加瓦。随着改革开放的不断深入和社会主义市场经济体制的建立和完善,我国会展业发展迅速,"十三五"期间,我国展览数量和展览面积跃居全球首位,会展业作为新型产业,经过十几年的积累和发展,已经成为会展行业中一个新的亮点,在未来的发展中前景广阔。国家高度重视会展业的发展,近几年国家加强了对会展业的宏观管理,政府在投资、制定政策、对行业协会的管理等方面已经有了重大作为,这对于会展行业的发展是特别有利的。

根据目前国内各行业发展形势,党的"十四五"规划指出:加快发展现代服务业,推动生产性服务业向专业化和价值链高端延伸,推动现代服务业同先进制造业、现代农业深度融合,加快推进服务业数字化,推动生活性服务业向高品质和多样化升级,加快发展健康、文化、旅游、体育等服务业,推进服务业标准化、品牌化建设。会展行业作为新型产业,也是新型服务业,已成为经济发展的主动力,要坚持跨界融合、模式创新,促进服务业扩大规模、拓展空间、优质高效发展。

一、智慧展馆理念的形成与发展

(一) 智慧会展的含义

"智慧"一词在《辞海》中的解释是:一是对事物能认识、辨析、判断、处理和发明创造的能力;二是才智。2008年由IBM提出的"智慧地球""智慧城市"概念引发我国的智慧化浪潮,一系列的智慧化解决已开始应用于各个区域、各个行业。"智慧"二字被赋予了新的含义,同时也代表了一种全新的生产模式和生活状态。

倡导互联网、物联网推广以来,我国智慧智能的综合应用在各行各业的应用初见成效,智慧会展这一概念也随之受到各级政府、各会展城市、各展馆及展会主办方的重视。"智慧会展"作为"智慧城市"发展的一部分,如今在很多地区被纳入"十三五"建设规划之中。如上海、广州等城市在"十三五"发展规划中就明确提出要以城市的"智慧会展"为立足点,推动会展行业的智慧化与标准化发展。而"互联网+会展"的概念已被公认为会展经济未来发展的主攻方向,也是推进会展业智慧化升级的重要转型途径。

智慧会展从宏观上的定义是以客户体验为主轴、以会展数据为核心、以互联网技术为手段的智能化创新性会展智慧体验;从会展经济微观视角来看,"智慧会展"是依托互联网大数据、云计算、人工智能、物联网等技术工具实现线上线下互动融合,将商品物流、信息技术资源进行整合,推动会展经济智慧发展、高效运营的综合服务体系。

(二) 智慧展馆的发展现状

随着人工智能不断发展,各场馆运营单位都在积极寻求信息化升级,综合利用"互联网+物联网"发展"智慧展馆",提升场馆运营效率,促进市场化运营。互动性展馆的建设已成一种常态,利用720全景、VR新技术取景,构建一个同步的虚拟现实场景,基于微信公众号、小程序实现文创产品(如:博物馆护照)同步发行,开创线下游览签到、线上打卡的互动新模式。通过互联网和物联网技术,让游客的访问更加便捷,让场馆的品质更上一个台阶。

1. 线上展会发展蓬勃

2020年4月13日,商务部办公厅发布的《关于创新展会服务模式 培育展览业发展新动能有关工作的通知》明确指出,加快推进展览业转型升级和创新发展,积极打造线上展会新平台,促进线上线下办展融合发展,以及培育线上展会龙头企业和品牌展会。在此情况下,为保证各地外贸企业的贸易需求,发展线上展会成为现阶段各地创新会展服务模式的重要途径,线上展会迎来新的发展机遇。

2. 服务质量不断提高

在新一轮全球产业变革时代,人工智能成为促进产业结构优化升级的核心驱动力。人工智能在深度学习算法、人机协同、跨媒体协同处理等领域的突破性进展,语音识别、人脸识别的辨析度分别高达99%和95%,为构建"智慧+会展"新业态以及会展业转型升级提供了坚实的技术支撑,并深刻改变了会展业的服务模式。一方面,新时代人工智能的创新发展降低了大型会展对翻译、展览、安防等方面专业人才的依赖,借助人工智能降低了主办方人力资源成本,同时也使会展管理更为简便、科学;另一方面,"会、展、节、赛、游"等会展业态的创新发展,为人工智能产业"补短板"和产品应用提供了深厚土壤。同时,不断成熟的人工智能技术也为智慧会展带来了更好的体验。因此,人工智能产品的更新迭代,可为参会、参展、参赛客户提供更加周全且可信赖的服务。

3. 信息化和高科技为智慧会展提供可能

阿里云数据逐渐成熟推进了全国的云数据和大数据产业的发展,为智慧会展信息连接,数据的收集、整理、分析、筛选和运用提供了基础。移动互联网信息技术和电子商务的发展,为智慧会展发展提供了技术和发展空间。实现了会展移动便捷式一站式服务。会展展馆的高科技化,也孕育了智慧会展。这是现代展馆发展继"数字展馆""智能展馆"后的又一次重要升级。智慧型展馆不仅包含智能化展馆的数字化、自动化、节能化等特点,更重要的是"展示内容"与"人"建立更紧密的关系,无论是对展馆本身的掌控还是人与人之间的互动、交流、分享上,都能呈现出一个"完整个体"的特征。

二、绿色会展的趋势

当前,应对全球气候变化,推动绿色发展,促进人与自然和谐共生,已为世界各国所关注。新冠肺炎疫情的肆虐,更增强了人类对自然和生命的敬畏。中国作为负责任大国,在第75届联合国大会上,习近平总书记向全世界宣告了我国力争2030年和2060年前分别实现碳达峰、碳中和的目标,体现了中国的责任担当,进而也带动多国做出了承诺。为积极构建全球命运共同体,中国讲绿色低碳循环发展作为国家战略,将"双碳"达标纳入生态文明建设整体布局,连续出台了多项措施积极推进落实。特别是2021年国务院专门发布了《关于加快建立健全绿色低碳循环发展经济体系的指导意见》,提出了明确要求。工业及会展业作为国民经济的支柱和产业发展的重要支撑,在"双碳"达标上责无旁贷。围绕构建新发展格局,把实现"双碳"达标、建设健康中国、美丽中国作为高质量发展的目标追求。按照推进会展业绿色发展的要求,指导制定行业相关绿色标准,推动办展设施循环利用。要积极倡导低碳、环保、绿色理念,努力形成会展业节能降耗、绿色生态的中国特色。

(一)绿色会展的含义

中国目前正处于快速发展的转型期,过去过度消耗自然资源的粗放式发展给社会带来了负面环境影响,环境污染和破坏不仅对经济造成损失,也成为未来社会发展的巨大负担,在现实背景下,如何实现对传统会展产业的绿色转型升级,淘汰落后会展产能,实践环境友好型会展经济已经成为中国会展经济问题的重中之重。

绿色会展的研究还处在开始阶段,其理论研究和实践都还在起步研究过程中,社会上缺乏对于绿色会展定义与实践的系统讨论。绿色会展应该符合下面三个方面的要求:一是展览产品及环保服务,从会展策划、运营、实施等环节体现绿色低碳及环保的特点,提高绿色会展的意识,并且符合能够充分利用资源的原则;二是采取有效措施使会展活动对环境产生最低的负面影响,同时节约能耗、降低成本,实现经济效益与环境保护的统一和谐;三是绿色会展的经营、发展应符合可持续发展的原则,在满足当代人需求的前提下,也不危害子孙后代的利益。

(二)绿色会展的发展现状

经过多年的发展,绿色会展在中国已经取得了一定的成绩:首先,绿色会展理念在社会各界得到广泛认同。基于行业发展对环保生态的新需求在会展行业同仁与中国绿色会展行业联盟等相关组织机构的宣传与推广,绿色会展理念得到行业内人士广泛认可,绿色化与专业化、品牌化、智能化、国际化等新发展趋势成为未来会展业发展方向。这一点上,台湾高雄展览馆做出了出色的实践。高雄展览馆秉承的是"安全、舒适、便利、环保、人本"的经营理念,展览馆陆续荣获绿建筑勋章、友善建筑等奖项。2016年导入"ISO 20121活动可持续性管理体系",将"可持续性"精神扎实地融入场馆营运中,进一步落实企业的社会责任。

其次,绿色展位不断兴起,环保展示材料使用更加频繁。在中央与各级政府的大力支持下,全国范围内各大展会兴起绿色设计与绿色搭展布展之潮,绿色会展数量与展区规模、面积逐年增加,环保与可循环利用的材料被大量用于展会活动中。如鼓励参展商使用绿色展具,为符合标准的绿色展位提供优惠;展前减少纸质材料和塑料制品生产,必要的印刷材料也需要使用可回收材质;尽可能使用新科技和新材料替代传统模式。

最后,绿色会展标准体系逐渐完善。当前北京、上海、广东、山东等省市均出台了绿色会展的相关规定,推动了绿色会展标准的完善,为会展行业中展会主办方、承办方、展位设计者、参展企业等提供了便捷,同时保障了行业的可持续发展。

三、智慧会展技术在会展活动中的应用

(一) 智慧会展技术的概念与分类

智慧会展技术是指利用大数据分析、信息的高效连接、最新的展会科技而形成的智慧化展会管理手段，有利于优化展会组织结构、管理方式及展示配置，进而提高展会的智能化、信息化。智慧会展技术包括三大部分：一是用于组织管理的资源分析和会展效果反馈评估的技术应用；二是与策展、组展、场馆相关联的应用平台（APP）；三是用于现场展示效果的技术应用。

(二) 智慧会展技术在会展活动中的应用

智慧会展技术的应用在多个层面为会展行业的发展提供基础支持，带动了会展行业的优化升级，也为会展行业的转型升级提供了契机。智慧会展技术在我国会展的多个层面得以体现。展馆建设方面逐渐从现代化展馆到数字化展馆升级到智慧化展馆，更主要的变化是使参展人员与展示内容之间建立起更加紧密的联系。

1. 室内定位技术

室内定位技术是对观众位置感知的基础技术，是智慧会展提供 LBS 定位服务和 O2O 服务的核心技术。室内定位技术的水平直接决定了客户在观展过程中导览服务的满意程度，同时也决定了基于定位服务的客流分析数据的精准程度。目前在众多室内定位技术中，RFID 定位技术、蓝牙定位技术、Wi-Fi 定位技术、ZigBee 定位技术、超宽带定位技术较为适用于展会活动中的不同场景。

(1) RFID 定位技术。

早期的 RFID 定位，通常依据标签是否被读到，来追踪标签携带者的所在区域。与许多经典的无线定位技术相似，基于 RFID 的室内定位理论上可以通过测量信号的强度、传播时间、相位等参数来计算目标标签的位置。依据对测量参数处理方式的不同，可以分为基于三角测量的定位算法和基于场景的定位算法。

基于三角测量的定位算法通常通过测距或者测量达到角度来实现。测距就是直接测量读写器天线到标签的距离，其测量参数通常有到达时间（TOA：Time of arrival）和信号强度（RSS：Received signal strength）。而测量到达高度就是获取标签和读写器之间的相对方向。其测量方法通常有雷达扫描法、到达时间差法（TDOA：Time difference of arrival）和相位差法（PDOA：Phase difference of arrival）。基于场景分析方法的定位机制为：首先收集场景的信息，然后将检测到的目标信息与场景信息进行匹配，依此对目标进行定位。典型的实

现方式为参考标签法和指纹定位法。

（2）蓝牙定位技术。

蓝牙通讯是一种短距离低功率的无线传输技术，在室内安装适当的蓝牙局域网接入点后，将网络配置成基于多用户的基础网络连接模式，并保证蓝牙局域网接入点始终是这个微网络的主设备。这样通过检测信号强度就能获得用户的位置信息。其特点是设备体积小、距离短、能耗低，容易集成在手机等移动设备中，但是在复杂的空间环境稳定性稍差，受噪声信号干扰大，价格比较昂贵。

（3）Wi-Fi定位技术。

Wi-Fi定位技术是室内定位技术中的一种，只通过无线接入点（包括无线路由器）组成的无线局域网（WLAN），可以实现复杂环境中的定位、监测和追踪任务。它以网络节点（无线接入点）的位置信息为基础和前景，采用经验测试和信号传播模型相结合的方式，对已接入的移动设备进行位置定位，最高精确度大约在1米至20米。如果定位测试仅基于当前连接的Wi-Fi接入点，而不是参照周边Wi-Fi的信号强度合成图，则Wi-Fi定位就很容易存在误差（例如：定位楼层错误）。另外，Wi-Fi接入点通常只能覆盖90米左右的区域，而且很容易受到其他信号的干扰，从而影响其精度，定位器的能耗也较高。

2. 虚拟现实技术

虚拟现实（Virtual Reality，简称VR），这两个词组合在一起看似矛盾，一个虚拟一个现实，但都是在虚拟现实环境中体现。从理论上讲，虚拟现实技术是一种可以创建和体验虚拟世界的计算机仿真系统，它利用计算机生成一种模拟环境，使用户沉浸到该环境中。虚拟现实技术就是利用现实生活中的数据，通过计算机技术产生的电子信号，将其与各种输出设备结合，使其转化为能够让人们感受到的现象。

概括来说，虚拟现实技术实际上是一种高度逼真的无人交互技术，同时也是对人类感知能力和操作能力的全新利用。简单虚拟现实技术的定义，包含以下几个要素：利用计算机生成虚拟环境；对复杂数据进行可视化操作；能给人以感官上的不同刺激，而用户所体验的这些感官刺激又通过多种途径沉浸于虚拟环境，从而达到人机互动的目的。

资料链接 4-2

"我思故我在"按照笛卡尔的说法，我们的意识是客观世界自己大脑的镜像，或者用杰弗里（Jeffrey Ventrella）的说法，我们的大脑其实就是一个虚拟现实引擎，把客观世界重新"构造"了一遍。这个引擎不断强化，直到我们终于不满足于"现实",开始创造新的"现实"(VR)或者叠加到客观现实上去(AR)。虚拟现实技术自从九十年代就开始进一步的完善和应用,经过飞速的发展,在 2017 年终于要实现完全的民主化了。未来,几乎每个人都可以通过自己的电脑、游戏机、平板电脑和智能手机来随时进行游戏娱乐,而随着虚拟现实技术的发展,游戏玩家们越来越渴望能够拥有一台虚拟现实头盔来让游戏场景更加身临其境。

谷歌推出一款 DIY VR 设备,用户用纸板折叠出来头戴就能将任何智能手机变成虚拟现实显示设备。

2016 年可以说是 VR 的元年。自年初开始,虚拟现实技术就在文化产业圈盛传。随着虚拟现实技术的发展,一时间,VR+演唱会、VR+影视……貌似什么都能"+"的 VR 产业如火如荼,甚至吸引了王菲、鹿晗等一众明星的视线。一定还有人记得 2000 年的时候,索尼推出的第一款虚拟现实产品"PlayStation 9"的广告,现在看来似乎真的没有那么遥远了。以 Oculus Rift 为例,当你戴着 Oculus Rift 虚拟现实头戴设备时,你的自然本能反应就是通过步行或奔跑的方式来探索围绕着你的这个模拟出来的环境。实际上,虚拟现实技术可以追溯到 20 世纪 80、90 年代,当时虽然还没有消费者虚拟现实产品出现,但全球很多学术机构和军方研究实验室都在研发这一尖端技术。如今,现代虚拟现实技术的出现,和当初 PC 从实验室里走出来、并变成消费主流的过程非常相似——消费虚拟现实产品现在不仅有了较为合理的定价,体验质量也较高。虚拟现实行业内很多初创公司获得了大量资金支持,而用户体验的转型更是吸引了媒体的关注。作为 VR 的发源地游戏行业,目前正在推动虚拟现实技术向前发展。

到 2025 年,预计虚拟现实和增强现实的市场规模将达到 800 亿美元。其中融合了虚拟现实的增强现实预计将占据最大的份额,包括了硬件(份额最大)、商务、数据语音服务以及影视。而虚拟现实则有 300 亿美元的规模,主要来自游戏和硬件。在过去两年中,设计邦(designboom)已经将虚拟现实融入到艺术、技术和文化领域的每一个角落。但是当我们讨论到接下来会发生什么？在许多方面，虚拟现实已经使我们与互联网保持着持续的联系，成为我们用于访问和利用数字世界的扩展库。慢慢的这种技术运用范围的扩展将会渗透在人们生活的点点滴滴。

  VR艺术是伴随着"虚拟现实时代"的来临应运而生的一种新兴而独立的艺术门类，首先在游戏领域发展起来，后来逐渐向艺术领域发展，比如实现名画的VR展示等，慢慢的VR行业正在向不同的方向延伸，让那些黑色的小头戴变得越来越普遍，艺术家通过对VR、AR等技术的应用，可以采用更为自然的人机交互手段控制作品的形式，塑造出更具沉浸感的艺术环境和现实情况下不能实现的梦想，并赋予创造的过程以新的含义。2016年4月份的时候，美国找了七位来自不同领域的艺术家，使用HTC Vive搭载Tilt Brush 3D绘画程序，各自尝试在3D空间里自由发挥作画并拍成影片。英国剧团的舞台剧《不眠之夜》和波兰neTTheatre剧团的戏剧《藏匿》都在沉浸性这一特点上进行了创造和革新。这种沉浸式的表演形式一经推出便好评如潮，俨然成为舞台艺术主流发展趋势之一。虚拟现实技术为电影带来的这种全新的沉浸式的享受，体验者即是参加者的这一崭新形式将完全打破现有的电影规则，为电影发展带来无尽的创作空间。

  资料来源：互联网整理而来

3. 人工智能技术

  人工智能（Artificial Intelligence，简称AI）是指用机器实现目前必须借助人类智慧才能实现的任务的一种技术。广义的人工智能包括计算、数据资源、人工智能算法和计算研究、应用构建在内的产业，狭义的人工智能是指利用人工智能算法和技术进行研究及拓展应用。它是在计算机科学、控制论、信息论、神经学科、心理学、哲学、语言学等多学科研究基础之上发展起来的一门综合性很强的边缘学科。

  随着人工智能技术的应用，通过"智能＋会展项目""智能＋会展机构""智能＋会展城市"等，将形成人工智能下的新会展生态圈。如通过"智能＋会展项目"，解决目前会展项目基本上面临的增收难、亮点少、营销差、环节庞杂、效率低、人才稀缺的痛点；"智能＋会展机构"将极大地提高用户的粘性；"智能＋会展场馆"将提升与会者的参会体验，前提需场馆方完善门禁、安全、停车、WiFi、餐饮、环境、人文、导览等参展商所需环节，建立开放协作的场馆联网平台系统；"智能＋会展城市"则通过建设公共会展服务体系及便捷的公开资金扶持系统，有效地促进地方产业发展。

Google AI 体验展

2018年十一小长假,谷歌还没重返大陆,GoogleAI体验展却先行一步去到了"魔都"上海。

在为期17天的展期,2 000平米的展区内,Google AI 集中展示了2018年7月份推出的微信小程序猜画小歌、Google 艺术与文化、Google 翻译等 AI 产品,现场还能与 AI 表演钢琴二重奏、和 AI 一起嘻哈 freestyle、玩手影游戏、与其共舞……很多网友表示,这个展可能是我们离谷歌最近的一次。

从电影文化的科幻想象到现实中的展览,通常意义上标识着未来的 AI 离我们的生活越来越近了。这一后工业社会里令人耳目一新的沉浸式数字化娱乐体验展,无疑也是人工智能日新月异的新科技时代,一次技术资本与"文化消费主义"联袂上演的小试牛刀。而人工智能(Artificial Intelligence),是当下最时髦的流行议题之一。以虚拟的网络系统或实体现身的 AI 机器人们,一边宣告着"未来已来",一边愈来愈深且广地改写着我们的现在时。

Windows 10 Cortana(中文名:微软小娜)、微软小冰、Siri 和 Google Now 们争相贴近人类的情感、工作和生活。这一庞大的智能谱系,已经将它的触角伸延到了人们日常世界中的角角落落。如今,智力逆天的 AI,既能写诗、作曲、出专辑,还可写新闻、做家政、搞设计,并且靠天马行空的"人工想象力"作画赚钱。

似乎人能做的,AI 们都做到了。

一些未来学家甚至预言,在一个并不遥远的未来,人工智能将和人类几无差别,成为真正的智能。而到那时,AI 带给我们的,究竟会是一个所有人性的罪恶都得到

> 了救赎的"美丽新世界"？还是一个人类被其支配或毁灭的暗黑乌托邦？但其实剥除人工智能的工具属性来看，它们所表达的情感和思维，着实越来越像人类自身了。
>
> 资料来源：单向街书馆

第三节 会展场馆信息化构建的框架

展馆的信息化建设的目标就是建立数字化形态的展览馆。数字化形态展览馆是利用当代科技中引人注目的数字化技术、现代通信技术、网络技术、VR/AR技术、人工智能（AI）技术和大数据技术，软硬结合，将传统展览馆所具备的职能以数字化的形式表现出来或进行数字化的升级，用数字化技术在互联网和展览馆网络之间实现信息的采集、管理、开发与利用。和传统的展览馆相比，数字化形态展览馆的根本标志在于前沿科学信息技术的运用及管理上信息的数字化加工、挖掘及科学利用。

一、展馆信息化构建的原则

1. 适用性

考虑到展览业务管理复杂、部门繁多，计算机新旧机型混杂，系统的设计方案应具有良好的适用性。

2. 先进性

考虑到信息技术更新迅速，展览业务竞争激烈，对信息化的要求很高，系统设计应该保持相当的先进性，保证系统在较长时间内仍能够在技术层次上不落伍。

3. 易用性

考虑到员工计算机应用水平差别很大，系统设计应该充分考虑易用性，确保公司内具有不同计算机应用水平的所有员工均能够快速掌握本系统并方便使用。

4. 安全性

信息系统存放大量客户信息和业务数据，同时在系统上进行电子交易，因此系统的信息安全性设计非常关键。

5. 可扩充性

考虑到展览业务是一个国际化的业务，系统应该具有良好的外界接口和扩充性，能够保护公司在信息化工作上的投资。

二、展馆信息化建设的结构

2020年3月召开的中央政治局常委会强调,加快5G网络、数据中心、人工智能、工业互联网等新型基础设施建设,夯实产业数字化发展基础。2020年4月发布的《中共中央、国务院关于构建更加完善的要素市场化配置体制机制的意见》中,将数据与土地、劳动力、资本、技术等传统要素并列。在会展产业数字化升级过程中,不仅仅是将新技术简单运用到生产过程中,更重要的是在转型过程中不断积累并形成数字资产,围绕数字资产构建数字竞争力,为企业不断创造价值。因此要牢牢把握数据是会展产业数字化转型升级的核心生产要素并找到转化路径这一核心任务,从而放大会展产业的劳动效应,促进会展产业创新高质量发展。

(一) 信息数据中心及应用系统平台

信息技术的飞速发展从根本上改变了企业组织收集信息、处理信息和利用信息的方式,信息系统则提供了针对经营环境中产生的问题和挑战的组织解决方案。面对加速的全球竞争和消费者不断增长的对于速度、质量、价值的需求,所有行业的公司都借助于信息技术以改善组织控制和决策并保持竞争优势。

信息平台是公司的数据库中心,是各业务功能模块的基础,也是其他各子系统功能模块联系的纽带。它集中收集展览行业信息,其中不仅包括全国展览馆的信息、专业展览会信息、参展商和厂商信息、展览观众信息以及展览服务商信息,还是一个展览知识库和数字图书馆,同时作为底层支持系统给其他模块交互数据提供接口功能。

作为公司同外界交流的窗口,为参展商、观众、展览合作伙伴提供深入的展览信息服务,包括观众网上登记,参展商网上参展,网上展览和网上展览服务申请、委托、管理服务。

(二) 财务支持管理系统

财务支持管理系统是建立在应用信息平台上的核心模块。通过财务支持系统,领导能及时了解每个项目、每种服务、每个部门在任意时间点的收支情况、应收应付情况、付款收款计划,及时发现问题。

(三) 主办商业务及客户关系管理系统

主办商业务是高附加值和高利润的业务。利用信息化手段提高项目策划水平,提高预算精准度,加强项目收支预算,加强参展商、观众客户关系管理,扩大招展销售,完善对参展商、观众的信息服务,促进参展商展前及展览过程中的沟通和交易,提高展览服务质量,树立展览品牌,开辟更大的利润空间。

客户关系管理系统,是指利用软件、硬件和网络技术,为企业建立一个客户信息收集、管理、分析和利用的信息系统。以客户数据的管理为核心，记录企业在市场营销和销售过程中和客户发生的各种交互行为，以及各类有关活动的状态，提供各类数据模型，为后期的分析和决策提供支持。

（四）场馆经营信息管理系统

利用信息系统开辟主办商市场，使场馆服务规范化，提高服务质量，客户响应更迅速，项目控制更严格，不仅扩大展馆市场份额，提高国际大展在租户中所占的比率，同时利用信息服务平台，为主办商提供信息化系统服务，吸引更多的国际化展览，培育现有的优秀展览。

展览场馆经营模块为场馆销售、运营、技术保障、保卫等部门围绕场馆经营提供信息管理平台，综合管理场馆包括会议室的出租和服务。将这些场馆经营过程中的关键信息数字化，并集中管理。使场馆服务更具有市场竞争力，并高效、快速、协调地为场馆主办商提供服务。不仅为内部的自办展提供服务接口，也为在展馆办展的其他展览主办商提供服务界面，为主办单位提供观众信息管理的完善解决方案，提高场馆的竞争力。

（五）展览服务管理信息系统

展览服务管理系统是展馆为展览会提供的附加服务，这种服务和场馆经营服务的区别是前者是自选的，而后者是必须具备的，比如，主办商不能雇用别的技术保障部门为其展览会服务。

首先，通过展览信息平台，帮助展览馆的相关服务部门挖掘更多的主办商用户和参展商用户，拓展展览服务业务；其次，利用信息化手段规范展览服务业务，减少展览服务部门对展馆的依赖性，提高市场竞争能力，提高管理质量，增强自身竞争能力。

（六）职能部门管理信息系统

提高职能部门的管理效率，用信息系统整合集团各子系统和各部门资源，综合管理集团资金、信息、人员，为展览馆集约化管理提供信息基础。

展览馆内部职能部门管理模块部分包括对内部的人事管理、OA，这些部分信息化的重点在于自动化部门管理流程，提高信息质量，为决策层提供更加快速有效的数据报告。

三、展馆智能信息化建设

智能展馆是建筑技术与信息技术相结合的产物，兼备展馆设备自动化系统（BA）、展馆通信系统、展馆消防系统和展馆安保系统等设施，同时可以通过统一的信息平台对各系统进行集成，以实现信息汇集、资源共享及优化管理等综合功能。智能展馆有完整的控制、管理、维护和通信设施，便于进行展馆环境控制、安全管理和监视报警，并为参展商和观众提供舒适、温馨、便利的环境及和谐的气氛。

(一) 智能展馆的优势

从提供功能的角度来看,智能展馆应能满足以下几个方面的需求:

(1) 能对展馆内的空调、照明、电力、防火、防盗等进行综合自动控制,能对展厅内的温度、湿度、亮度等进行自动调节。

(2) 能实现对各种设备运行状态的监视和统计记录的设备管理的自动化,并实现以安全状态监控为中心的防灾自动化。

(3) 扩展各种信息通信的范围,使之不再受展馆内部的限制,提供在不同城市、不同地区及不同国家使用的可能性。

(4) 所有的功能应该随着科学技术的进步和社会的需要而不断发展,展馆应该有适应性和可扩展的能力。

智能展厅相对于传统展厅,具有以下方面的优势:① 有效的宣传,多媒体互动科技是一种独特、新颖的展厅宣传方式,能够有效提升品牌形象,加深品牌形象在客户心中的印象;② 创意感十足,企业智能展厅将科技、建筑学等方面的知识相结合,让人在参观的过程中感受到多种创意的结合;③ 科技感强,企业数字展厅中运用了大量的多媒体互动科技,如展厅中控系统、红外触控等技术,让展厅中充满了现代化的科技感,让客户更加直观地感受到企业对未来技术的前瞻性;④ 体验感是智能展厅的一大优势,不仅能够充分展示出企业文化优势等内容,还能够让参观者身临其境地互动参观。

(二) 场馆智能化系统概述

1. 场馆智能化系统的组成

场馆智能化系统的组成包括以下子系统:综合布线系统、机房工程及弱电防雷系统、建筑设备管理系统、售票验票系统、时钟系统、智能化集成系统,以及安全技术防范系统、紧急救护系统、公共广播系统、通讯系统、信息网络系统、有线电视系统、新闻发布会议系统和远程视频会议系统、信息导引及发布系统、计时计分系统、音响、灯光、大屏幕等。

2. 场馆智能化系统的建设目标

我国场馆智能化系统的建设目标包括以下三个方面:一要保障各类大型会展、公共活动的顺利举办;二要以人为本,具有个性化特征,且符合国际惯例;三要实现具有中国特色的综合信息服务体系。除此之外,还应满足:

(1) 基本实现任何人在任何地方、任何场所,都能安全、方便、快捷、高效地获取丰富、无语言障碍的个性化服务。

(2) 智能化系统配置应采用模块化、开放式结构。

(3) 选用优秀的技术解决方案。

(4) 符合节约资源和保护环境的要求。

(三) 场馆智能化系统技术选型

1. 场馆智能化系统技术选型的原则

(1) 建筑智能系统以适应未来科技及应用的发展为原则。

在当今科学技术日新月异的今天,弱电系统,特别是智能化的楼宇自控管理系统,由于人们对于系统的要求不断提高,同时新的信息技术不断提高,能够长久保持一种使用方式是很困难的。解决已有系统与科学技术成果之间的矛盾更客观的方法,就是要求楼宇自控管理系统管理必须要足够的弹性,包容未来科技及应用上的发展,达到短期投资、长期受益的目的。

(2) 方案设计以提高使用者和管理者的工作效率为原则。

尽管将来展馆的使用者是不同的职能部门和不同的人群,但是归纳起来可以分为两大类型:使用者和管理者。

为使用者提供的服务。会展场馆是人们进行会展活动的场所。通过配置合理的、智能化的楼宇管理系统可以大大提高工作人员效率和观众的满意度。工作效率的提高可以分为以下两个方面:一是提供现代化的办公条件和通讯条件;二是为参展商和观众提供个性化的服务。

为管理者提供的服务。在中央控制室通过电脑设备实现集中管理,大量减少了维修人员和操作人员,并能及时发现和处理设备出现的问题,切实提高管理者的工作效率。

(3) 技术选型以合理的投资成本和低运营成本为原则。

应该延长设备的使用寿命,在建筑内配置智能化的楼宇管理系统之后,各种设备的运行状态始终处于系统的集中监控之下,系统可以为各台设备单独建立运行档案,自动获取每台设备的运行状况,这样可以保证每台按时维护保养修理,为设备管理提供基础数据,提高设备的管理水平,使设备的运行寿命加长,也直接或间接地减少设备发生灾难性故障和连锁反应的可能性,很大程度上降低了建筑的运行费用。

2. 大型场馆智能化系统应用特点分析

(1) 通信距离长。

大型场馆一般设有 4 个以上的弱电井(即东面、西面、南面、北面),与中心控制机房最近的弱电井的布线距离约为 50 米,最远的布线距离超过 300 米,平均每层的层高约 9 米,也就是说,从最远的控制器到中心控制机房弱电井的布线距离超过 400 米。如果采用在 RVV-2×1 线缆上使用 RS-484 通信协议,则很难保证多站点通信的可靠性。

(2) 仅适用于部分半敞开式建筑。

为了方便举办各类活动,有些场馆设有半敞开式的空间。这种半敞开式的空间和内部很多位置的环境受外部气象条件的影响比较大。特别在南方地区,由于常年雨水量大,夏季气温高,春季湿度大,因此不利于那些对温湿度要求较高的设备的运行。

(3) 多种设备与设施的集合。

场馆的智能化设备与控制系统一般是由多家企业产品集合而成的。世界上没有任何一家拥有能够满足一个展馆所需的所有设备,诸多厂家的设备要实现联机控制,就必须采用专业的控制软件。当然,这些设备必须遵循统一的通信协议。目前,应用于楼宇系统中的通信协议主要有OPC协议,Modbus协议。

资料链接 4-4

近日,由新之航创意设计师赵亚奇、李云雷共同原创设计的新之航4.0智能展馆专属IP——"智能小新"强势出炉,将用"小新之芯"开启智能场景时代。新之航于2018年组建4.0智能展馆课题组,对4.0智能展馆进行深入研究,认为4.0智能展馆已经不能简单从设计表现形式上与1.0、2.0、3.0做区分,4.0智能展馆与以往展示形式的不同已经超出了新科技运用的范畴,4.0时代从本质上已经诞生了新的展览展示理念。其中一个重要的理念是"馆"不再是一个冷冰冰的建筑物,"馆"自身是一个智慧体,可以拟人化地与参观者交流,这个人馆交融的场景是4.0智能展馆的显著特点。

"智能小新"的加入,让展馆增添了趣味和温度。"智能小新"可以幻化不同的形象和情绪表情,扮演不同的角色,并根据客观需求,结合人脸识别、大数据解析、VR虚拟仿真平台、MR混合现实等尖端科技,打造多D虚拟世界体验,令每一位参观者都身临其境,实现与展馆自由对话。"智能小新"可以实时感知记录参观者的身份信息、参观时间、情绪变化、身体状态,并从参观者踏入展览馆的那一刻开始为其提供专属"欢迎词"、定制讲解和问题解答。

"智能小新"是参观者和展览馆之间的情感链接,不仅令4.0展馆充满了更多虚拟与现实的真实互动感,更对智能展馆5.0时代的思考和探索有一定实践意义。

目前的4.0与前面的3.0、2.0、1.0基本处在同一个物理空间,而未来5.0时代可能是4.0的机器智能向5.0生物智能的变化。不管4.0怎样先进,本质是机器智能,是人工智能,人工在前智能在后。全球许多科学家正在向生物科技领域发力,生物技术的广泛应用,会诞生自然成长的展览馆,相比能认识人的4.0馆,5.0馆更接近生物概念的人,5.0馆不但会自主思考,部分"肌体"可能会像人一样自然吸取营养茁壮成长。

资料来源:中国山东网—感知山东

第四节　基于互联网技术的智能展台搭建

一、传统展台

(一) 传统展台的定义

在大型会展中,传统的展台一般由搭建商与设计公司共同建造,材质主要以木材和钢构为主,大多是一次性的临时展台,无法重复利用,在开展前几天由搭建商在展馆内现场搭建,工期短,展台安全性也较差,污染和浪费现象较为严重。

传统展台主要利用的是传统的宣传模式,例如展板、灯箱、陈列柜上放置展品、实物、模型等传统手段,展示效果一般,观众也只能阅读展板或参观模型等交互性较差的方式观展。传统展台受限于技术与资金双方面的限制,以较为原始的方式,呈现给观众。

(二) 传统展台存在的问题

1. 展示技术不先进

国内大部分展会的参展商都是由许多外地企业参加,经常出现一些高质量技术的展品和展示技术,无法经历遥远的路程抵达举行展会的地点的情况,展览的效果和技术就受到了极大的限制,如一些重型展品或易碎品。因此开发出新型展示技术,增强展会效果,让观众能更直观更好地了解展品的信息已迫在眉睫。

2. 信息交流不对称

我国展会人流量大,而部分参展商不在举办展会的城市,所以,受到条件约束,每个参展单位在展会现场的人员数量十分有限,在面对如此大的客流量时,展商的工作人员往往应接不暇,造成信息交流的不对称。

3. 能源利用不合理

在传统展会之中,展台的开关往往是由人为控制的,而在大型特装展台之中,由于区域面积较大,经常会出现某些区域展台前处于无人的状态,这时能源就会被极大地浪费,所以将展台灯箱的开关智能化,能降低能源的消耗,符合国家的号召,使得绿色展台成为智能展台的亮点之一。

二、现代数字化展台

(一) 现代数字化展台的概念

科学技术的发展,使传统展台也富有了新的活力。互联网时代的开启,让我们进入了一个信息化的世界,传统的观展模式也在悄无声息地改变,依赖于现代化数字技术的展览模式已经在冲击传统展台的模式。现代化数字展台开始出现在国内外各大展览会上,给观众全新的观展体验。

(二) 现代数字化展台的优势

1. 信息网络化

互联网是近年来电子通信技术快速成长所产生的新兴产物。互联网结合多媒体技术,以开放式的架构整合各种资源,通过标准规格和简易的软体界面,以电子电路传送或取得散布在全球各地的多元化资讯。作为以喜讯传达为目的的现代展示技术也迅速地采用信息技术,创造具有国际化、网络化快速展示的方法,通过国际互联网,展示信息可以迅速地在世界上广泛传播,避免由地理位置、交通带来的局限,促进信息在国际间的频繁交流,达到展示的目的。

2. 虚拟现实化

虚拟现实展示设计,通过虚拟现实技术来创建和体现虚拟展示世界。展示空间延伸至电子空间,超越人类现有的空间概念,拟成为未来展示设计的方向。设计师可以不受条件的制约,在虚拟的世界里去创作、去观察、去修改。同时,计算机多种多样的表现形式、丰富的色彩,也极大地激发了设计师的创作灵感,使其有可能设计出更好的展示。

3. 设计手段多样化

多媒体技术是指不同媒体,包括文字、图形、数据、影像、动画、声音及特殊效果,通过计算机数字化及压缩处理充分展示现实与虚拟环境的一种应用技术。随着计算机技术的发展,多媒体、超媒体技术的应用推广,极大地改变了展示设计的技术手段。与此相适应,设计师的观念和思维方式也有了很大的改变,先进的技术与优秀的设计结合起来,使得技术人性化,并真正服务于人类,它的应用,拓宽了展示内容及手段,进一步推动了现代展示设计的发展。

三、基于互联网技术的智能展台发展方向

互联网、物联网、云计算等各类信息技术发展的日新月异为广泛应用此类信息技术的新型智能展台的发展带来了无限的机遇和丰富的可能性,也推进着整个会展业向现代化、信息

化、科技化、人性化的方向发展和完善。目前为止,智能展台仍是一种新兴的会展形式,随着相关应用技术的迅速发展,智能展台怎样做到准确、合理、高效地将各项信息技术结合,通过技术协作使展台在组织、场馆的管理、服务和运营,以及配套服务方面更高效、更准确、更人性化和更符合现代社会理念,是智能展台未来发展的核心方向。

1. 会展场馆个性化服务

会展场馆服务是指为保证展会正常进行,在会展场馆内所提供的全过程(展前、展中、展后)服务,既包括发生在展馆现场的租赁、广告、保安、清洁、展品运输、仓储、展位搭建等专业服务,也包括餐饮、旅游、住宿、交通、运输等相关行业的配套服务。所谓会展场馆个性化服务,它的基本含义是指在会展场馆一般性服务基础之上,为顾客提供具有个人特点的差异性服务,以便让接受服务的客人有一种自豪感、满足感,从而留下深刻的印象,并赢得他们的忠诚而成为回头客。个性化服务也可以指服务企业提供自己个性和特色的服务项目。个性化服务理念的形成是服务业日益加剧的竞争带来的结果。

会展场馆通常作为城市基础设施建设,把它当作城市的形象工程,更多地强调外观设计和硬件设施,而忽略软件产品的建设。目前在国内,大多数场馆只能为会展活动提供场所,而其他诸如管理服务、餐饮服务、清洁服务等则水平较低,通过顾客的传播及多种途径的宣传,将会给会展经济带来持久魅力,并促使我国会展业的国际化、专业化及竞争力得到提升。

2. 虚拟展示应用

VR虚拟仿真技术让展厅拥有了更强的趣味性和吸引力,在展厅设计中,以具备趣味性和内涵性的信息为基础,才能够让VR虚拟仿真技术的视觉设计和相应的文娱元素得到全面的引入,从而让展厅呈现丰富的变化和更多功能,实现信息展示的个性化打造。在海量的信息冲击中,个性化的展示和丰富的内涵尤为重要,VR虚拟仿真个性化、智能化展示模式,有着生动立体展示效果,其信息的反馈更加及时高效,同时也能够实现灵动的变化。例如在科技化展厅设计中,VR虚拟仿真技术提高了交互的能力,同时也让展厅的科技感和个性感得以提升。相比传统展示方式,VR虚拟仿真技术的展示形式更加具备冲击力和吸引力,这种新颖的互动体验形式,能生动展现某项信息和内涵,充分激发参与者的体验热情,并加深参观印象,尤其适用于航天航空和安全保障等特色科技知识的展示与科普。

3. 资源节约型会展

现代社会的发展路径中,节能、资源节约的理念被越来越多的人重视,逐渐成为一种社会理念和社会发展目标。将来智能展台的发展也必定顺应这一社会主流价值观走向,致力于开发更节能、资源浪费更少的组展方式。针对展台撤除后产生大量纸张、板材、金属和地垫类废弃物的弊端,合理进行统一资源回收利用是减少会展资源浪费的重要途径。据调查,由展会组织方对展会内废弃物进行统一管理和回收工作,相比由展商分别各自进行自身展区内废弃物的回收工作效率更高,效果更好,对废弃物量的统计和废弃物回收率的计算也更有帮助。要求会展组织方进行展会内全部废物的回收工作,无疑需要会展组织方与参展商之间的信息交流和物品核对。通过互联网平台,可以实现展商不再需要与管理方现场核对展台搭建使用的材料量和需要回收的废弃物量,而直接由展商在参展前就将相关展台信息通过互联网方式与管理方进行确认,并提前计算可能产生的废弃物量和规划废弃物处理方式。

四、基于互联网技术的智能展台应用分析

(一) 会展中网络技术的应用与实体展示的比较分析

从组织方式来看,网络化会展主要的发布会展信息的手段就是网上发布信息,并以其他电子媒介的宣传为辅;实物展会主要是以文件、传真、电话等为主要组织形式。

从各自的作用来看。在北京、上海、广州等中心城市展览业的带动下,我国会展经济比较发达的城市,经济文化同样发达,并且在国际上有相当的知名度,许多参展商会慕名而来;这些城市都有相对完善的交通、通讯、涉外宾馆等设施,都是著名的旅游城市,与会客商来此参加会议展览外还可到城市旅游景点旅游、购物等,由此带动整个城市经济的良性发展。据专业人士透露,目前中国会展业本身的利润率大都在30%~50%,甚至更高,而且具有大约1比10的联动效应。展览会在促进进出口贸易、技术引进、中外合作、吸引外资等方面起着日益重要的作用,同时也验证了会展经济的无穷魅力。

比较现有的展台,网络展台让参与者不仅无需出门,免去交通和场馆排队之苦,还可以随时随地轻松、多次访问展厅,也可以一键分享传播,而且还能够长时间建立往来。随着时间的推移,网络展台将会被越来越多的展商接纳,在今后的会展经济中会占有越来越多的市场份额。除了得益于互联网信息技术的发达,还因为实体会展自身存在不可避免的局限性。实体会展的举办一般是一年1—2次,一次展会的举办时间大约是3—5天,举办的场地和面积大小基本固定。由此可见,实体会展在时间和空间上是有非常大的局限性的,时间、天气、交通等因素都会对展会的呈现效果造成影响,很多展商因为场地面积受限而没有机会参展。

尽管网络化展会的形式很早就已经出现,但是并未在会展行业内实现广泛的应用。一方面,构建整个线上展示系统需要的成本较高,考虑到成本支出的问题,尚不能在业内大规模地应用;另一方面,虚拟会展是对实体会展的数字化和信息化,目前的展陈形式主要以图片、文字和视频为主,展陈形式比较单一。尽管有VR展会的形式,在互动体验感方面有不错的提升,但是受限于穿戴设备较为高昂的售价,VR形式的虚拟会展的普及还需要一段时间。

(二)现有网络及多媒体技术应用于智能展台的问题

1. 智能化互联网技术尚未有效应用

智能展台广泛应用于新型信息交互技术,目的是改变传统展会单方面展示的模式,而加入更多观众与展商之间的交流互动、观众对展馆信息的实时获取、用户对组织管理层的服务要求。而目前的智能展台的相应技术应用不足,实时定位、查看会馆人流量、智能引导等功能仍有着更新慢、准确度不高、错误频繁等缺陷。会场交易方面,网络订单、线上合同、便捷付款等功能也缺乏实质性应用,或是由于服务不完善无法得到展商与顾客的信任。

2. 会展场馆缺乏智能规划

大量展馆总体面积大,展出区域多,但实质应用了互联网交互方式进行智能管理的区域却很少。致使整个展区只有小部分区域能够获得智能化服务支持,另一些区域却出现服务空缺,造成观众的观展体验优劣不均衡,反而造成观展活动满意度降低。大型展馆对智能设备的引进与实际应用,缺乏对展馆的智能规划和管理。

3. 资源整合不到位,产生资源浪费

基于互联网技术的智能展台的宗旨在于应用互联网信息技术,提高会展服务水平,降低展会运行成本,统筹资源提升效率。而现状则是各类小型会展活动分散、重复性高、服务质量欠佳,由于资源整合不足造成大量展会资源浪费。基于互联网技术的智能展台的发展应该从整合分散的会展资源到统一的平台上,发挥各自的资源优势,提升展会活动效率上着手。

资料链接 4-5

北京国际汽车展览会

2018 北京国际汽车展览会以超强的阵容、琳琅满目的展车、花样繁多的活动带给车友们极致享受。在商用车领域,随着电子技术、网联技术飞速发展,以及商用车驾驶员的年轻化,电子配置和智能网联配置成为衡量商用车产品品质的标准之一。在此次北京车展上,许多商用车展台也展现了这方面实力,比如:上汽红岩的大件牵引车、A 型房车,福田欧马可与京东智能配送系统组成的智慧物流展区都在向来到车展的观众,展示新时代商用车应用场景。而在这众多展台中,有这么一个商用车展台在产品的高端化和智能化方面有着出色的表现,它就是江铃汽车展台。

在本届北京车展,江铃汽车带来了三款威龙系列产品:6×4、4×2 两款威龙牵引车,以及 6×4 渣土自卸车。曾几何时,大家提起重卡就是擎天柱——刚毅、睿智、勇猛的超级英雄。然而在 2017 年,江铃威龙的出现,确实让大家有一丝惊讶,就像火红的钢铁侠一般,与世俗格格不入。江铃威龙牵引车整车造型出自巴塞罗那造型设计中心,前脸采用撞色设计,具有速度与力量相结合的既视感,尤其整车机械感不仅吸引人的感观,还突出了车子的高级感。

内饰方面,采用全新设计的内饰,新设计的内饰线条延续外观硬朗的线条风格,直来直去的线条、矩形有点概念卡车的感觉,科幻感因此而来。除了科幻感之外,内饰还兼具了人性化的配置。配有12向调节赛车式座椅、炮筒式仪表盘、多媒体触摸屏系统以及300 L的储物空间。另外,威龙的驾驶室NVH控制出色,加速状态下的噪音水平仅为69 dB(a),远低于78 dB(a)的行业平均水平,可以显著减少客户长途驾驶时的不适感,非常适合长途物流运输,为用户带来更高的驾乘感受。

在本届北京车展上,江铃推出了凯锐重载金刚,这是一款江铃汽车与康明斯发动机联手打造的大重载、高效率轻卡车型,专门针对大重载工况而开发的。凯锐重载金刚是江铃将研发多年的车联网系统首次应用到了新产品上,车联网的运用不仅使驾驶轻卡变得更轻松有趣,而且能够使车队管理更加有序、高效。通过智能大数据,进行驾驶行为分析,可以很好地帮助驾驶员改进驾驶习惯,找到最高效的运营状态。

此外,江铃重汽还将特有的车队管理系统安装到威龙自卸车上,可以对车辆进行各种动态管理,还可以使用手机APP实时掌握车辆动态。实现跟踪车辆位置,监控车辆运行状态,紧急状况呼叫以及远程干预,为大型工程公司的车辆调度和状态监控,提供良好的一站式解决方案。

资料来源:https://baijiahao.baidu.com

本章小结

会展场馆是会展经济发展的载体,是保障展览顺利进行的物质基础,对我国展会运营与服务起到了关键的支撑作用。同时,作为会展行业发展的硬件设施,展览场馆的地域集中程度是会展业发展的方向标。随着新思维、新观念的产生,打造国际化、智能化、特色化的绿色场馆设施已成为必要趋势。展馆信息及其智能化管理需要在区位布局、信息技术支持、绿色转型升级、数字化平台建设等方面得到不断提升。

思考题

1. 简述国内外会展场馆的发展现状。
2. 简述智慧会展与绿色会展的概念。
3. 简述智慧展馆技术。
4. 简述展馆信息化建设的结构。
5. 论述基于互联网技术的智能展台的发展方向。

第五章

多媒体技术与会展信息化传播

 学习目标

- 理解多媒体技术相关概念
- 熟悉虚拟现实、混合现实及互动多媒体装置艺术的相关概念
- 掌握数字技术的发展对会展传播的影响

数字经济会影响会展业未来发展趋势。有预测,到 2025 年,数字经济、智能经济、生物经济、海洋经济和绿色经济等五大经济形态占我国 GDP 比重将有望超过 50%,对经济增长的贡献率将超过 80%。展望"十四五",全球新一轮产业分工和贸易格局正在加速重塑,而以大数据、人工智能、物联网、区块链、5G 等为代表的数字经济已经成为新一轮科技革命和产业革命的核心引擎,并广泛渗透于经济社会各个领域。随着全球各国对数字经济布局速度的加快,"十四五"时期或是决定我国是否能够在新一轮的产业变革浪潮中,掌握全球市场主动权和话语权的关键时期。

第一节 多媒体技术概述

新时期,中国会展业不但要坚持立足于服务中国经济社会的发展,还要保障产业、资源及经贸市场的运行,更要在"十四五"期间助力我国内部循环发展。为此,中国会展业一方面要强化转型升级的力度,另一方面要拓展新领域、结合新技术、掌握新动态、服务新市场,继续提升自身发展质量。面对新时期,谋划新发展,布局新市场,新的市场环境给中国会展业提出了更高的要求。多媒体技术已经成为人们传播信息、了解资讯的重要渠道,传统静态的、被动的展示方式也越来越不适应时代的发展,互动的多媒体展示恰好弥补了这一缺陷。

目前,国际会展行业展览的手段和形式日益丰富,不仅发展成各种综合展、主题展、行业展、技术展,还分化出实物展和虚拟展,展示的手段也用上了声、光、电等多种媒体技术,呈现出立体的、多元的、互动的态势,在会展活动中正在发挥越来越重要的作用,因此,本章将着重对多媒体技术与会展信息化进行探讨。

一、多媒体技术概述

(一) 多媒体相关概念

1. 媒体

媒体(Medium)通常指的是物体传输或变换时的中间介质。它是指人类用来传递信息与获取信息的工具、渠道、载体、中介物质或技术手段,也指传送文字、声音等信息的工具和手段。也可以把媒体看作为实现信息从信息源传递到受信者的一切技术手段。媒体有两层含义,一是承载信息的物体,二是指储存、呈现、处理、传递信息的实体。

按国际电信联盟(ITU)下属的国际电话电报咨询委员会(CCITT)的定义,媒体可分为以下 5 种。

(1) 感觉媒体(Perception Medium):指直接作用于人的感觉器官,使人产生直接感觉的媒体。例如人类的各种语言、文字、音乐、自然界的其他声音、静止的或活动的图像、图形和动画等信息。

(2) 表示媒体(Representation Medium):指传输感觉媒体中的中介媒体,即用于数据交换的编码,是感觉媒体数字化后的表现形式。例如图像编码、文本编码和声音编码等。

(3) 表现媒体(Presentation Medium):用于感觉媒体和表示媒体之间相互转换的一种媒体,包括输入设备和输出设备。输入设备用于将感觉媒体转换为表示媒体。例如键盘、鼠标、扫描仪、话筒、摄像机等为输入媒体;显示器、打印机、喇叭等为输出媒体。

(4) 储存媒体(Storage Medium):指用来存放表示媒体的物理载体,计算机可以随时加工处理和调用存放在存储媒体中的信息编码。例如硬盘、软盘、磁盘、光盘、ROM 及 RAM 等。

(5) 传输媒体(Transmission Medium):指用于将媒体从一处传播到另一处的物理载体。例如电缆、光缆等。

媒体的概念相当广泛,涉及人类获取、储存、显示和传输等利用信息的所有活动过程。媒体在计算机领域中有两种含义:一种是信息的物理载体(即存储和传递信息的实体),即物理性;另一种是信息的表现形式,即逻辑性。信息的表现形式不能脱离物理载体存在;物理载体如果没有信息的表现形式,也便没有了内容。两者相辅相成,共同存储和传递信息。物理性和逻辑性是媒体的两个重要特征,也成为媒体的二重性。

2. 融媒体

(1) 融媒体的概念。

"融媒体"概念由"媒体融合"发展而来,"媒介融合"或"媒体融合"(Media Convergence)一词由麻省理工大学尼古拉·尼戈洛庞蒂在其《数字化的生存》一书中提出,他指出:"媒体融合是在计算机技术和网络技术二者融合的基础上有一种终端和网络来传输数字形态的信息,由此带来不同媒介之间的互换性和互联性"。强调媒体融合的技术基础和驱动作用。

随着媒体融合发展的不断深入,简单地将媒介"相加"已经不足以满足新时代内容创作和传播的需求。有些观点把"融媒体"视为一种内容生产工具,丰富了会展行业的制作手段,将"融媒体"局限在技术使用层面,这种认识是片面性的。融合是在技术、产业利益和社会需求多因素的驱动下,媒体以多种途径实现不同媒介形态的内容、渠道和终端、运营等全方位融合的过程。融媒体打破了新旧媒体的壁垒和界限,实现信息的社会效益和经济效益的最大化,实现资源通融、传播互融共享、利益共融。

融媒体的定义事实上是不断在发展的,它和社会经济发展密不可分,媒体融合处在不同的发展阶段,其表现形式和融合程度是不同的,而构成融媒体的基本要素在较长的时期内又是相对较稳定的。融媒体不仅仅是一个技术问题,涉及行业、组织、社会、文化、受众等各个方面,以及由此引起的生产关系和社会关系的改变。

综合来看,融媒体是一个集约的概念。首先,是一个理念,"以发展为前提,以扬优为手段,使传统媒体与新媒体的优势发挥到最大化,使单一的媒体竞争力变为多种媒体共同的竞争力"。其次,是一种新型运作模式,利用融媒体技术,推出融媒体产品,使各媒体平台融合发展,是一种全新的信息采集、制作、传输及运作模式。最后,表征一种新型关系,各媒体平台在经历了竞争博弈,谋求整合,实现融合发展,包括新旧媒体之间和新媒体之间的融合。

共同创造相助互益的媒体新生态。"融媒体"是一个名词,表明的是媒体融合发展的现象,包括媒介载体和组织机构的融合,这种融合不是简单地叠加,不是单纯地全面覆盖,解决的不是多样性的问题而是有效性的问题。

(2) 融媒体的基本特征。

理念创新,以用户为本。融媒体在遵循内容为王、共建共享、一体化发展等理念基础上,坚持以用户为本。随着互联网的广泛应用,新媒体的出现,特别是自媒体的发展,使得每个人既可以是信息的接收者也可以是信息的发布者。"融合时代,只有用户,没有受众,受众观念将全面被用户观念取代"。用户思维是指在价值链各个环节中都要以用户为中心,充分考虑用户需求、用户体验、用户互动,在用户细分的基础上实现个性化精准推送。

海量信息,打破传统的时空观念。在传统媒体中,信息的传输被限定于时段等既定因素中,拓展空间十分有限。而从理论上看,在互联网媒体上发布展示信息的容量是无限的。不仅如此,信息的巨量性还体现在强大的检索检查功能、海量存储的特点。媒体将巨量的信息加以存储和发布,用户可以很方便地通过检索进行查找和处理信息,为信息再利用带来了极大的便利。而融媒体的共享性体现在跨越了人际关系的壁垒,打破了以往传统的时空观念。互联网为人们通过技术实现实时共享信息提供了可能。

深度融合,融合的整体性和全面性。从融合广度上来看,强调观念、所有权、线索、平台、技术、设备、形态、队伍、渠道、流程、终端、机制、功能等方面的融合,实现资源通融,内容兼容、宣传互融、利益共融。从融合深度上看,融媒体的设计理念与架构不是强调媒介种类齐全,更侧重扬优创新。

技术驱动,科技的先导性开放性。新科技的兴起是引起传播媒体变革的直接动力,在信息化时代,融媒体顺应互联网的发展趋势,以开放性的姿态海纳各种先进技术,依托数字技术、物联网技术、大数据技术、云计算技术等实现信息的融合存储、处理、传输等。物联网技术是互联网技术的拓展延伸,在这项信息技术的支持下联网设备将多种多样。融媒体的发展离不开数据,大数据技术可以提供海量的、多维度的、实时性的数据,是建立与维持用户关系的重要支撑。

架构重塑,信息生产传播的集约化。媒介融合改变了信息生产传播的模式,原先独立运作的不同平台、不同部门统一归于融媒体中心调配。各专业团队根据不同媒介特点分工协作进行深度加工,形成立体化、个性化、互动化的产品,最终由融媒体中心多渠道发布,多平台互动。使得信息得到多层次、多角度、全方位传播,节约时间、人力及资金成本,避免媒介的重复建设。

3. 多媒体

多媒体即多媒体信息服务(Multimedia message service,简称MMS)。它最大的特点就是可以支持多媒体功能,借助高速传输技术(Enhanced data rates for GSM evolution,简称EDGE)和GPRS,以WAP为载体传送视频片段、图片、声音和文字,不仅可以在手机之间进行多媒体传输,而且可以在手机和电脑之间传输,具有MMS功能的移动电话一般内置媒体编辑器,可以编写多媒体信息,如果安装上一个内置或外置的摄像头,用户还可以制作并传送PowerPoint格式的信息或电子明信片。多媒体具有以下的含义:

(1) 多媒体是信息交流和传播的媒体,从这个意义上说,多媒体和电视、报纸、杂志等媒体的功能是一样的。

（2）多媒体是人机交互媒体，这里所指的"机"，主要是指计算机、手机或是由微处理器控制的其他终端设备。计算机的一个重要特征是"交互性"，使用它容易实现人机交互功能，这是多媒体和模拟电视、报纸、杂志等传统媒体大不相同的地方。

（3）多媒体信息是以数字形式而不是以模拟信号形式储存和传输的。

（4）传播信息的媒体的种类很多，如文字、声音、电视图像、图形、图像、动画等。虽然融合任何两种或两种以上的媒体就可以称为多媒体，但通常认为多媒体中的连续媒体是人机互动的最自然的媒体。

4. 新媒体与融媒体的区别

"融媒体"是充分利用媒介载体，把广播、电视、报纸等既有共同点，又存在互补性的不同媒体，在人力、内容、宣传等方面进行全面整合，实现"资源融通、内容兼容、宣传互融、利益共融"的新型媒体。而新媒体是利用数字技术，通过计算机网络、无线通信网、卫星等渠道，以及电脑、手机、数字电视机等终端，向用户提供信息和服务的传播形态。

首先，是概念上的差别。"融媒体"是个理念，这个理念以发展为前提，以扬优为手段，把传统媒体与新媒体的优势发挥到极致。"融媒体"不是一个独立的实体媒体，而是把广播、电视、互联网的优势互相整合，互为利用，使其功能、手段、价值得以全面提升的一种运营模式，是一种实实在在的科学方法，是在实践中看得见摸得着的具体行为。而广义的新媒体包括两大类：一是基于技术进步引起的媒体形态的变革，尤其是基于无线通信技术和网络技术出现的媒体形态，如数字电视、手机终端等；二是随着人们生活方式的转变，以前已经存在，现在才被应用于信息传播的载体，例如楼宇电视、车载电视等。狭义的新媒体仅指第一类，基于技术进步而产生的媒体形态。

其次，是侧重点上的差异。新媒体侧重于对新型媒体传播形态的概括，它构成了主流媒体融合与发展面临的新的媒介环境，也是主流媒体融合与发展过程中要开辟的新"领地"。融媒体的提法相较"新媒体"而言，强调不同特质的媒体的融为一体，是在技术因素、市场因素和政策因素作用下传统媒体和新兴媒体互相影响、融为一体的演进格局，在新的媒介生态环境中不同特质的媒体的融合与共存，以及带来的新的生产关系和社会关系。

（二）多媒体技术

1. 多媒体技术的概念

多媒体技术是指以数字化为基础，能够对多种媒体信息进行采集、加工处理、存储和传递，并能使各种媒体之间建立起有机的逻辑联系，集成为一个具有良好交互性的系统技术。多媒体技术可以说是计算机、信号处理、电信、通信等技术相结合的一门综合技术。协同处理声、文、图等信息的多媒体技术将使计算机成为人类交流信息的媒体。

多媒体技术的关键技术也是信息处理技术，特别是图形处理技术，这与虚拟现实技术有相同的发展前景。在应用方面，多媒体技术与虚拟现实技术两者更有相似之处，如在多媒体通信领域中，可以通过通信网络遥控远端工作的机器人，可将远端的环境数据、感觉数据传输到虚拟现实系统，交互式多媒体的一个关键特征也是强调与用户的交互性，用户不仅能参与其中还可以提供反馈信息，这与虚拟现实的交互性有些类似。

2. 现代多媒体关键技术

多媒体技术是构成多媒体系统的关键，是促进多媒体系统发展、完善多媒体应用的推动性因素。多媒体关键技术主要集中在以下4个方面：数据压缩技术、大容量数据存储技术、大规模集成电路制造技术、实时多任务操作系统。

（1）数据压缩技术。研制多媒体计算机需要解决的关键问题之一是要使计算机能实时地综合处理图文声像等信息。然而，由于数字化的图像、声音等多媒体数据量非常大，给多媒体信息的存储、运输和处理都带来了非常大的压力。而数据压缩技术很好地解决了这一难题。当前，数据压缩一般可以分为无损压缩和有损压缩。无损压缩是指使用压缩后的数据进行解压缩，得到的数据与原来的数据完全相同，根据目前的技术水平，无损压缩算法一般可以把普通文件的数据压缩到原来的25%～50%。一些常见的无损压缩算法有霍夫曼（Huffman）算法和LZW（Lenpei-Ziv&Welch）压缩算法。而有损压缩是指使用压缩后的数据进行解压缩，得到的数据与原来的数据有所不同，但不影响人对原始资料表达的信息的理解。有损压缩适用于重构信号不一定非要和原始信号完全相同的场合。例如，图像和声音的压缩就可以采用有损压缩，因为其中包括的一些数据往往超过我们的视觉系统和听觉系统所能接受的范围，丢掉一些也不至于使人对声音或者图像所表达的意思产生误解，但可以大大提高压缩比。

（2）大容量数据存储技术。数字化的多媒体信息虽然经过了压缩处理，但仍需要相当大的存储空间，在大容量只读光盘存储器CD-ROM问世后才真正解决了多媒体信息存储空间问题。

（3）大规模集成电路制造技术。数字多媒体信息的处理需要大量的计算。例如，图像的绘制、生成、合并、特殊效果等处理需要大量的计算；音频、视频信息的压缩、解压缩和播放处理也都需要大量的计算。而大规模集成电路制作技术的发展，使具有强大数据压缩运算功能的多媒体专用芯片问世，为多媒体技术的进一步发展创造了有利的条件。大规模集成电路制造技术是多媒体硬件系统体系结构的关键技术。

（4）实时多任务操作系统。实时多任务操作系统是嵌入式应用软件的基础和开发平台，它是根据操作系统的工作特性而言的。主要负责多媒体环境下多任务的调度，保证音频、视频同步控制以及多媒体信息处理的实时性，提供对多媒体信息的各种基本操作和管理,使多媒体硬件和软件协调地工作。

3. 多媒体技术特点

多媒体是信息获取方式变革的产物,作为多媒体系统实现的主要技术,现代多媒体技术与传统的信息获取技术相比具有以下特征:

(1) 多样化。现代多媒体技术实现了信息呈现方式和处理方式的多样化。多媒体技术将文字、声音、图形、图像、动画、视频等信息经过数字化处理,进行信息呈现,适应了信息时代人们对信息获取方式变革的要求。

(2) 集成性。现代多媒体技术不是单一地进行信息呈现,而是以计算机为中心综合处理多种信息媒体,它包括信息媒体的集成和处理这些媒体的设备的集成。

(3) 交互性。现代多媒体技术相对于其他信息呈现载体来说,其交互性更强。交互性是多媒体技术的关键特征,它使用户可以更有效地控制和使用信息,增加对信息的注意和理解,它体现了在通信系统中人与系统之间的相互控制能力。

(4) 实时性。实时性是现代多媒体技术的又一重要特征。多媒体系统虽然包含大量的数据信息、其处理复杂而繁琐,但多媒体技术在处理和编程这些数字信息时耗费的时间几乎为零,用户可以借助多媒体网络实时获取信息。

(5) 数字化。各种媒体信息处理为数字信息后,计算机就能对数字化的多媒体信息进行储存、加工、控制、编辑、交换、查询和检索。所以多媒体信息必须是数字信息。

(6) 非线性。多媒体技术的非线性特点将改变人们传统循序性的读写模式。以往人们读写方式大都采用章、节、页的框架,循序渐进地获取知识,而多媒体技术将借助超文本链接的方法,把内容以一种更灵活、更具变化的方式呈现给读者。非线性网状结构的多媒体不仅为用户浏览信息、获取信息带来极大的便利,也为多媒体的制作带来了极大的便利。

二、多媒体技术在会展中的应用

面对持续回暖的中国经济形势,中国会展业的发展形势整体稳定。当前,中国会展业主要市场发展前景依然围绕"双循环"为核心,继续助力推动区域产业发展、城市消费业态发展以及各项国民经济需求。从供给角度看,当前中国产业结构的调整对中国经济的发展产生重要影响,地区围绕新业态、新产业打造的新市场对会展业市场发展起到一定影响。中国会展经济研究会学术指导委员会常务副主任陈泽炎表示,十四五规划建议提出,坚持创新驱动发展,全面塑造发展新优势;加快发展现代化产业体系,推动经济体系优化升级;形成强大国内市场,构建新发展格局;畅通国内大循环,促进国内国际双循环;全面促进消费,拓展投资空间。我国会展业与"双循环"战略的对应就体现在搭建的一系列会展活动平台。诸如：进博会(上海)、广交会(广州)、服贸会(北京)以及中国-东盟、中国-东北亚、中国-南亚、中国-阿拉伯、中国-非洲等博览会项目。

多媒体展览展示系统在会展中得到了普遍而广泛的应用，大大地加强了商品展示和宣传效果，吸引了参观者观展和购买展品的欲望，多种感官刺激在提高吸引力、注意力和记忆力方面有显著的作用，会展中传统做法是在商品的展览展示中使用展板＋显示器的方式，比较单调，宣传效果有较大的局限性。在日新月异的数字时代，在多媒体展陈中引入最前沿的数字媒体播控技术，全面拥抱科技所创造的新感知形式，会展业这种从展示内容到展示手段、展示工具直至展示方式的不断变化的需求，体现出了会展业对于高科技及多媒体技术的强烈需求，以下介绍集中多媒体展示手段：

1. 虚拟场景互动体验

基于虚拟现实(VR)技术的场景互动体验，是当前国际最热门最尖端的人机交互技术，它让观众以第一人称完全自由、自主地漫游在计算机模拟的真三维场景中，它不只是用于观赏场景，重要的是可以与场景中的物体、图文信息等产生互动并可及时查阅，用户获得无与伦比、身临其境的真实体验，它完全颠覆传统的三维动画影片中只能被动观看的模式，能让观众主动参与并融入到三维场景中，加上新颖独特的媒体形式，十分有效地提高项目传达的意图。体验感是互联网无法取代的人体感观，因而要从展品展示设计、活动策划安排上增强体验效果，在展览服务上提升体验满意度，同时将线上的服务延续至线下，有机结合。

2. 会展多媒体展示设备

目前市场上的多媒体设备产品较多，硬件产品主要有声卡、语音合成卡、CD-ROM、视频卡、视频编码卡、静态图像压缩卡、动态图像压缩卡等，软件产品包括多媒体应用系统制作工具、多媒体信息咨询系统、多媒体数据库等，这些多是与计算机相关的产品。这里我们主要介绍在会展行业中能够用到的与会展活动直接相关的多媒体显示设备：

(1) 环幕投影。环幕投影是一种视听高度沉浸的虚拟现实环境，采用多台投影组成的环形投影屏幕，由于其屏幕半径宽大，再配合环绕立体声系统，使参与者充分体验一种身临其境的三维立体视听感受，获得一个具有高度沉浸感的虚拟可视环境。

(2) 异形投影。运用异形投影技术，能够实现在任意形状和平面的物体上进行投影，如雕塑外形、异型墙体、柱体表面等，投影画面完美切合投影平面，特殊的投影方式更能吸引参观者眼球。

(3) LED大屏拼接。LED显示屏可以任意延展并实现无缝拼接。其高亮度、较广的观看角度和良好的色彩还原能力使色彩清晰逼真，立体感强，能为参观者带来更好的观看体验,支持视频、动画、图表、文字、图片等各种信息显示、联网显示、远程控制。

(4) 数字沙盘。数字沙盘又叫投影沙盘、多媒体沙盘,是一种全新的沙盘展示模式,它有别于传统沙盘搭建事物模型的方式,利用投影设备通过声、光、电、图像、三维动画以及计算机远程控制技术与实体模型相结合,可以充分体现展示内容的特点,达到一种惟妙惟肖、变化多姿的动态视觉效果。对参观者来说是一种全新的体验,并能产生强烈的共鸣。

资料链接 5-1

第五届世界智能大会

智能引领时代发展,科技畅想未来生活。第五届世界智能大会于 2021 年 5 月 20 日至 23 日在天津举办。

亮点一　世界级智能科技领域盛会　引领全球发展方向

世界智能大会是由国家发展和改革委员会、科学技术部、工业和信息化部、国家广电总局、国家互联网信息办公室、中国科学院、中国工程院、中国科学技术协会、天津市人民政府共同主办的国家级智能领域展会,汇聚国内外图灵奖、诺贝尔奖获得者 15 位,世界 500 强企业家 280 余位,超万名科学家、企业家、教育家、金融家讨论智能科技的前沿趋势。仅第四届世界智能大会就获得全球 230 余家重点新闻网站、知名媒体和主要商业网站的全方位报道,大会盛况在美通社发布 2 小时后,经由 113 家外国媒体转载,海外视频浏览量累计达 9 000 万。至会后半个月,全网共发布相关稿件 13.6 万篇,全球总浏览量超过 25 万亿人次。

亮点二　创新"线上＋线下"办会模式　突破时空"云"收获

据介绍,本届大会创新"线上＋线下"办会模式,举办会议、展览、赛事、智能体验、互动交流等一系列活动,形成"会展赛＋智能体验"四位一体的国际化盛会。本届大会智能科技展期间将开放 5 大展馆、6 大展区和 3 个室内、外体验区,共计约 6 万平方米,涵盖科研与应用、智慧城市和交通、国际与区域创新、智慧生活、智能制造、信创产业等人工智能应用场景;邀请国家超算中心、南开大学、天津大学等 10 多家大学和研究机构,展示 AI 领域顶尖科研成果;"赛事活动"坚持"国际化、专业化、标准化",注重"观赏性、体验感",拟举办世界智能驾驶挑战赛、中国(天津)工业 App 创新应用大赛、中国华录杯·数据湖创新创业大赛、国际智能体育大会、亚太机器人世界杯天津国际邀请赛等 5 项专业赛事活动。

> **亮点三　智能科技展突出场景应用赋能体验　近距离感受未来科技生活**
>
> 公开征集一批智能科技技术、产品及应用场景,融入"5G智能""智慧消费""无人驾驶和智轨列车"三个体验区内,让参会嘉宾、观众充分感受到智能带来的全流程、全场景的科技体验,将技术与人类生活更加紧密地联系起来。
>
> 5G智能体验区。围绕5G生活体验、智慧生产场景、行业生态体系等方面打造更具未来感的5G体验,包括智慧冬奥、智慧机场、智慧教育、智慧医疗、智慧工业、公共安全、远程驾驶、智慧生态、智慧终端等众多体验场景。
>
> 智慧消费体验区。由阿里巴巴、小米、海尔等多家企业联合推出,以最新智慧设施、产品和解决方案打造更具未来感的智慧消费体验,展现智慧消费场景,助力推动国际消费中心城市建设。内容涉及智慧商业、智慧家居等十余个智慧商业体验项目,以智慧设备和VR、AR等显示体验手段,让观众体验人工智能未来有更多可能融入生活。
>
> 室外体验区。在往届的基础上,展示无人驾驶、无人机、机器人、虚拟轨道智轨电车快运系统和中国中车最新科技产品,还设有音乐表演、跳舞、京剧、拳击、柔道、太极拳和各种格斗竞技的机器人,有为运动健身爱好者体验的AI训练助手,还有可预约试乘无人驾驶车辆等,实现"陆空铁"多位一体智能场景体验,参展项目互动性空前增强,更将以最大范围涵盖最真实、最尖端的人工智能交通场景。
>
> 资料来源:"平安天津"微信公众号

第二节　虚拟现实与混合现实技术概述

一、虚拟现实技术

(一) 虚拟现实技术

一般定义上,虚拟现实是指由高性能计算机生成的,通过视觉、听觉、触觉等信息传播手段作用于用户,使之产生身临其境之感的一种交互式信息仿真技术。人体感受到的现实其实是人体的各种感觉刺激通过神经传递给大脑形成的,究其本质是通过外界对人体的刺激而在脑海中形成的真实形象,它是可以被虚拟的。当给用户提供五官感受,而用户在其中产生的任何交互都实时而又自然,用户就无法分辨虚拟与现实。所以虚拟现实其实是一种先进的计算机用户接口,它模拟人体所感知的外界刺激,属于计算机仿真技术的一种。虚拟现实可以创建和体验虚拟世界,是包含了多种信息的多维化信息空间,是人类一直追寻的目标。

虚拟现实(Virtual Reality),又称虚拟环境,是一种可以创建和体验虚拟世界的计算机仿真系统,可以利用计算机生成一种多源信息融合的、三维的、可交互的动态实景系统,注重于人的沉浸式体验。它利用计算机产生一种近乎真实的模拟环境,人在其中可以比较自然地完成在真实世界的行为,并且可以获得正确、真实的响应或反馈。

(二)虚拟现实技术特征

(1)沉浸感。沉浸感是指用户感受作为主角存在于模拟环境中的真实程度,是虚拟现实系统的性能尺度,强调环境的真实感。

(2)交互性。交互性是指用户对虚拟环境内物体的可操作性程度和从环境中得到反馈的自然程度,强调人机交互过程中的自然性。目前虚拟现实中的交互性主要通过九个方面来实现(图5-1)。

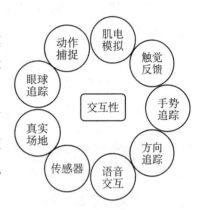

图 5-1　实现交互性的九种方式

(3)构想性。VR技术使得人从被动转为主动接受事物,人们从定性和定量两者集成的环境中,通过感性认识和理性认识主动探寻信息,升华概念并进而产生认知上的新意和构想。构想性使在虚拟环境中各类事物(真实的或臆想的)存在合理性,其他数字媒介大多也具备这一特征,如动画、电影等。

故沉浸感和交互性是虚拟现实区别于其他媒介的本质特征,它强调综合多种媒体元素形成的环境效果,强调自主的人机交互。

(三)虚拟现实技术分类

虚拟现实涉及学科众多,应用领域广泛,系统种类繁杂,这是由其研究对象、研究目标和应用需求决定的。从不同的角度,可对虚拟现实做出不同的分类:

1. 根据沉浸式体验分类

沉浸式体验分为非交互式体验、人—虚拟环境交互式体验和群体—虚拟环境交互式体验等几类。该角度强调用户与设备的交互体验,相比之下,非交互体验中的用户更为被动,所体验内容均为提前规划好的,即便允许用户在一定程度上引导场景数据的调度,也仍没有实质性交互行为;而在人—虚拟环境交互式体验系统中,用户则可以通过诸如数据手套,数字手术刀等设备与虚拟环境进行交互,此时的用户可感知虚拟环境的变化,进而也就能产生在相应现实世界中可能产生的各种感受。如果将该套系统网络化、多机化,使多个用户共享一套虚拟环境,便得到群体—虚拟环境交互式体验系统,如大型网络交互游戏等,此时的VR系统与真实世界几乎没有差别。

2. 根据虚拟现实的内容分类

从虚拟现实的内容上来看,虚拟现实分为模拟现实型、超越现实型和纯粹虚拟型。模拟现实型,是模拟现实环境中已存在的事物,用户可以虚拟体验真实的效果。目前这种类型的虚拟现实应用最为广泛,如全景旅游景点体验、模拟自然灾害、模拟飞行驾驶等。

超越现实型则是在真实环境的基础上,加入人体平时无法感知的事情,可以充分发挥人的认知能力和探索能力。例如航天(北京)科技文化发展有限公司设计的虚拟太空港项目,用户可以体验虚拟发射、太空漫步等太空活动。

纯粹虚拟型则充分利用了虚拟现实技术构想性的特征,充分发挥人类的想象力和创造力,在虚拟空间中创造出现实世界中不存在的情境,如再现神话故事、童话故事。此类应用多用于休闲、娱乐项目,满足人们的好奇心和对生活的美好幻想。

资料链接 5-2

伴随着疫情在全球肆虐,很多大型集体线下活动均被取消,改为线上云展览。例如 2021 年拉斯维加斯消费电子展(CES)54 年来首次云办展,不少知名科技公司如华为、苹果等也纷纷改为线上发布会,观众在线上也能感受到身临其境的观展体验。在互联网高速发展的今天,以 VR 为代表的数字化转型已然成为展会的必然趋势。

线上展览并不单单是指展会,在企业展厅、博物馆、艺术类展厅甚至是商场活动、发布会等等都可以实际应用到 VR 全景,它基于互联网和 3D 建模技术,将线下景重构到线上,利用热点图文及视频解说,实现产品的完美展示。参观者在终端上无需安装任何软件及插件,只需要一条链接就可以实现与线下参观完全一样的感官体验。

目前企业 VR 线上展厅以图文、视频等形式,实现企业推介、展品展示、分类检索等功能。用户只需要通过检索就能快速访问到对应的展位。线上展厅可以将线下展厅按 1∶1 比例真实还原到互联网上,并以场景 720°无视觉死角,产品 360°展览展示功能全方位展示,让你身临其境。同时可将其他的视频、图片、文字、音乐、旁白解说等内容,嵌入场景中,利用选项进行选择打开。

除了企业展厅,还有很多生动的线上科普展览。登陆中国数字科技馆官网,在导航栏"虚拟现实"的下拉菜单中点击"漫游科技馆",便可领略全国各地科技馆的魅力,畅游多种主题的科普展览。除了让"云展览"的视觉呈现更逼真,浏览操作更便捷外,各策展方还从观展形式上下了不少功夫,把传统的"看"展览转为更具吸引力和启发性的"玩"展览。便捷化的操作以及沉浸式的游览体验拉近了人们与科技人文知识的距离。

VR党建展厅将党建教育与VR技术结合,用身临其境、可触摸、可融进的形式,让共产党员更加深切感受党的艰苦历程和伟大成就。VR党建展厅还原真实场景,让体验者切身感受历史事件,再配以视觉、听觉和体感触觉等多种感知,使党员真正成为"历史事件"的参与者和事件中的角色扮演者,充分调动学习热情和创新意识。

资料来源:幻境智慧传媒

二、混合现实技术

(一) 混合现实的概念

混合现实是一种使真实世界和虚拟物体在同一视觉空间中显示和交互的计算机虚拟现实技术。加拿大多伦多大学工业工程系的保罗·米尔格拉姆(Paul Milgram)对混合现实(Mixed Reality,简称MR)的定义是:真实世界和虚拟世界在一个显示设备中同时呈现。也有学者认为:"现代意义上的'混合现实'是不同类型的现实(主要是指真实现实与虚拟现实)的彼此混合。将计算机所生成的虚拟对象融合到真实的环境当中,从而建立出一个新的环境及符合一般视觉上所认知的虚拟影像,在这之中,现实世界中的物件能够与虚拟世界中的物件共同存在并且及时地产生互动。"

(二) 混合现实技术的特点

混合现实在展示设计的应用中,通常需要建立一个比现有计算机系统更为直观和自然的信息环境,通过各类传感设备和多维的信息输出,不受时间、空间的限制,它基于真实世界又超越真实世界；这一环境具有人性化的输入和输出，人能沉浸其中、进出自如并能和它进行自然的交互作用。因而混合现实技术具有真实性、构想性和实时互动的特点。

1. 真实性

混合现实技术可以很好地将虚拟和现实相融合，切身感受一半真实一半虚拟的新环境，营造出身临其境的感觉，使体验者产生良好感官体验。

2. 构想性

其构想性表现在混合现实技术"不仅可再现真实存在的环境，也可以随意构想客观不存在的甚至是不可能发生的环境"。该技术应用与发展的空间也十分广阔，伴随科技进步、多媒体技术、计算机技术等不断的发展，混合现实技术的种类也将不断扩增。通过将现有的增强现实（扩增实境）、虚拟现实等技术的相互叠加应用亦可创造出新型混合现实技术。科技的无止境也为混合现实技术的发展创造了无限的可想象空间。

3. 实时互动

混合现实技术将虚拟现实与传统实物展示结合在一起，在虚拟对象和现实世界之间架起一座桥梁，建立起用户和实物之间的联系，使用户可以在现实和虚拟间穿梭自如，改变传统静态的展示状态，打破信息传递的单向性，以实现人与实物间的实时互动和交流。

（三）混合现实常用交互方式

混合现实与虚拟现实、增强现实最大的不同点在于混合现实拥有众多的、自然的交互方式，如 Gaze、Gesture、Voice 等，这些交互方式最大程度符合人类现实生活中交互方式，是除了内容之外，最吸引人的地方。有人说，鼠标、键盘是工业化智能 1.0，触摸屏是工业化智能 2.0，而混合现实则是工业化智能 2.5。这智能化的体现，除了混合现实内容之外，更多地表现在，将人类现实生活中的交互方式融入到智能化产品之中，从而使智能化产品也表现出与人类相似的智能。

混合现实设备当前体验良好的是微软发布的 Hololens 开发者版本，其是微软首个不受线缆限制的数字计算机设备，设备运行 Windows10 系统，它不受任何限制——没有线缆和听筒，并且不需要连接电脑。Microsoft HoloLens 具有数字、高清镜头、立体声等特点，能让用户与数字内容交互，并与周围真实环境中的数字影像互动。

（1）Gaze。Gaze 是混合现实应用中第一种输入方式，也是首要输入方式，形式功能上与电脑桌面系统上的光标类似，通常使用 Cursor 来可视化 Gaze，Gaze 可以用于选择、定位、操作全息对象。Gaze 告诉你使用者正在看向世界中的位置，并让你明确他们的意图。在现实世界中，人们通常会盯着他们打算交互的物体，这种方式和 Gaze 一样。

Hololens 使用用户的头部位置和方向来决定他们的头部凝视向量，而不是用眼睛，可以将这个向量看作是使用者眼睛发出的一条光线。当使用者环视房间四周时，应用程序可以将这条光线与自身全息图和空间映射相交，以此来决定使用者正在看着的是虚拟对象还是真实世界对象。

（2）Gesture。手势是 HoloLens 的三种主要输入方式之一。手势允许用户在混合现实中采取行动。交互建立在被凝视的目标和手势或声音作用于已被定位的物体上。手势不能在空间中提供一个精确的位置，但由于

图 5-2

HoloLens 操作简单，因此可以使用户立即与内容互动，允许用户在没有任何其他配件的情况直接使用手势。

（3）Voice。语音是 HoloLens 的三种主要输入形式之一。它允许用户直接命令全息图而无需使用手势。用户只需凝视全息图，并说出命令。语音输入是传达用户意图最自然的方式。语音特别擅长处理复杂的界面，因为它允许用户使用一个命令切换嵌套菜单。语音输入由同一引擎提供支持，该引擎支持所有其他通用 Windows 应用程序中的语音。

三、虚拟现实技术与混合现实技术关系

（一）混合现实与虚拟现实的区别

由于混合现实是物理世界和数字世界的融合，这两个世界定义了成为虚拟连续体的频谱的极端。为了直观描述这两个概念以及相互之间的联系绘制图 5-3，其被称为混合现实频谱。在图的左边，定义为人类存在的物理现实，图右边，定义为数字现实。

目前市面上的大多数手机几乎没有环境理解能力。因此，他们不能混合物理和数字现实。在物理世界的视频流上叠加图形的经验称为增强现实，阻碍用户感受物理世界的体验是虚拟现实，这两个极端之间的范围是混合现实。

图 5-3 混合现实频谱

(二)虚拟现实与混合现实的联系

现实与虚拟两部分构成了混合现实,其中用户与虚拟世界的联结是虚拟部分关心的内容。因此,涉及两个方面的内部,即虚拟世界的构建与呈现、人与虚拟世界的交互。我们所看到的虚拟世界是人类感官直接联结的,因此,要构造完美的虚拟世界必须通过建立与人类感官匹配的自然通道。用户与虚拟世界的交互必须建立相同的知觉通道,通过分析用户的自然行为,在感知、理解、响应和呈现上形成环路,这是虚拟现实技术的核心内容。

由于对现实世界的模拟本身非常困难,因此混合现实没有对复杂多变的现实世界进行实时模拟,其建立的是虚拟世界与现实世界的联结,并模拟二者的相互影响。而要使虚拟世界与现实世界融为一体,技术上的诸多挑战不仅要感知用户的主体行为,还要感知一切现实世界中有关联的人、环境甚至事件,提供恰当的交互和反馈。因此,混合现实涉及了从计算机视觉、计算机图形学、模拟识别到光学、电子等多个材料领域。

混合现实技术是虚拟世界与现实世界无缝融合的技术。虚拟现实代表的是计算机营造的世界,使人类的知觉感知延展到计算机中;而混合现实技术在保持对现实世界正常感知的基础上,通过建立虚拟世界与现实世界之间的联系,再将人类感官延伸到虚拟世界。

混合现实技术包括虚拟世界和现实世界。在需要虚拟现实技术支持的同时,也需要增强现实技术的支持。虚拟现实技术的第一个核心问题是对虚拟世界的建模,包括模拟现实世界的模型或人工设计的模型;对现实世界模型的模拟,即场景重建技术。虚拟现实的第二个问题是将观察者知觉与虚拟世界的空间注册,满足视觉沉浸感的呈现技术;第三个问题是提供与人类感知通道一致的交互技术,即感知和反馈技术。增强现实技术在虚拟现实技术的基础上,还需要将现实世界与虚拟世界进行注册,并且感知真实世界发生的状况,搜集真实世界的数据,进行数据分析和语义分析,并对其进行响应。因此,混合现实的虚实融合分成三个层次,即虚实世界产生智能上的交互配合;虚实世界产生社会学意义上的交互融合,如进行互相避让的行为;虚实空间产生视觉上的交互影响。

资料链接 5-3

国际名家具(东莞)展览会

2020年8月18日—22日,为期5天的第43/44届国际名家具(东莞)展览会在东莞厚街广东国际展览中心盛大举行。"ID家混合现实新零售"因其科技感和趣味性备受关注,戴上眼镜就可以身临其境体验未来的家,轻轻一点就可以一键更换风格……前来体验、洽谈的人络绎不绝,更吸引了一众主流媒体争相报道。

ID家混合现实新零售是时下最前沿的新零售应用,为家居行业带来集模型建设、场景方案设计、MR实景体验、签单转化及数据管理为一体的行业升级解决方案。ID家在此次展会中大放异彩,呈现出大量的全新亮点,获得了业内外的一致认可。

对于重体验的家居行业来说,企业卖的不只是产品,更应该是鲜活的场景。冷冰冰的物件已无法打动客户,客户更喜欢互动性、娱乐性、科技感的场景体验。ID家混合现实新零售应用实现虚拟家居产品与物理空间的融合互动,以前顾客无法体验家居产品摆放在家中的实际效果,现在通过ID家就可以将全息家居模型快速便捷地摆放在家中,沉浸式体验真实的空间感和搭配效果,同时顾客还可以根据自己的喜好进行布局和配色验证,制定最佳的家居设计方案。ID家实现了设计、体验、营销为一体的轻量化新零售模式,为家居销售场景提供了全新的体验式场景销售方式。

展会现场,工作人员根据一位体验者提供的户型图,在平板上几分钟就绘制出体验者新家的户型,然后一键自动生成等比例的3D户型空间,真实模拟出体验者的家。在这个空间结构中,可以一键导入已有设计方案,也可以随意拖拽全息家居模型摆放,现场快速完成硬装、软装设计。

体验者佩戴上MR眼镜后,既可以通过鸟瞰图全景浏览空间布局,也可以把户型空间放大到与现实等比例,然后在虚拟户型空间中自由走动,全方位地体验每个产品的细节,如同在真实的家中。手指轻轻一点,就可以打开冰箱,查看冰箱的内部结构,甚至可以使用榨汁机,体验整个榨汁过程。

> 近年来，VR、AR 席卷各大行业，也掀起一阵虚拟家居场景体验风潮，然而混合现实（MR）技术的出现，才是真正改变家居行业未来的关键。混合现实打破虚拟与真实的界限，实现虚拟数字世界与真实物理世界的无介质融合，让人们可以在真实的环境中用最自然的方式与虚拟物体交流互动，混合现实技术带来的体验更真实、更全面。
>
> 资料来源：https://www.sohu.com

第三节　互动多媒体装置艺术

一、互动装置艺术概述

（一）装置艺术

装置艺术，兴起于 20 世纪 70 年代的美国，是当代艺术的重要表现形式，目前还是非常活跃的一种艺术类别。

装置艺术是为美术馆或画廊的室内空间或室外特定空间创作的临时性多媒介、多维度、多形式艺术品。装置艺术仅存在于被安装的时候，但可以在不同的地点复制。这种作品是'在一段时间中'被感知到，它们不像传统艺术作品那样被'看到'，而是在时间和空间中被体验，并与观众互动。

可以看出装置艺术相较于传统艺术形式注重的是体验和感知，装置艺术通常表现为为了表达某个概念而营造的刺激多重感官的特定空间。装置艺术并非是传统的利用笔和纸作为工具的艺术，而是演变升华成了一种观念艺术，它和传统的艺术诸如绘画、雕塑、壁画之类有泾渭分明的区别。这种区别体现在当今的艺术分为两个大类：架上艺术和非架上艺术，而装置艺术以及其变种互动装置艺术属于非架上艺术。因此装置艺术的概念可概括为：艺术家在特定的时空环境里，将人类日常生活中的物质文化实体进行艺术性地有效选择、利用、改造、组合，以令其演绎出新的展示个体或群体丰富的精神文化意蕴的艺术形态。

（二）互动装置艺术

1. 互动装置艺术的概念

"互动"一词，就其表面意思来看，是指相互作用、相互影响。"互"的基本字义表示彼此，这就体现"互"强调的是主体,需要有两方面甚至多方面的存在,才可以形成"彼此"这种可以相互作用的关系,而"动"则是强调主体与主体之间所存在的一种动态的相互作用。总之,"互动"可以理解为人与人之间,或者人与物之间所进行相互作用的过程,并在此过程中带给人感官或某种心理上的感受,强调的是过程。

"互动装置",来源于英语中的"Interactive Installation",是指以计算机软硬件为平台建立的一种人与机之间或人与人之间,通过计算机硬件进行互动的艺术形式。这里的计算机硬件装置便是媒介,观赏者正是通过媒介实现与艺术作品之间的交互行为。

综上所述,我们可以简单地对互动装置艺术进行如下的界定:互动装置艺术是新媒体范畴下的新兴艺术表现手段。它是建立在以一定的计算机软硬件为平台上的人机间或不同人通过计算机硬件承载进行互动的艺术,是以自然中的硬件装置媒介为基础的交互艺术,它能使观众参与、交流甚至融入作品中,并成为作品的组成部分。

2. 互动装置艺术的发展脉络

20世纪初,随着科学技术和艺术思想的发展,艺术家们不再仅仅满足于传统的艺术形式,试图将新兴的科学技术——新媒体艺术(New media art)融入作品之中。新媒体艺术与传统装置艺术的融合是科学技术与艺术的一次大融合,为艺术家们提供了更多的艺术表现手法和探索实践空间的新形势。互动装置艺术正是在这种大背景下产生的,互动装置艺术区别于传统的装置艺术,与新媒体技术的融合给互动装置艺术带来了极大的发展空间。互动装置艺术的产生和发展顺应了时代的发展,人们渴望交流和互动的需求日益强烈,互动装置艺术也逐渐走进了大众视线,并且获得了大众的认可,随着其影响力的不断扩大,互动装置艺术的使用范围也逐渐扩大。

(1)国外的发展脉络。

互动装置艺术的出现可以追溯到1946年,全球首台电子计算机在美国宾夕法尼亚大学被成功研发出来,这为互动装置艺术的出现奠定了一定物质基础。1968年,全球第一届计算机美术作品巡回展盛大开幕,它始于伦敦并成功落幕于纽约。这也标志着"计算机美术"成为了一种新型的应用科学和艺术表现形式,并由此开创了一个全新的艺术设计领域。

20世纪七八十年代,随着电视和录像技术的传播和发展,电视和录像也越来越广泛地应用到装置艺术中,为装置艺术提供了一种较好的互动方式。在这个阶段,年马勒尔的"前意识"作品以其前瞻性的互动方式成为这个时代的代表作品,在这个互动设计作品中,坐在装置前的参观者的头部可以通过一些影像技术代替录像中原有形象,并且使参观者成为影像的一部分,通过这样的互动方式给参观者带来了一些新奇的互动体验,并给参观者留下了深刻的印象。

到了20世纪90年代,计算机技术取得进一步发展,国外与互动装置艺术相关的新媒体艺术展览和艺术节越来越多。互联网技术也在这个时期开始盛行,网络媒介的出现使得互动装置艺术作品在表达方式上更加多样化和差异化。而这个时期互动装置艺术中其他新媒介的运用也日趋成熟,越来越多的艺术家和群众开始关注到互动装置艺术设计之中。

(2) 国内的发展脉络。

互动装置艺术凭借计算机技术和网络技术为依托,国内的科技兴起和发展较晚于国外,所以导致互动装置艺术的发展也迟于国外。但是,随着经济全球化进程的加快,我国与世界的沟通交流越来越密切,国内的艺术开始引进许多国外的先进技术和理念,将国外一些先进的艺术思潮与本土艺术相融合,这也导致我国的互动装置艺术在发展上,很大程度地受到国外的影响。

在中国大陆,互动装置艺术开始真正意义上的发展的标志是 2004 年北京首届国际新媒体艺术展,一些著名的媒体艺术中心,如德国的设计中心、荷兰的动态媒体中心、奥地利的林兹电子艺术中心等都参加了展览;另外,参加这次展览的还有许多国际一流的艺术院校和国内十几所知名的艺术设计院校。这次展会中,各个国家高新互动设计技术的交流和艺术思维的碰撞,都极大地为我国互动装置艺术的发展进步输入了新鲜血液。而在 2003 年上海也成功举办了"艺术与科学"国际数码艺术交流展,对我国互动装置艺术的发展进步起到很大的推动作用。

在 2003 年之后新媒体艺术专业在中国部分院校已经设立,可是当时在国内对这门专业的教学水平以及认知程度都不能算是真正意义上的新媒体艺术设计,实际上就是电脑的图形设计以及图片处理或者是影像剪辑,仅此而已。为了促进新媒体艺术的发展,我国在当时设立了数字艺术国家级奖项。然而数字艺术奖下面又专门分出互动专组,互动专组下面包含的作品形式也很多样,其中就包含装置艺术。互动装置艺术就是在新媒体艺术的飞速成长中锋芒毕露,并逐渐作为一门新颖的专业独立出来,在一些实际应用的领域得到巨大的发展。

进入 21 世纪,随着社会的进一步发展,人们的思想认识水平的也在不断发展和进步,在互动装置艺术的设计理念中更加入了以人为本、和谐发展的理念,强调人与人之间、人与社会环境之间的各方面交流与互动。在这样的社会背景下,作为艺术的一种新表现形式,互动装置艺术更加广泛地引起了人们的关注,吸引了更多的人们参与互动装置艺术的创作。

3. 互动装置艺术的特征

互动装置艺术在发展的过程中与装置艺术是相辅相成的,两者密不可分。但是互动装置艺术与装置艺术两者有一定的区别,相比其他的艺术形式,互动装置艺术具有其独特的艺术特点。互动性是其最基本的特点。

(1) 互动性。互动装置艺术的互动性是通过互动装置以及互动设计的相互合作来实现的,互动装置艺术作品不仅仅需要满足受众的触觉、感觉、听觉等方面的需求,还需要满足受众在观赏过程中的互动性,为受众提供互动体验。这种互动的体验不仅仅是受众与互动装置作品物质方面的互动体验(如触碰、移动、参与),也包括受众精神方面的互动体验,受众与艺术家思想的互动,艺术家同时承担着向受众普及艺术思潮、传达艺术体验的角色。受众的参与和互动也成为了作品的一部分,并且完善了互动装置艺术的内涵。

(2)艺术性。互动装置艺术从本质上区别于单纯的互动装置的,就是其本身蕴含的艺术性。互动装置艺术不仅是展示互动科技,而是以互动技术为媒介,在完成互动目的的前提下,更有加深一步的艺术内涵。互动装置艺术带给人们的不是高科技的展示或是主题式的互动乐园,而是结合艺术的思考,表达一种艺术的思想和理念。互动装置艺术在使参观者享受到与互动装置互动过程中带来的乐趣的同时,能够引发参观者对一些现象和问题的注意或是省思。

(3)科技性。互动装置艺术是随着科学技术的发展而发展的,它的互动性也是建立在科技性基础之上的,科学技术就是它的根基。脱离了科学技术,互动装置艺术也将失去生命力。

二、互动多媒体装置艺术

(一)互动多媒体装置艺术的发展阶段

20世纪70年代初,许多实验性的艺术作品在欧美许多大众电视台频频出现,成为了新技术与艺术相结合的优良平台。从中,艺术家和技术人员寻求到了很好的合作机会,创作出了许多令人耳目一新的媒体装置艺术,也刺激了新技术的创造性运用。

如影像装置艺术之父白南准,他自身具备良好的音乐修养、艺术修养,到美国纽约后,与当时世界上最新的文化产生碰撞,造就了他国际性的视野,他的作品 Random Access,结合行动与声音,参观者被允许自由地操作作品,产生不确定的破碎声,伴随不准确的磁带、磁头读取过程,加强了作品感染力。参观者在与作品互动的过程中,感受作品的潜在力量。

70年代末期,美国的福特基金会、洛克菲勒基金会倾向于资助艺术家,国家艺术基金会对非赢利性的媒体艺术中心提供赞助。这些媒体中心时常在博物馆和画廊进行作品的展示和展出。于是,艺术家适时地将多媒体与传统视觉艺术的空间结合起来,促进互动多媒体装置艺术的发展。

从80年代开始,互动多媒体装置艺术在各种国际艺术大展上崭露头角,它以新技术的魅力,以传统媒体无法媲美的时代性、互动性、综合性和强烈的现场感,取得良好的反响,成为主要的艺术展览展示媒介。

随着IT产业的发展,个人电脑上的编辑设备得到普及,不但多媒体艺术进一步得到繁荣,而且更多的艺术家着手探索互动科技在装置艺术中的应用,致力于创作互动多媒体装置艺术和互动网络艺术。

(二)互动多媒体装置艺术概述

1. 互动多媒体装置艺术的概念

装置艺术是指艺术家在一个特定时间或空间环境里,把人们日常生活中消费或是没有消费的物质实体进行艺术性的改造和组合,使其能够表现出较为丰富的艺术形态和艺术表现。简单来说,装置艺术是将场地、施工材料以及设计情感进行结合以后的综合展示。多媒体技术是应用计算机交互式综合技术以及数字通信网络技术相结合的方式,对媒体文本、图形以及相应的图像、视频资料和音频文件等进行处理,再将多种信息进行逻辑连接,最终形成一个交互系统。我们把这种系统叫做交互多媒体,而互动多媒体装置艺术就是将装置艺术和互动多媒体进行有效结合。

2. 应用互动多媒体装置艺术的优势

(1)互动多媒体装置艺术更具表现张力。互动多媒体装置艺术的表现形式更加注重对人们生活的延伸,将人与自然之间的关系包含其中,进而把社会整体的文化背景作为参考。因此,在表现形式、思考方式、展示效果以及批判指向等方面,都比其他普通艺术形式的表现张力要大。

(2)互动多媒体装置艺术具有独创性。艺术家使用一些手段,增加对观者视觉、听觉以及触觉上的冲击,结合多种形式和手法对艺术主体进行表现,从而给观众带来全方位、多角度的精神震撼和影响。

(3)能够有效引领时代潮流。互动多媒体装置艺术能够将自身的发展历史与艺术形式整合,形成集高科技手段和多媒体于一体的艺术导向,进而成为现代展示设计中不可或缺的综合性艺术表现形式。

(4)互动多媒体装置艺术具有综合性。装置艺术囊括了众多学科,如生物学科、化学学科、物理学科以及新媒体技术等,通过加强学科深度以及研究的广泛性,进一步证实互动多媒体装置艺术是一门较为开放的艺术形式。

(5)提升观众的作品参与度。以往观众欣赏艺术作品时,主要是从单角度进行思考,往往是匆匆浏览,不得其内涵。而互动多媒体技术的应用,促使观众可以参与其中,通过互动功能来激发观众兴趣,充分发挥观众的主观能动性,切身感受装置艺术设计内涵与价值,愿意花费更多的时间去感受,拉近作品和观众之间的距离。

资料链接 5-4

第二届上海国际文化装备产业博览会

2019年9月24日至10月7日,第二届上海国际文化装备产业博览会(简称:装博会)暨"未来一公里"文旅科技节将在虹口北外滩举行。此次展会是由21个"彩蛋"组成的高科技艺术球群展。众多艺术家登陆北外滩,希望用声、光、影、机械臂、5G智能、体感交互、VR/AR、亲子4D等科技装备结合自然、舞蹈、文化、艺术、游戏设计的沉浸式体验球幕,秀出最国际、最科技、最好玩的场景应用,呈现未来、人与装备的美妙"故事"。

装置艺术是以"场地+材料+情感"的综合展示为特色的公共艺术表现形式之一。以科技体验为切入点,艺术装置融合创意设计,打造高端互动体验式展览,升华展示主题,致力于帮助商业空间提升展示美感与互动性。

其中一个的互动装置艺术主题"景观交互艺术,让植物飞起来",主要围绕植被花元素来展开。植物是一种文学更是一种艺术。咏草木以明志,歌花草以抒怀,柳枝是依依惜别,牡丹是雍容华贵,从蒹葭苍苍到绿肥红瘦,植物承载着中国人的悲欢离合。其想通过艺术,探索人类与自然,自身与世界的新关系。

在生活中见过的植物大多是装饰作用,花花草草也都是季节性昙花一现,能与植物产生互动的装置很少见。为了能让这个"森林"复活,花花草草和枯枝披上最华丽的衣裳……利用交互式技术,通过传感器与人直接产生互动,不仅起到观赏作用,简单有趣的互动效果让人重新发觉植物的生命力,还有它们可爱调皮的一面。

> 当你穿梭在"森林"时，萤火之光投影灯将逐渐亮起；靠近牡丹花、向日葵（机械花），它会因感应到你的存在而开放。真正地实现人与花化为一体，当人看到花的同时，花也会看向人。或许此刻，人也才真得开始赏起花来。
>
> 景观正在经历由观赏型景观向互动型景观转型，未来，景观的情趣将直接决定着中国景观的文化品质。在这个转型的过程中，已经出现许多具有代表性的互动景观装置作品，例如感应花开装置，摇摆感应向日葵，会跳舞的树……它们结合科技的发展，为我们拉开了新时代的序幕。
>
> 资料来源：https://www.sohu.com

第四节 数字技术的发展对会展传播的影响

基于"互联网＋会展"诞生的网络型会展正极大地助力我国会展业经济提速。信息技术科技的发展重构了商业价值，变革了服务边界，提高了服务效率和质量，从而开创了会展业发展新局面，实现了会展业的升级——线上＋线下"双线会展"模式。《中华人民共和国国民经济和社会发展第十四个五年规划和 2035 年远景目标纲要》要求"迎接数字时代……充分发挥海量数据和丰富应用场景优势，促进数字技术与实体经济深度融合，赋能传统产业转型升级，催生新产业新业态新模式，壮大经济发展新引擎。"会展业要高质量发展，更好地服务产业、拉动消费，促进人文科学技术交流，也必须采用符合需求的新技术来增强商贸、学习和社交的体验和效果。"互联网＋"正在促进我国会展业面向平台化、数据化和智能化发展。目前，会展业数字信息化管理主要是利用会展信息管理软件、网络技术平台、先进的电子科技设备、智能硬件、通信基础设施手段等，实现对展会项目或者展览企业科技化、信息化、网络化、数字化的运营与管理。

一、数字技术

（一）数字技术的概念

数字技术，相对应的英文概念为"Digital Technology"，这是一种与计算机技术相互促进相互影响相互发展起来的技术。这种技术通过一定的编码手段将各类信息进行编码，变成以二进制数字"0"和"1"组成的的数字信息，然后通过计算机达到储存、计算、传输等功能。

由于在处理的过程中需要用到计算机计算,所以又被叫做"数码技术"或是"计算机技术"等。在发展过程中,数字技术,尤其是数字传媒技术主要有以下几类:数字信息输入与输出技术,数字信息存储技术,数字信息处理技术,数字传输技术,数字信息管理技术以及数字信息安全技术。

(二) 数字技术与传统技术的不同

在数字技术大规模进入受众的日常生活之前,传统技术在品牌传播中的应用的一个表达方式,就是参展商运用大众媒体进行一系列宣传,包括广告或是宣传片等形式。在这种传播模式中,参展商的传播是单一的、线性的,参展商难以及时接收到来自受众的反馈。

从传播者来看,数字技术时代,参展商可以利用数据分析技术更加精准地掌握受众的信息,从而及时调整品牌传播工作路线。而在面对众多的传播渠道时,以往利用单一媒体就能达到良好传播效果的时代已经过去,传播者需要通过立体的、全方位的传播网络,利用整合式的传播工作,才能达到理想的传播效果。同时,面对受众的不断分化,参展商可以更加精确地定位目标受众与潜在受众,从而为自身品牌传播工作的有效开展奠定基础。同样,在数字技术时代,参展商的传播工作还应该包括良好的公关工作与及时有效的危机处理工作,通过培养专业团队,将数字技术时代有可能产生的负面信息降到最低。

从传播渠道来看,传统技术时代,对于有限的资源,越是有经济实力和人才实力的单位,越有机会获得相应的资源。一方面,这些单位可以利用其雄厚的资金支持,占据传统大众媒体的资源,另一方面,这些单位可以吸纳更多拥有经验与能力的会展传播人才,从而进行大规模的传播;而实力较弱的单位,由于缺乏相应的资源,其传播工作开展情况自然不言而喻。长此以往,便会形成事实上的垄断,造成强者发展越来越好,弱者发展越来越弱的态势。而在数字技术时代,传播渠道的多元化,一改以往实力雄厚的单位对传统大众媒体形成事实上的垄断的局面,传播者开始有了更多传达信息的机会与渠道,信息到达开始具备更多的可能性。

而从受众方面来看,与传统技术时代不同,进入数字技术时代,受众有了更多接触信息的选择,也就是说,到了数字技术时代,受众更有针对性地使用媒介,来满足自己的需求。以往的那种被动地接收信息的方式变成了受众主动对信息进行搜索,受众由于自身的特征,开始主动获取自己感兴趣的信息。同时,在具有相同兴趣爱好的受众平台等渠道开始进行相互的交流与分享,相互之间的态度与行动相互影响,基于这种平台的受众之间开始形成具有一定辨识度的"社区",在这其中的信息传播,同样遵循着两极传播理论,其中拥有较强影响力的意见领袖,也在更加深入地影响着其他受众。

二、数字技术在我国会展传播中的作用

随着数字技术的迅速发展,对于一些并非具象的事物或者理论的表达与展示有了更多表述的可能性,在这时,信息的表达方式变得多样。进入数字技术时代,各类数字技术设备的出现使得信息的传播速度有了飞跃式的提升,信息的传受双方有了更紧密的联系,这种联系提升了受众在信息传播中的地位。基于多种技术的各类社交媒体的出现,为受众提供了彼此之间互动交流的平台,呈现出更多交流的可能性。随着数字技术的不断深化发展,受众的生活方式开始不断受到影响,这种影响体现在爆炸式信息带来的"去主流"的、"去中心"的碎片化网络。

在会展中借助多媒体的互动形式为信息传播带来更为深远的社会及市场效应,很多大型企业及展会的主办方着眼于世界范围,将全球关注的生态环境保护问题、动物及物种保护问题、可持续能源应用问题、碳排放问题等等作为展示及展览的主题,通过互动的方式强化人们的全球意识,在宣传品牌及知识的同时,让受众群得到更深层次的思考,不断地尝试去影响或引导大众对这些全球问题的关注频率及关注力度。

2008年世博会上,冰岛馆的展示主题为"纯能源—健康生活",主要体现冰岛在工业和旅游业方面进行的可再生能源利用。展馆内大面积运用投影技术,共装有8个投影仪,全方位展现冰岛的美丽景色与城市生活。反映了冰岛人与孕育冰岛的大自然之间的深刻联系,同时也反映了冰岛人利用水利、地热等天然无污染能源的智慧。同时,也警示着参观者对于环境和能源问题的关注。

科学技术是第一生产力,现在已经有一些实体展会利用互联网构建网上展示平台,作为线下展会的补充,这种形式虽然也融合了线上展览和线下展览,但它的发展方向是从线下到线上,线下为主、线上为辅,而真正的线上展会并不是线下展会的补充。2020年3月,中央提出创新展会服务模式,4月,商务部发布了《关于创新展会服务模式,培育展览业发展新动能有关工作的通知》,进一步明确了打造线上展会平台的必要性。线上意味着更加数字化,打破时间和空间的壁垒,同时衍生出数字化的乐趣,实现更大的参展自由,线上意味着能产生更大的传播效果。

三、数字技术在我国会展传播中应用的困境

(一)专业人才的缺乏,导致数字化展示及管理手段难以普及

很多高校开始认识到会展产业发展的重要性,并对会展人才进行培养,但是很多高校培

养出的人才面临着就业难的问题,主要是由于会展人才培养和会展产业需求之间存在较大的差异:第一,会展产业虽然得到了长足的发展,但是依然存在很多不足,所以相关企业想要招聘优秀的人才,来不断完善会展产业的发展。但是,当前高校会展人才培养目标较为落后,与企业对人才的需求相差甚远,企业要求较高,人才的技能掌握不够。虽然会展专业的毕业生陆续增加,却很难适应公司要求,会展中数字化展示系统、数字化管理系统、互动化的网上展览系统设计人才的稀缺,使得使用成本居高不下,让许多参展商望而却步。

(二) 数字技术本身的制约因素

数字化信息采集系统、数字化展览展示系统、数字化管理系统在会展中的应用价值毋庸置疑,但我国会展业对数字化传播技术的应用却裹足不前,数字化传播技术本身的制约因素是导致这一结果的原因之一。首先,对于一个公司而言,与传统会展中几块复合板加招贴画配以实物的现场布置相比较,数字化传播系统在会展中的首次应用需要较高的投入;其次,虽然虚拟现实技术一定程度上消除了数字化展示的非人际性特点,但现实体验的感受却是无可替代的;再次,数字化信息传播受到带宽的限制,而网上会展对产品有一定的选择性,比如食品展就不适合在网上办展,但电子产品网上展出却是不错的选择。

(三) 主办方、参展商和观众观念的限制

数字化展示与管理系统一方面受制于展馆,另一方面则取决于参展商。在会展举办的过程中,主办方的作用至关重要,他们决定着展会的定位与品质,但目前一些主办方更关注眼前利益,对于以数字化信息传播手段,搜集信息,提供数据给商家以助其决策的做法极少考虑。参展商决定了在展会举办过程中传递什么样的信息和以何种手段传播,信息化时代受众的接受需求已发生很大的变化,静态图片加文案的展示方式已不能为展会现场吸引观众眼球,实现品牌提升的目标带来巨大的价值。另一方面,从众效应与数字化技术创新应用的高成本导致参展商对数字化传播技术望而却步。观众的多少常常被作为展会成败的主要衡量指标之一,对于观众而言,在娱乐中获取有益信息无疑是最好的信息传播方式,虚假广告带来的晕轮效应使得亲身体验的感觉无可替代,网上交易的安全性又时时冲击着人们对网上展览与交易的勇气,这一切都成为制约数字化传播技术在会展中应用的重要因素。

四、数字技术在我国会展传播中应用的困境的对策

(一) 以业界需求为基础,建立三位一体的人才培养机制

市场的竞争很大程度上是人才的竞争,会展人才的缺乏成为我国会展业快速发展的主

要瓶颈之一,尤其是会展业中数字化传播设计人才的缺乏严重影响着会展产业链各环节的价值增值能力,针对前述人才过剩与人才匮乏并存的现象,有必要建立以业界需求为基础的三位一体的人才培养机制。即根据当前业界需求,结合未来会展业发展计划,在政府的宏观调控下,适量选择有实力的高校,开设会展专业,专业设置要结合社会需求,管理、策划、设计等各专业招生人数合理分配。教育过程中,除专业课的开设外,会展人才还应广泛涉猎多科专业知识。因为,一方面,会展业涉及到各行各业,需要同时具备会展知识与专业知识的综合性人才;另一方面,会展人才作为会展业的核心竞争力,必须具备对会展主题和内涵的创新能力、新科技的应用能力和以信息技术为特征的新领域拓展能力,而多学科综合性知识背景是会展人才创新的源泉。政府、高校、业界三方携手,构成人才培养的有机整体,才有可能尽快解决"人才瓶颈"之忧。

(二)加快信息化建设,及时维护、更新网站信息

信息化已成为世界经济、生活的主要特点。近年来,不少的会展网站走进了人们的视野,成为会展信息传播的重要途径之一。但是,一方面,我国到目前为止,尚没有权威的会展资料数据库,且大多数网站更新不及时,信息更新及时的网站也只是充当了广告牌的作用;另一方面,新建的展览中心已开始注重展馆的信息化设施建设,但大多数展馆的配套设施依然相当落后。面对数字化时代客户对互动化与个性化服务需求的日益增长,首先,应通过网络及时采集信息调整市场计划,维护好客户利益人关系,建立准确的会展数据库,为会展研究与发展提供有益的指导;其次,则要从展馆建设入手,着力打造智能化展馆,为展示现场提供便利的信息化设备基础。

(三)革新管理体制,充分发挥规划、调整、服务与指导功能

会展业是市场经济的产物,只有遵循市场经济的运行规律,才能获得长远的发展。政府应该明确宏观调控的职能,逐渐淡出会展具体操作过程,改变政府是会展审批者、主办者、监管者的多重身份。信息化时代,社会发展变化日新月异,政府审批动辄一两年的节奏难以适应市场瞬息万变的要求。政府应根据市场需求,结合当地特色,在制定长远发展战略、会展资源配置、基础设施建设及国际展会的招揽过程中发挥规划与引导职能。具体制度的制定、市场行为的监管则交由行业协会。适当地下放权力,有利于形成优胜劣汰的竞争机制,创造公平、公开、公正的行业发展环境。上海市政府办展主体的角色已逐渐淡化,可以成为其它城市的表率,但在管理方式上仍存在管理过多、过细的现状。

第四届数字中国建设成果展览会

数字浪潮涌动,科技色彩缤纷。四月的榕城,春意正浓,数字中国建设成果展览会第四次闪耀福州"海峡国际会展中心"。借助数字和创新的力量,支撑起人们对美好生活的向往,书写着属于"数字未来"的精彩篇章。

走进展览会,穿过"数字"大门,五大主题展馆映入眼帘,多元化的设计构造使参展路线趣味盎然。展馆融入了更多虚拟产品,借助3D、VR与语音交互技术,让观众能够更真切地触摸到数字化发展的最新动态。从衣食住行智能化到AI智能医疗、数字城管……曾经想象中遥不可及的生活方式如今已近在眼前。

近年来,福州在数字政务发展方面取得一系列可喜成就。2020年,福州数字政府发展指数位列省会城市第四,数字政府服务能力获评优秀。

"以前办事可能要跑好几天,去好几个部门,现在直接在手机上填身份信息申请,等结果就行了。"在"福建省政务数据汇聚共享平台"展区,从前来逛展的观众口中了解到。"福建省政务数据汇聚共享平台"基于对数据的收集、共享和实时更新,在大屏上可以直观看到每一个时间点的数据来自哪一单位,每一个业务系统产生哪些数据。据工作人员介绍,这一共享平台支撑的"闽政通APP"真正实现了群众办事线上"一网通办""最多跑一趟"。

5秒能做什么?"电子社保卡"给你答案。电子社保卡的普及大大降低了线下跑腿的时间成本,一部手机,几秒钟时间,便可以解决市民在就业、医疗、养老等方面的大部分问题。在"人力资源和社会保障部"展区墙上,实体社保卡到电子社保卡的更新迭代,不断给观众带来新意和惊喜。

在"智慧家居"展区,传统的家居注入数字科技的"灵魂"后已被重新定义,通过远程预约、一键联动等方式,便可满足个性化的智能家居服务。睁开双眼,智能窗帘自动缓缓拉开,房间的温湿度在智能暖通的调配下恰到好处,轻妙舒适的音乐从智能影音设备飘入耳畔,智能厨房做好的早饭已芳香扑鼻,刷脸出门后,美好的一天便从这里开始。来到"智慧生活"展区,这些智能交互场景都已成为现实。

快递物流是当今社会生活中不可或缺的一部分,"中国邮政"展区的"无人投递车"帮你解决了快递丢失、运输缓慢等一系列烦恼。据工作人员介绍,"无人投递车"运用无人驾驶技术和5G网络等高科技手段,在产业数字化大潮中逐渐融入人们的生活。

"中国邮政"展区的"无人投递车"

在福州,这是普通群众的日常,也是数字福州建设的缩影。

未来已来,科技力量带你畅游数字世界。

随着高新技术突飞猛进般的迭代,数字化智能化已走到时代的前沿,取得了众多成果,在越来越多的行业领域不断颠覆着人类的想象,将未来人类生活新模式、新场景展现在我们面前。本次展览会上,充满科技概念的数字街区已成为高精尖技术企业竞相亮相的舞台,吸引着众多观众驻足围观和拍摄。

在5G终端展示区,讲解员为小朋友戴上VR设备。点击开始后,小朋友在5G VR动感单车上伴随音乐开始尝试。单车前的屏幕里随即呈现出沉浸式场景,伴随蹬车进度条的快慢,场景不停切换,给原本枯燥的运动也增添了几分乐趣。许多家长和小朋友被这项"黑科技"吸引,纷纷排队体验。

因数字而变、因数字而兴。第四届数字中国建设峰会带我们提前领略在数字浪潮下不断涌现的新模式、新场景、新应用,"智慧""5G""人工智能"等高科技词汇生动诠释着数字生活的丰富内涵。然而,数字的力量绝不止步于此,未来会继续突破我们的想象,数字经济正以澎湃之势,蓄势中国高质量发展的新动能。

资料来源:"网信中国"微信公众号

本章小结

多媒体技术是在计算机技术不断发展过程中产生的,其具有声音、图片、文字、视频、图形等多种信息处理功能,被广泛应用于各个领域。会展行业数字化有其必要性和意义。科技含量、数字化程度将成为各城市展览馆软件条件中的核心竞争力。作为现代服务业的重要组成部分,中国会展业的运行状态和发展趋势不但与国家经济转型密切相关,更对国家经济的创新驱动转型有着重要意义,而信息化与数字化建设将是推动我国会展业深远变革发展的必由之路。

思考题

1. 简述多媒体技术的概念。
2. 简述多媒体技术的特点及应用。
3. 简述虚拟现实与混合现实的概念。
4. 简述虚拟现实与混合现实的联系。
5. 简述互动多媒体装置艺术的概念及优势。
6. 论述数字技术在我国会展传播中的应用困境及对策。

第六章

人工智能与会展信息化管理

 学习目标

- 了解人工智能基本概念和主要发展领域
- 了解当前人工智能应用现状和主要限制因素
- 了解人工智能技术在当前会展信息管理中的应用和潜在应用场景
- 了解能够对会展业转型产生影响的主要人工智能技术

第一节　人工智能技术概述

一、人工智能技术的基本概念

人们对人工智能(Artificial Intelligence，AI)的关注自 2016 年阿尔法围棋(AlphaGo)击败人类职业围棋世界冠军后出现了爆发式的增加。2017 年,中华人民共和国全国人民代表大会常务委员会就已经将一些与人工智能相关的立法项目纳入五年立法规划,在促进人工智能创新的同时,为其发展提供有力的法治保障。自此,人工智能在医疗、养老、教育、文化、体育等多个领域得到了迅猛的发展,其中也包括会展相关经济活动。越来越多的人工智能技术为会展业的升级和转型注入活力,并产生深远影响。会展经济活动形式和活动内容随着部分人工智能技术的逐渐成熟也在不断地发生变化。

（一）什么是人工智能?

"人工"即人为制造的,"智能"则是一系列人类认知能力的集合,其中包括从经验中学习并总结的能力,理性思考和进行逻辑判断的能力,记忆信息的能力,从而帮助人类应对生活中的各种需要和完成不同工作。

拉斐尔(Raphael)认为人工智能是让机器完成那些人类需要智能才能完成的工作的科学。在学科分类上,人工智能属于计算机科学的一个分支。这门新兴的技术科学通过开发机器的软件和硬件系统实现模拟和扩展人类智能的目的。

1. 人工智能的定义

"百度百科"这一中文信息收集平台根据"机器是否是通过推理而采取行为"和"是否具有自我认知"将人工智能分为"强人工智能"和"弱人工智能"。

强人工智能(BOTTOM-UP AI)是指让机器可以通过推理进行归因,从而能够解决问题。在此观念下,强人工智能被认为是有知觉和自我意识的,可以以人的方式或者和人不同的方式进行思考和推理。

弱人工智能(TOP-DOWN AI)是指让机器像人一样行动,虽然看起来像是智能的,但并不具备推理能力。这类人工智能并非拥有智能,也不存在自主意识。约翰·麦卡锡(JOHN MCCARTHY)在1956年提出的"让机器的行为看起来就象是人所表现出的智能行为一样"即是对弱人工智能的描述。

目前,对弱人工智能的研究获得了较大程度的发展,是目前人工智能研究的主要领域。

2. 人工智能的实现

人工智能大多是通过计算机实现智能的效果。其中一种方法就是使用传统的编程技术,通过人工智能语言规定程序的逻辑。计算机是根据程序的指令做出行动。然而,当条件发生变化时,计算机仍旧执行原本设计的程序指令,因此会导致结果出现偏差。此时,工程师就需要对程序进行修改或增加补丁。

人类的语言是无法直接被计算机接受的,需要计算机程序设计语言来为计算机编写程序从而实现人工智能。主流的人工智能语言有Python,JAVA,以及C/C++。解决问题的一系列计算机程序指令也被称为算法(Algorithm),能够对一定规范的输入在预设时间内获得所要求的输出。算法会因待解决的问题和运算原理的不同而极具差异。即使面临相同的问题,也存在不同的策略机制来解决问题,从而产生不同的算法。以行为分析算法为例,这是一种智能的图像处理算法,可以使机器通过学习和训练来识别和辨认事物,从而用于对目标物体的行为进行识别。又例如搜索算法,则是根据初始条件和扩展规则尽可能多地找出某一问题的部分或全部解。应对同一问题也可能有不同的算法,可以从时间复杂度和空间复杂度来评价不同算法的优劣。

不同算法的实现依赖于芯片的运行速度。除了人们通常认识的中央处理器(Central Processing Unit,CPU)外,人工智能还会使用到其他芯片,例如图形处理器(Graphic Processing Unit,GPU),又称显示芯片,是专门用于对图像和图形进行相关运算工作的微处理器。硬件的提升会使机器对数据的存储、处理和运算能力增强，但其本身并不会提升智能的程度，只有配备了合适的运算方式，才使机器有了智能化的可能。

另一种实现人工智能的方法是通过模拟人或生物反应的模式使机器智能化。例如人工神经网络系统（Artificial Neural Networks，简称ANN）就是模拟了人类或动物大脑中通过神经元上的兴奋模式分布存储信息和通过神经元之间同时相互作用处理信息的活动方式。此类智能系统最大的优点是具有从错误中学习和适应环境的能力，比前者更适用于应对复杂的情况和问题。

装备了神经网络处理器芯片（Neural Network Processing Unit，简称NPU）的监控摄像头因为具备了深度学习人工智能的嵌入式视频采集压缩编码系统，从而使其更利于处理视频、图像类的海量多媒体数据。

（二）人工智能技术

人工智能技术包含有计算机视觉、机器学习、自然语言处理、机器人技术、推荐引擎技术和生物识别技术等。

1. 计算机视觉技术

此类技术模拟了生物通过"看"获得信息和感知环境的方法。通过摄像机对目标事物进行识别、跟踪和拍摄，由计算机将拍摄的图像处理为可用于测量的多维数据，再从检测到的数据中获取有用的信息。算法决定了计算机会如何预处理图像，提取哪些特征，以及对提取的特征做怎样的分析。

2. 机器学习

机器学习是"研究计算机怎样模拟或实现人类的学习行为，以获取新的知识或技能，重新组织已有的知识结构使之不断改善自身的性能。"目前，机器学习越来越朝着智能数据分析的方向发展，着重于数据的深层分析和信息挖掘，尤其是要能够适应大数据环境下对各种复杂多样数据的存储、转化、分析和应用。通过处理和分析数据，机器从中发现事物的某些规律并归纳为模式。模式可以用以预测同类情况和应对同类问题。数据越多，模式也会被不断地调整和修正，其准确度和精确度也会得到提升。

3. 自然语言处理

自然语言即指人类使用的语言。自然语言处理是通过使用计算机对人类自然语言进行定量化的研究，使其具备和人类类似的对自然语言可读、理解和处理的能力。目的是实现人和计算机之间能够用自然语言进行有效通信。由于自然语言的文本和对话在不同语境和场景中存在着大量歧义或多义的情况，因此要使计算机能够理解和生成自然语言是十分困难的。然而互联网技术和机器学习为自然语言处理提供了大量语言数据和处理这些数据的有效方法。

4. 机器人技术

机器人的定义是:"机器人是一种自动化的机器,所不同的是这种机器具备一些与人或生物相似的智能能力,如感知能力、规划能力、动作能力和协同能力,是一种具有高度灵活性的自动化机器。"

机器人的发展经历了第一代示教再现型机器人和第二代感觉型机器人后,在20世纪90年代步入了第三代智能型机器人发展阶段。示教再现型机器人可反复做出相同的动作,但对动作的作用对象和作用结果没有感知,这一点在感觉型机器人发展阶段得到了改进。而智能型机器人则通过各种传感器实现了数据的实时获取,并通过各种复杂算法和机器学习将数据进行处理并做出对应的行为。近年来,随着算法等核心技术提升,机器人被大量应用于医疗、军事、教育行业,以及各类生产和生活活动,例如医疗机器人、家务机器人等。

5. 推荐引擎技术

推荐引擎技术是基于用户的行为,通过算法分析和处理,发现并不断更新用户特征和需求,从而做到主动将用户感兴趣的信息推送给用户的人工智能技术。

引擎推荐技术需要大量的数据做支撑。搜索引擎本身可以获得大量用户的搜索数据,所呈现出的效果就是网站会根据你以往的浏览页面和搜索过的关键字推送一些相关网页。除了类似Google这样的搜索引擎会使用推荐引擎技术外,还有今日头条这类推荐引擎产品。今日头条就是一款基于数据挖掘的个性化推荐引擎技术产品。它会根据用户多个维度的信息提取几十个到几百个高维特征并进行机器分类、摘要抽取、LDA主题分析、信息质量识别等处理,从而做到个性化推荐。

6. 生物识别技术

生物识别是指利用人体的生理特性和行为特征来进行个人身份鉴定。应用各类传感器提取人体的某些身体特性,并通过计算机将提取的特征转化成数字代码。数字代码将被存储为特征模板,为之后传感器提取的特征代码提供比对参照。由于每个人的指纹、脸、虹膜等生理特性都是不同的,而笔迹、声音、步态等也存在着极强的个体差异,因此常被用作进行生物识别。和借用体外物品进行身份识别相比,生物识别技术的优点在于更具防伪性和便捷性。随着声音、光学和生物传感器灵敏度和精确度的提升,生物识别技术的应用范围还将得到进一步扩展。

(三) 人工智能技术的应用

1. 人工智能产品发展现状

人工智能技术已经向多个领域发展,不仅是在军事和制造业,在医疗、教育、金融、甚至是衣食住行等涉及人类生活的各个方面都有所渗透。

表6-1列举了当前已经投入使用的人工智能产品。

表 6-1 已投入使用的人工智能产品

产品名称	主要特点	相关技术
今日头条	根据用户的社交行为、阅读行为、地理位置、职业、年龄等多个维度挖掘出用户兴趣,通过对人、环境和文章三者的特征匹配程度分析进行推荐	引擎推荐、机器学习
"道子"智能绘画系统	可以将现有素材与某一类艺术绘画风格融合,进而形成风格迁徙。需要海量作用积累形成的数据,无法实现人类审美、独立创作和灵感迸发	机器学习
小冰	包括核心对话引擎、多重交互感官、第三方内容的触发与第一方内容生成,和跨平台的部署解决方案。对数据进行深度挖掘和优化使用,在用户需要时把有用的信息提供给用户,提高信息传播效率,帮助用户解决问题	自然语言处理、计算机视觉、机器学习、人工智能内容生成等
智能穿戴	属于智能装备的一种,例如智能眼镜,智能手表和智能服装。通过对量化自我的身体数据(Quantified Self Ideology)进行个体特征和行为模式的识别,从而实现信息交互	生物识别技术、机器学习
Rocycle、FANUC	垃圾分类和回收机器人。使用三维度触觉作为检验材料的方法,即通过扫描尺寸和压力传感测量材料刚度并判断材料种类以完成垃圾分类,再通过机械手分拣和回收垃圾	计算机视觉、生物识别技术、机器人技术
京东"小黄人"物流机器人	能自动识别快递面单信息,自动完成包裹的扫码及称重,以最优线路完成货品的分拣和投递,还能自动排队、充电	惯性导航、计算机视觉和二维码技术、机器人技术
诸葛智享	京东智慧供应链开放平台。提供商家实现存货布局、库存健康诊断和建议、智能调拨、智能补货及滞销处理等全供应链管控,实现最优库存租用、库存最低、现货最高以及极速履约,提升商家供应链管理能力	机器学习
达芬奇手术机器人	智慧医疗机器人。有三个组成部分:外科医生控制台、床旁机械臂系统、成像系统。以腹腔镜和微创的方法实施复杂的外科手术	计算机视觉、机器人
AI 谣言粉碎机	将需要识别的文本与数据库进行对比,分析谣言特征与非谣言特征,从而判定文本的可信度;对机器进行数据练习后再次识别	机器学习、人工智能内容生成
智能翻译	具有同传翻译功能,可通过数据训练学习不同地区人们对语言表达和发音的特点,并加以识别和语音输出	语音识别、机器学习、自然语言处理等

多种不同的人工智能产品通过互联网技术相互连接和融合,可以极大地提升资源共享的效率,不但能够实现制造业赋能、提升生产力,也为人们带来更深入和便捷的智能化用户体验,提升人们的幸福感和满足感。

资料链接 6-1

真如镇街道按下数字化转型"快进键",加速推动"智慧社区"建设

12 小时用水不足 $0.01 m^3$,12 小时检测不到家里有人走动,48 小时没有大门的出入记录,系统将自动报警,居委会干部第一时间上门……"门磁检测报警""烟感探测""人体红外感应""智慧水流量检测""紧急求助按钮""无感门磁"等,这些听起来科技范儿十足的智慧设备正走进越来越多的真如居民家中,为居家安全保驾护航。

近日,一场名为"美好到家'智'造幸福"的区域化党建共建活动在真如镇街道举行,现场向居民展示了不少智慧设备的同时,也展现了智慧社区的美好蓝图,其中,新年首秀的独居老人"智慧六件"吸引了众多居民的眼球。别看 6 个感应设备体积不大,功能却十分强大。从防范意外到日常检测,设备在自动收集数据的同时,能进行综合分析并预警,大大提升了独居老人生活的安全性、便捷性。

72 岁的郑阿姨是真如镇街道首批尝鲜"智慧六件"的独居老人,6 个感应设备安装在床头、客厅、卫生间、电表箱、水表箱里,就像一个个居家小卫士,让老人的居家安全有了全方位智慧保障。设备还与街道网格中心"一网统管"平台相连,如若监测到异常数据,会发预警消息至所在居委会,由居委会上门查看并在系统中上传查看记录。

"关爱提醒:真北五居委真北三小区大渡河路 1927 弄某单元某室黄某某 48 小时未有出入记录,请核实。"这条警报是从独居老人黄阿姨家发出的。今年 1 月寒潮来袭,她一连 48 小时没出家门,门磁就发出警报。真北五居民区党总支书记吴勇强在上门确认黄阿姨一切正常,用手机进行回复后,"一网统管"平台的报警系统解除,完成闭环式操作。

据真如街道相关负责同志介绍,未来在真如,智慧社区还将有更多应用场景,希望通过智慧社区建设,实现社区治理在居民生活中的数字化转型,通过智能终端设备的建设,通过"一网统管"后台的管理,通过社工第一时间的处置服务,全面推动整个辖区居民生活品质的提升。

资料来源:https://article.xuexi.cn

2. 人工智能与互联网和大数据

人工智能搭配互联网 5G 技术、大数据和云计算的使用对人们的生活和工作方式产生了极大的影响。5G技术能够使得海量数据畅通无阻地通过互联网传输到云端,由CPU、各类存储设备和网络资源组成的具有超强算力的云计算对数据进行智能识别,从而使得机器可以快速地对大量数据进行分类和筛选。人工智能生态系统逐渐向控制中心发展,各项硬件和软件系统在云平台进行深化整合。

在新冠肺炎疫情常态化的情况下,会展业也借助健康码以应对防疫需要,规避病毒在会展活动场所传播的风险。而健康码就是依托大数据,根据人们所在位置、消费经历、交通出行等各种数据分析得来。而这些数据则是通过人们使用移动互联网实时上传云端的。对于规模较大的会展活动,对入场观众采用人工测温的方式显然需要组办方投入大量人力。然而,在活动场所的入口进行人工测温可能会因为测温速度较低而导致入口处一定时间内出现人员聚集,不利于疫情防控,也会提高其他风险发生的概率。在此情况下,利用人工智能人脸识别技术和热成像监控仪器可以实现机器自动监测体温并现场反馈,这就使得活动组办方可以对入场观众进行快速监测而不导致人员流动迟滞。

而为了降低会展企业员工在日常办公及会展活动前期组织筹办时各项目部门和成员因工作需要而密切接触导致的传疫风险,借助云计算的各种服务软件大大提高了远程办公的可行性。

3. 限制人工智能技术应用的主要因素

因素一,存在技术壁垒。使用人工智能技术的门槛较高。人工智能的应用涉及多个学科,除了计算机领域外,还可能包含生物学、语言学等多个学科领域。人工智能工程师需要通过选择合适模型、设计合理参数、编写程序等实现人工智能的应用。这就导致一定数量非计算机领域的从业人员很难将人工智能技术应用于实际工作。

因素二,算法低效。现有的人工智能算法效率低,低质量的算法不仅会延迟反应和决策的速度,也会导致计算所得结果的正确性和可靠性降低。

因素三,低质数据降低机器学习效率。现有的人工智能技术非常依赖数据的质量和数量,较低质量和数量的数据可能导致计算结果出现偏差。

因素四,人工智能技术的应用在一定情况下不符合成本效益原则。一方面,人工智能设备高昂的采购和运维成本限制了其应用范畴。另一方面,不论是获取高水平的人工智能工程师和算法,还是足够的计算机运算能力,亦或是高质量和数量的数据,都存在一定的成本。虽然人工智能能够快速稳定地得出准确率较高的结果,从成本收益的角度来看,传统由从业人员根据丰富经验得出结论的做法,即使存在误差也因其较低的成本支出而更具优势。

因素五,人工智能技术迭代和种类更新过快。企业和公众对新知识、新技术从了解到熟悉,从接受再到熟练应用是需要一定时间的。部分人工智能技术和服务被企业采用后还未能有足够的时间来验证其有效性和稳定性。当市场上存在多个以满足相同应用需要而设计的智能化解决方案时,企业并不能确定它们哪一种会成为所处行业未来使用的主流技术,尤其是那些受限于行业标准的服务性行业。一旦某些企业率先在引进人工智能技术后,根据所引进的技术特征建立了新的行业标准,那些采用其他人工智能技术的企业可能会面临无法完全实现新行业标准的风险。而技术的迭代可能导致企业在前期投入较高经费购置的人工智能设备成为了"过时"的鸡肋。因此,部分企业抱着等待和观望的态度,在技术规范和新行业标准还未形成之前选择放缓智能化的速度。

第二节　人工智能在会展信息管理中的应用

一、人工智能在会展领域的初步应用

当前会展行业的人工智能技术和设备应用仍旧处于初级阶段。一部分的人工智能应用是为了赚取眼球和提升会展活动品牌形象,以营造自身有能力和实力参与高科技展览技术的建设和开发,且对会展行业中人工智能主流技术应用具有引导地位的表象。另一部分人工智能应用是以智能设备代替原本的人工服务或对原本的设备进行更新升级,在实现观众体验多维化、人性化和现场保障系统化发展的同时,降低运营费用或提升原本的服务效果和管理效率。

1. 智慧场馆

智慧场馆可以被视为初级阶段人工智能应用的综合展现。信息网络是会展场馆智能化的核心,与建筑设备管理系统、安防系统一同构成了会展中心智能化系统的主体。场馆配备有大量现代化设备,如空调设备、供电照明设备、给排水设备、电梯设备、消防设备等,数量多且布局分散,需要专门的系统统一管理。安防系统涵盖了门禁、视频监控、入侵警报、电子巡更、停车管理这五个方面。

2. 初级阶段的人工智能应用供应商

初级阶段的人工智能应用供应商主要通过向会展活动主办方提供配套服务以改善会展业务质量,其提供的服务内容包括大型活动组织服务、会议及展览展示服务、公共关系服务、数据处理及存储服务、应用软件服务、网络工程等。其中部分业务内容涉及了人工智能技术的应用和相关智能设备的提供。此类供应商也有提供商务信息咨询类的服务,并涉及使用智能算法分析数据以提供决策所需信息。相关数据或由主办方提供,或是通过调研活动收集获取。前者难以保障数据质量,后者需要更多资源的投入。

3. 人工智能在会展业务中的具体应用

电子签到和电子索引座次：应用二维码识别技术，每位参观者或参会人员的信息对应一张二维码，当电子扫码枪扫描二维码时便能确认对方的身份，并将前来签到的人员信息录入系统。系统及时反映参会嘉宾人数及相关信息的同时也可根据实际需要向工作人员或来宾显示其它信息。例如，对于会议的参会人员，系统可以及时显示其座位信息，提高工作人员引导入座的效率；而对于展览或其它活动，扫码后可即时显示所持入场券种类，便于那些对门票实行价格分级或区别服务种类的组办方向观众提供对应的服务类别。

人工智能安防预警分析系统：应用计算机视觉对人脸、指纹、文字、图案等进行识别，从而确认观众的身份，可被应用于会展活动的门禁系统，提升人员签到速度。第十四届中国会展经济国际合作论坛和第二届中国国际进口博览会先后在2018年和2019年采用了"人脸识别"登记系统。计算机视觉还可以用于监测危险物品，例如刀具和易燃物；视频监控可用于会展活动现场的观众人数、客流统计、事件监控，防止踩踏和提升观众空间舒适度。

会展场馆导航系统：会展场馆室内导航是智慧建筑的一部分，主要应用位置感知技术并在此基础上发展出了智能导览系统。智能手机即可搜索展品的智能终端，通过点击展位或展品，观众即可获得由当前位置前往该展位或展品的最佳路线。

互动营销：同样使用位置感知技术和定位系统的还有会展互动营销。根据观众所在位置信息联合周边展台和合作商户推送相关商品信息。

智能讲解服务：通过传感器捕捉到观众的某些特定行为，例如到达展品附近或触发感应装置以获得自动讲解服务。如果进一步融入推荐引擎和自然语言处理技术，则可做到根据观众兴趣选择或自动生成解说词，并以观众偏好的声音对展品进行说明和讲解。

多媒体信息发布系统：利用数字媒体控制系统并集合多种显示终端，将广告、咨询、服务通知、应急指挥等多种信息传递给观众。

智能会议系统：以中央控制系统协调运行多媒体播放、远程视频会议、视像跟踪和网络接入等，除了实现对会议的智能化管理外，提升了会议的展示效果、过程衔接的精确度、远程和现场交流的流畅度。

迎宾智能机器人：此类智能机器人往往会被安置在会场入口、不同展区的交界处、停车场等位置，它们会亲切问候观众，也能够通过人机对话引导来访人员到指定区域办理事务或进入预设的路线以排除因拥堵而造成的安全隐患。同时，它能帮助主办方实时了解所在地区的人员情况，及时提供科学合理的服务和维护展馆秩序。

场馆仪器人机交互系统：实现会展活动现场工作人员与场馆内仪器设备的实时交互。例如，人工智能可以对场馆温度、湿度、二氧化碳浓度、以及是否存在火情进行监测，所得数据结合人流数量和分布情况进行算法分析，并根据分析结果决定是否向控制室发送调节要求,以及需要如何调节。控制室可以派遣工作人员前往设备所在位置进行调节或进行相关操作,或直接发送指令到设备控制装置进行自动调节。

物联网交互系统:以虚拟现实(VR)和二维码技术为基础的物联网交互系统可以通过虚拟现实设备将虚拟和现实连接,以实现多场景、远距离的实时交流互动,从而增强用户的互动体验。二维码也可用于展览和会议资料的分享,通过网页或微信小程序实现随时读取和下载的效果。

二、决策支持系统

人工智能在会展行业中更高层次的应用体现在对会展活动各阶段的决策支持,并能在一定程度上改变原本的运营和操作流程,赋予会展企业业务拓展、经营模式革新和产业升级的能力。

决策问题可以根据使用程序化语言进行描述的程度分为结构化问题和非结构化问题。前者可以用数学、逻辑、定量等方式加以描述,结合计算机模型和数据即能提供对应的决策方案。而后者无法用某种方式加以描述。能够凭借经验或直觉做出判断的问题即为非结构化问题,计算机反而因为即有信息无法量化而难以处理。半结构化问题处于两者之间。人机交互则能够为决策者提供相应的备选方案。

1. 专家系统

专家系统是根据定性分析帮助决策的支持系统,它模拟了人类专家的决策过程,使得计算机由数据处理上升到了知识处理的范畴。专家的知识,特别是不精确的经验知识,经过人工智能推理得出辅助决策的结论。专家系统的核心是知识库和推理机。工程师需要将专家的知识翻译和整理成专家系统需要的知识,而知识一般需要经过推理才能用于解决实际问题。专家系统采用多种知识表示和推理方法,例如模糊逻辑、神经网络、遗传算法等。而专家系统解决问题的能力也会因支持库内容而受到限制。

2. 提供决策支持服务的会展人工智能供应商

此类人工智能供应商依托于互联网电商平台,自身拥有大量的商户和客户数据资源,在充分了解会展活动主办方需求的基础上,通过智能算法帮助主办方在获取更多客流的同时实现精准营销。阿里集团会展部(杭州阿里会展有限公司)即为此类会展服务供应商,主要提供相关商务服务,为综合类展会提供支持。与初级阶段的人工智能应用供应商相比,此类供应商由于自身的电子商务平台可以提供更多种类和更高质量的数据,因此能够以更低的成本为训练人工智能算法提供高质量的数据,进而提升企业科学决策的效率。

三、应用人工智能存在的潜在问题

人工智能在提升了信息系统管理和决策效率的同时也加剧和激化了一些商业伦理问题。商业伦理是作为自由道德主体的个人可依照商业伦理原则做出自己行为的选择,并对自己的行为后果负责。在使用互联网和电子商务的过程中,人工智能技术使信息更容易被汇总、集成和发布,由此产生了关于如何正确地使用用户信息、保护个人隐私和保护知识产权的忧虑。

会展信息系统主要涉及三个方面的商业伦理问题:信息的权利和义务,系统质量,生存质量。

1. 侵犯隐私和个人信息保护问题

会展企业对于企业内部产生的信息和会展活动的相关信息拥有所有权,企业可以决定是否以及如何使用和发布这些信息。与此同时,会展企业也有义务公布某些特定的信息,或与政府和社会中其他的一些部门和机构共享某些信息。例如,为了防疫需要,公共卫生监管部门会要求企业在活动场馆内人员达到一定数量时及时汇报。

隐私是个人不愿意被他人知晓的信息,个人享有隐私权,受法律保护不受侵犯。然而,信息是通过互联网传输的,因此每个连接过的计算机系统都会产生记录,并可以获取和存储所传输的信息。智能手机上诸多 APP 软件也可能在后台收取用户信息并通过移动互联网传输到某个计算机系统。2020 年 3 月 3 日工业和信息化部官网发布了下架 10 款侵害用户权益且在期限内未按照要求完成整改的 APP 的公告,重点整治违规处理用户信息、设置障碍频繁骚扰用户等方面的问题。

因此,企业和个人都需要面临内部信息或个人隐私被侵犯的问题。人工智能为企业提供了可以更有效地提升会展活动推广效果,实现精准营销和提升会展产品质量的技术和服务支持。但是,不论企业是自主开发智慧会展系统,还是向第三方购买人工智能服务,都需要注意避免侵犯客户和观众的个人隐私和保护个人信息。

"人脸识别第一案" 个人信息保护诸多难题待解

2019 年 10 月 17 日,购买了杭州野生动物世界年卡的郭兵收到了园方发给他的"指纹识别入园方式升级为人脸识别"的短信。有着法学专业背景的他,对人脸等生物敏感信息尤其关注。

10月26日，郭兵来到杭州野生动物世界。在和工作人员交涉时，他发现门检员正用手机为游客"刷脸"，而非专业人脸识别设备。这使郭兵对园方的个人信息安全保障产生不安的感觉："万一因员工安全意识不高或有不法想法，致使我的人脸信息泄漏怎么办？"最终，在协商退卡无果后，他选择了诉讼的方式。

11月20日，浙江省杭州市富阳区人民法院的一审宣判结果是："判决杭州野生动物世界删除原告郭兵相关面部信息，并赔偿郭兵合同利益损失及交通费共计1 038元……"。

一审中，郭兵提出的要求判定杭州野生动物世界指纹识别、人脸识别相关格式条款内容无效的4项诉讼请求，均未得到法院支持。一审法院根据《消费者权益保护法》第29条规定认定，杭州野生动物世界以甄别用户身份、提高用户入园效率为目的使用指纹识别具有合法性。照此推定，人脸识别格式条款也是合法有效的。这相当于默认了野生动物世界'刷脸'要求的合法性。

郭兵认为，法院未解释杭州野生动物世界强制消费者使用单一方式入园的"霸王条款"不符合"合法、正当、必要"原则，"如果依据手机号和姓名完全可以认定入园者的身份，指纹识别和人脸识别就不具备必要性。"

一审法院并未对人脸识别技术的使用界限、面部特征信息的处理规范等核心问题进行讨论，这与人脸识别技术的特殊性、面部特征信息的高敏感性以及《中华人民共和国个人信息保护法》(以下简称《个人信息保护法》)的立法走向并不符合。因此，郭兵选择了再次上诉。

令人欣慰的是，面部特征信息处理的限制性规定在行业内部规范和地方性立法已有所体现。2020年11月，公安部第一研究所牵头编制的《信息安全技术 远程人脸识别系统技术要求》实施，对远程人脸识别系统中的关键环节制定了参考标准。日前，工信部也要求APP在收集用户图片、人脸等个人信息时要遵循"最小必要化"原则。杭州在全国率先启动了人脸识别禁止性条款的地方立法——《杭州市物业管理条例(修订草案)》，明确了小区物业不得强制进行人脸识别。于2021年1月1日实施的《天津市社会信用条例》，规定了企事业单位、行业协会、商会禁止采集人脸、指纹、声音等生物识别信息。

资料来源：https://www.chinacourt.org

很多企业在会展活动的门禁系统中也引入了人脸识别技术。中国国际进口博览会就是使用了人脸识别，从而提高了观众入场身份确认的效率。观众并未对自身的面部生物信息如何使用和是否会被泄露等信息安全问题产生疑问。这主要是因为中国国际进口博览会为政府主导的大型展览活动,由公安部门负责观众面部信息的核实和保存,观众对自身信息不会被泄露和滥用具有较高的信心。然而,公众对私人主办者是否存在保护个人信息的内、外在约束和技术能力存有疑虑。而个人生物特征信息的安全性和保密性也引起了大众的关注。当个人生物特征信息与机器学习技术和自然语言处理技术结合后,是否会使得机器具有了模仿并伪造个人生物特征的能力?由此引发了一系列的争议。可见,在立法上对个人生物特征信息的应用和处置权进行规范是必要且迫切的。在未有清晰的法律规定和技术防范的情况下,会展企业对个人生物信息的采集和使用存在一定风险。

2. 人工智能服务质量问题

采用人工智能技术的信息系统仍旧会面临来自软件瑕疵、硬件故障和劣质数据的问题。明确了价值和用途的数据才能帮助企业提供精准的会展服务,加强与客户和服务供应商的粘合度,促进会展品牌的推广。比如通过对参观者进行满意度调查以获得其对展会的偏好和服务质量的改进意见;通过对参展商展品的种类和数量、展览效果和参观者观展行为数据的收集以预测未来展会的主题和内容,搜索相关的媒体报道数据为选择推广和营销的内容、形式和渠道提供帮助。

然而,部分会展企业虽然认识到了数据和数据分析能力对提高综合管理、展会策划和运营等方面竞争力的重要性,但却并未建立数据质量的清晰概念,缺乏对会展活动数据和行业数据进行有针对性的采集和积累。在没有明确使用目的的情况下所收集和储存的数据,虽量多却质不高,对机器学习和算法训练的帮助也有限。会展活动所产生的大量数据也存在一定比重的劣质数据,对企业利用人工智能掌握关于生产、运营和行业趋势等重要信息的作用有限。

对应上述人工智能服务质量问题,会展信息系统管理者需要建立相应的问责机制以处理因此类问题而导致的损失。

3. 人工智能引致的会展从业者生存质量问题

人工智能技术大大提升了信息系统的效率,而相关的信息技术可能会改变文化和社会的价值观,产生负面的影响,从而损害个人、组织和社会的利益。例如,信息集中产生了数字寡头和互联网巨头;生产效率提升加速并激化了市场竞争和企业退出;在线办公改变了原本的工作模式,模糊了工作界限,延长了工作时间;因对计算机信息系统过分依赖而增加了企业生产和管理的脆弱性;部分人工智能技术可能导致犯罪活动形式复杂化,增加防范难度;应用信息系统的创新和人才资本的积累在帮助企业结构重组或工作流程再造的同时也导致更多工作岗位的流失。上述因应用人工智能而导致的问题也同样发生在会展行业的从业人员身上,并连带影响到了会展专业的人才培养。设立会展专业的各类教育机构不得不加速改进教学内容和教学模式以帮助学生适应因人工智能应用而改变的从业环境。毫无疑问,数据分析和人工智能在会展领域应用能力的培养将会成为教学改革中的重点。

第三节　人工智能促进会展业转型发展

一、会展业务智能化升级

1. 展商推广服务个性化发展

定制的推广服务包括新闻发布、产品推介、商业活动及相关仪式等。展商个性化推广服务体现在推广内容的个性化定制和推广信息分发的个性化。

人工智能的数据挖掘与分析技术能够非常有效地了解用户兴趣与需求，根据用户的点击和停留在某条信息上的时间长短评估和优化自己发布的广告、新闻、软文和推送，在内容适配、优化和个性化创造等方面帮助会展企业提高信息发布的速度和广度。从新信息的监测速度到控制新闻的开发成本，再到稿件的编撰效率都有较大程度的提升。目前在新闻行业中被使用的自动写作的软件有 Word-smith，Quill 和腾讯的 Dream-writer，主要采用了自然语言处理（NLP）技术。这些人工智能应用降低了会展企业和展商推广文案的人工投入和制作时间，能够通过数据和算法选择最佳的写作方式和文字风格，从而提升推文的质量和时效性。

推广信息如何分发取决于推广信息使用者接受、选择信息时的偏好和个人习惯。采用用户算法模型的个性化推荐，在算法主导下显示、过滤、突出和传播推广信息的方式，不但提升了客户和推广信息的契合度，使之更容易为客户所接受，也可以在一定程度上对客户关注的议题和信息内容产生引导作用。

2. 流程管理智能化发展

传统会展业务中，依靠工作团队的合作和从业人员的职业能力实现工作协调及落实，会展活动的形式、规模和参与者组成的复杂程度直接决定了其工作流程的管理难度。

流程管理智能化发展属于人工智能在会展领域更高阶段的应用，使会展活动组办方可以同时对整个会场、展馆、观众和参会人员所产生的的数据信息进行快速、稳定的处理，分析得出信息以帮助监控展区、会场、人流量和安保等。除了前文提及的智能签到、数字化导览和人脸识别，人工智能技术还可以在点餐、客服和支付等方面实现智能化升级。不同的人工智能技术根据实际应用场景需要被融合在一起，帮助简化了各项流程的管理难度。以大宁路街道新引进的"健康码人脸识别测温"智能一体机为例。该机器具有人脸精准测温、快速识别验证国家政务平台健康码(14 天行程检验)、可视化数据展示、语音提示等功能。人们只需在识别区刷身份证或随申码,屏幕上就会显示出相应的体温、身份信息和健康码状态,并同时通过语音播报提示健康码状态及体温度数。整个过程仅需几秒钟,既省去手机操作的麻烦,又缩短了核验时间。

更为智能的流程管理也能帮助会展企业拓展受众群体,吸引更多的人参与活动。以浙江省文化和旅游厅联合浙江省人力资源和社会保障厅推进的"文旅壹卡通"微信小程序为例。为了能够打破地域限制和实现全新"智能+"参观体验,"文旅壹卡通"系统将社保卡与身份证聚合,在对全国健康码校验的基础上打造了凭刷市民卡、社保卡入馆入园的快速通道。这切实解决老年人和儿童运用智能技术困难群体的实际问题,同时也使会展活动流程更为简便和快捷。

流程管理智能化发展使组办方有能力组织和运营更大规模和更高复杂程度的会展活动,并应对随之产生的各种需求和风险;对各流程环节的管理和决策效率也相应提升。这对于会展企业业务拓展的可行性起着决定性的作用。

二、会展产品智能化转型

1. 人工智能促使会展行业出现颠覆性创新

技术演化、组织变革和环境变化等因素会对颠覆性创新产生重要影响。其中,技术演化主要体现在技术跃迁。"技术跃迁是指通过转换技术轨道、提供新的功能属性来满足用户期望或改变市场标准"。人工智能技术正在以不同的形式渗透到会展业务中,改变了人们对会展服务的预期,进而使得服务标准也"水涨船高"。组织变革的主要体现是企业功能的拓展,是通过与外部组织的合作达到改变业务流程的效果。会展企业工作流程管理的智能化发展也为企业拓展了组织功能和价值创造方式。而近年来会展企业与产业链上下游企业、跨界合作伙伴甚至竞争对手的紧密连接,也在完善和整合会展整体产业链的同时拓展了更多的价值增值空间。外部变化可能是来自商业和行业的环境变化,也可能是来自市场的需求变化。这些变化为颠覆性创新创造了机遇,也为颠覆性创新确定了基调和发展方向。此外,外部适应对于颠覆性创新的形成和实际效用也具有反向引导作用。

2020 年以前,会展行业和学界中虽然存在一些对于线上展览和云会展的各种探讨和展望,部分展览公司也已经开始对线上和线下展览融合模式进行了尝试,但这些探索基本上是由信息和人工智能技术跃迁而引发的。会展企业已经认识到了新技术给整个行业可能带来的冲击,以及企业自身从这些新技术中获得竞争优势的可能。然而,新冠肺炎疫情却迫使整个会展行业开始思索将线下产品和业务转至线上的可行性,以及其具体操作方式。会展企业开始着眼于利用人工智能技术寻求解决方案。这一外界变化也大大提高了参展商和观众对线上或云展览的接受程度,从而加速了会展行业智能化发展。

当在技术跃迁和外界环境变化都已满足了颠覆性创新的要求时,会展产品智能化转型便成为了必然的结果。

2. 线上会展

线上展览的主要形式包括线上展示和线上互动,实现展商品牌及产品展示的功能和商务洽谈、互动交流的功能。为了达到展商宣传和推广效果,帮助促成交易,线上展览服务也包含引流服务,将公域和它域(平台、媒体渠道、合作伙伴等)流量引致私域,并利用电商平台数据、搜索引擎数据等提升供需匹配和交易效率。

线上会议通常提供会前、会中、会后全流程管理体系,保证在线上完成全球展示、访问、邀约、支付、接待、签到、证件、通知等会议活动业务,实现线上、线下数据同步,保证数据独立和私有。

线上活动需要实现活动管理、数字营销工具、视频直播、会后问卷调查、数据分析等活动必备功能。为企业搭建线上活动数字化营销和管理的线上平台,帮助会展企业做到持续地连接客户、了解用户需求和有效地营销推广企业产品与服务。

线上会展活动具有活动成本低、时间长;管理流程一体化;活动内容多元化;会展服务中心化;信息集中处理和数据可视化发展的特点。线上展对数据存储和数据处理有较高的要求,而人工智能技术在其中的应用大多集中在引流和虚拟展示。在未来,机器学习和算法提升或许有望为线上会展的数据挖掘和处理提供助力。

广交会网上办"线上会展"时代来临

借助互联网、大数据、云平台等新兴互联网技术,国内展会行业正缓慢复苏,而迎面而来的是一个全新的"线上会展"时代,各地正加紧推动会展行业数字化、智慧化、平台化转型,与此同时,"线上+线下"双向融合的会展模式将成未来大势所趋。

第127届中国进出口商品交易会(下称"广交会")于2020年6月15—24日在网上举办,为期10天。这是63年来广交会首次在线上举行。做为中国外贸第一促进平台,广交会是中国对外开放的窗口、缩影和标志。

商务部表示,在网上举办广交会是积极应对新冠肺炎疫情影响,努力稳住外贸外资基本盘的创新举措,有利于帮助外贸企业拿订单、保市场,更好地发挥广交会全方位对外开放平台的作用。

> 　　网上广交会的举行,背后技术支持是重点。据悉,腾讯为第127届广交会技术服务商,将全程为广交会网上举办提供整体技术支持、平台研发服务与云资源支持,让中外客商足不出户下订单、做生意。
>
> 　　疫情给整个中国会展业带来了巨大的冲击和影响。根据中国会展经济研究会发布的《关于会展业应对新冠疫情的调研报告》,业内专家测算今年2月—4月受疫情影响的境内展会近3 500场,涉及展出面积5 000万平方米,产值2 000亿元以上,出境展受影响程度更为严重。若5、6月份不能有序恢复举办会展活动,情况将更加恶化。
>
> 　　在此情况下,商务部办公厅于2020年4月13日印发的《关于创新展会服务模式,培育展览业发展新动能有关工作的通知》指出,要积极打造线上展会新平台,推进展会业态创新,积极引导、动员和扶持企业举办线上展会,充分运用5G、VR/AR、大数据等现代信息技术手段,举办"云展览",开展"云展示"、"云对接"、"云洽谈"、"云签约",提升展示、宣传、洽谈等效果。
>
> 　　疫情期间,一方面企业加大了探索步伐,"线上+线下"融合观展、VR探馆、VR开会等智慧应用纷纷落地。另一方面,深圳已在全国率先上线数字外展服务平台,以协助有需求的境外展单位提前做好新冠肺炎疫情缓解和根本好转后的国际市场拓展,提振外展外贸。平台包括数字资讯、数字展示、数字撮合、大数据挖掘、数字公共服务等内容。企业登录后,只要在"企业入驻"栏目下注册外展单位,上传企业信息、产品信息等,就可以建立数字展厅中的"企业展厅"。该系统还通过大数据对供需企业进行推送配对,帮助企业在危机和挑战中寻找更有利的发展机遇。
>
> 　　未来随着疫情结束,线上线下齐头并进成大势所趋,会展有望逐渐过渡至线上+线下相结合的办展模式。
>
> 资料来源:https://baijiahao.baidu.com/s?id=16644233969889951698&wfr=spider&for=pc

3. 会展产品定位转变

会展活动中对数据的获取和使用的主体不单是参展企业和专业观众,主办方凭借自身优势逐渐转变为数据汇聚的中心。通过分析和挖掘会展活动过程中产生的大量数据资源,会展组办方具备了为展商和其他客户提供商业资讯、行业或市场研究报告等服务。导致此类转变的可能原因包括:

(1) 会展活动规模涵盖整个行业和相关产业;

(2) 会展组办方更容易获得低成本、高质量的数据,且数据涵盖整个行业和相关产业;

(3) 会展组办方对数据的获取和分析相对客观;

(4) 数据分析和挖掘技术的应用渐渐涉及更多的行业和领域。

 **本章小结**

　　人工智能技术正在以空前的速度发展,硬件技术和算法的快速迭代一定程度上超越了社会公众的常规认知。伴随着人工技术应用升级的是移动互联网、大数据和5G技术的快速革新,创造出了多样的人工技术应用场景和潜在的应用可能。会展产业是服务性产业,既需要为不同类型的客户群体提供高质量服务,也需要与同样复杂多样的供应商群体沟通交流。人工智能技术在提升服务质量和丰富服务场景方面具有创新性突破。目前,诸多会展业务活动中开始尝试应用人工智能技术以提升经营和管理效率,在优化会展企业信息管理活动的同时促进企业的有效决策。

 **思考题**

1. 简述人工智能技术种类。
2. 简述人工智能与大数据之间的关系。
3. 举例说明还未应用于会展活动的人工智能技术。
4. 促进人工智能技术在会展活动中应用的因素有哪些?
5. 举例说明哪些会展业务可借助人工智能技术得到提升。
6. 人工智能如何影响会展企业信息管理和有效决策?

第七章

大数据与会展信息化管理

学习目标

- 理解大数据技术的概念
- 熟悉大数据技术的信息生态圈
- 掌握大数据平台在会展信息管理中的应用

第一节 大数据技术概述

自从 1998 年《大数据的处理程序》一文首次提及"大数据"一词,尤其是维克托·迈尔·舍恩伯格编写的《大数据时代:生活、工作与思维的大变革》一书出版以后,"大数据""大数据时代""大数据分析""大数据技术"等词语逐渐成为普通民众争相谈论的高频热点话题,这也说明"大数据"已经全面、深度地融入了当代人类社会的政治、经济与文化的各个方面,大数据时代已然到来。

大数据时代所引发的社会变革是系统性、全方位与深层次的,其对人类社会的影响是革命性的,传统会计体系也深受其影响,大数据是每个人的大数据。人们上网、玩游戏、打电话、旅行……,不断地在产生数据,而这些数据逐渐被重视。

破解数据交易难题,让数据为发展所用

为贯彻落实国家大数据战略,加快培育数据要素市场,促进数据流通交易,助力城市数字化转型,2021 年 11 月 25 日,上海数据交易所揭牌成立仪式在沪举行并达成了部分首单交易。

　　此次上海数据交易所的成立是贯彻落实中央文件《中共中央　国务院关于支持浦东新区高水平改革开放打造社会主义现代化建设引领区的意见》的生动实践，是推动数据要素流通、释放数字红利、促进数字经济发展的重要举措，是全面推进上海城市数字化转型工作、打造"国际数字之都"的应有之义，也将有望成为引领全国数据要素市场发展的"上海模式"。

　　上海数据交易所的设立，重点是聚焦确权难、定价难、互信难、入场难、监管难等关键共性难题，形成系列创新安排。

　　一是全国首发数商体系，全新构建"数商"新业态，涵盖数据交易主体、数据合规咨询、质量评估、资产评估、交付等多领域，培育和规范新主体，构筑更加繁荣的流通交易生态。二是全国首发数据交易配套制度，率先针对数据交易全过程提供一系列制度规范，涵盖从数据交易所、数据交易主体到数据交易生态体系的各类办法、规范、指引及标准，确立了"不合规不挂牌，无场景不交易"的基本原则，让数据流通交易有规可循、有章可依。三是全国首发全数字化数据交易系统，上线新一代智能数据交易系统，保障数据交易全时挂牌、全域交易、全程可溯。四是全国首发数据产品登记凭证，首次通过数据产品登记凭证与数据交易凭证的发放，实现一数一码，可登记、可统计、可普查。五是全国首发数据产品说明书，以数据产品说明书的形式使数据可阅读，将抽象数据变为具象产品。

　　上海数据交易所成立当日完成挂牌20个，涉及金融、交通、通信等八大类，达成了部分首单交易，包括工商银行和上海电力达成交易的"企业电智绘"数据产品。其中，"企业电智绘"数据产品将发挥电力大数据覆盖面广、实时性强、准确度高的优点，助力商业银行依托能源数据创新面向企业的金融产品和服务。

　　资料来源：https://www.xuexi.cn（作者有所删减）

　　数据是对客观事物的性质、状态以及相互关系等进行记载的物理符号，是可识别的，抽象的。数据和信息是两个不同的概念，信息是较为宏观的概念，它由数据的有序排列组合而成，传达给读者某种概念方法等。而数据则是构成信息的基本单位，离散的数据没有任何实用价值。

　　数据有很多种类型，比如数字、文字、图像、声音等。随着人类社会信息化进程的加快，在我们日常生产和生活中每天都在不断产生大量的数据。数据已经渗透到当今每一个领域，成为重要的生产要素。对企业而言，从创新到所有决策，产生大量数据推动着企业的发展，并使得各级组织的运营更为高效。可以认为，数据将成为每个企业获取核心竞争力的关键因素。数据资源已经和物质资源、人力资源一样,成为国家的重要战略资源,影响着国家和社会的安全、稳定与发展,因此,数据也被称为"未来的石油"。

什么是大数据?直到目前未有一个明确的定义。研究机构 Gartner 给出了这样的定义。"大数据"是需要新处理模式才能具有更强的决策力、洞察发现力和流程优化能力来适应海量、高增长率和多样化的信息资产。

麦肯锡全球研究所给出的定义是:一种规模大到在获取、存储、管理、分析方面大大超出了传统数据库软件工具能力范围的数据集合,具有海量的数据规模、快速的数据流转、多样的数据类型和价值密度低四大特征。

在各个行业积极寻求自身创新之际,又恰逢大数据引发的时代变革。大数据推动着新的技术革命在 21 世纪的发生和发展,是提升国家的综合国力和国际竞争力的重要资源。大数据时代的到来深刻改变着社会生活的各个方面,它的影响从科学界延伸至经济、商业、教育、医疗等各个领域。随之而来的数据资源型、技术拥有型以及应用服务型等大数据企业应运而生。使得大数据逐渐成为产业升级的"助推器",科技创新的"种子"以及智慧治理的"大脑"。毫无疑问,在新的数字世界中,只有顺应这一趋势,依托大数据积极创新谋变,才能成为引领时代发展的领军者,反之则将被边缘化。由此,世界各国对数据的依赖快速上升,纷纷实施国家大数据战略,将对大数据的争夺作为竞争焦点。大数据也正在逐渐开启一个崭新的时代。

我国信息化的快速发展,也为大数据的产生提供了优势条件,推动着数据强国建设的进程。北京大学新结构经济学研究院院长林毅夫曾提到,大数据是新的生产要素,中国有 14 亿多人口,有超 10 亿网民,产生了海量的数据资源,中国已成为全球最大数据来源国。面对大数据的发展和变革性作用,我国政府也给予高度关注。党的十八大以来,习近平总书记一次次强调"数字中国"的建设,就数字中国建设发表一系列重要讲话,多次强调要把握好信息革命的历史机遇,切实用好大数据来提升各项工作的能力,以使大数据发挥更大作用,为"数字中国"建设把舵定向。《促进大数据发展行动纲要》的出台,为我国大数据的发展做出了顶层设计和发展规划。随后,一系列关于推进大数据发展的政策、文件也不断推出,党的十八届五中全会上更是提出"实施国家大数据战略",全面推进大数据在我国的发展。在国家顶层设计的助推下,大数据在我国得到更为广泛和深层的应用,在政务、工业、金融、媒体、电商、健康医疗等各行业得到快速推广。数字经济关系国家发展大局。党的十九届六中全会审议通过的《中共中央关于党的百年奋斗重大成就和历史经验的决议》提出,壮大实体经济,发展数字经济。

概而言之,大数据不仅在世界范围内产生了巨大效应,也在我国引发了剧烈变革。大数据将成为一种势不可挡的时代趋势,逐渐渗透到社会发展的各个领域,任何想要"躲避"大数据影响的行业或领域乃至个人，都是不可能的。

资料链接 7-2

共享数字化发展新机遇

在被称为"四叶草"的国家会展中心（上海），从自己所在位置到目的展馆，怎么走最便捷？拿出手机，扫扫附近的国展随码行，输入目的地，即可一键生成路线。在第四届中国国际进口博览会上，1 000多个新设的二维码为观众提供精准高效的服务，有效提升了展会的便利度。小小的二维码，生动展现了本届进博会的数字化特色。

本届进博会还首次将国家展"搬上云端"，利用三维建模、虚拟引擎等新技术，打造沉浸式数字展厅，让人们足不出户就能获悉参展国的发展成就、优势产业等内容。数字化技术让参展观展有了新形态，拓宽了交流沟通的途径，也让各国共享发展机遇有了新的可能。

在展会准备阶段，上海海关升级"跨境贸易管理大数据平台"功能，优化信息录入和巡馆APP应用，完善了数字化、智能化、便利化监管模式。在会展现场，"一网通办"APP的"进博随申"专栏，提供找展商、查活动、选交通等信息，实时更新动态、提供投资地图和参观路线。一系列升级功能、优化应用的举措，织密了保障到位、高效精细的服务网。会八方来客，展各国风采，进博会以安全、高效、精细化的服务，标注着数字生活的新高度。

近年来，互联网、大数据、云计算、人工智能、区块链等技术加速创新，日益融入经济社会发展各领域全过程。党的十八大以来，从激活数据要素潜能到建设数字社会、数字政府，从推动数字经济和实体经济融合发展到加快新型基础设施建设……立足国家大数据战略，推进数据整合和开放共享，数字化建设更好地服务了我国经济社会发展，充分运用的数字化成果促使各国拉紧彼此合作之手、共享时代红利。

以数字化为基点，越来越多的中国机遇成为世界机遇，越来越多来自世界各地的机遇为中国发展助力。在技术装备展区，数字化物流解决方案模型引人关注；在医疗器械及医疗保健展区，一家口腔医疗设备研发制造企业带来3款数字化新品，展示数字化口腔诊疗的未来面貌……数字化技术与数字化产业相得益彰，正推动技术优势转化为产业优势、经济优势。立足本土、面向世界，进博会的溢出效应在数字产业链中将进一步放大，中国市场的规模效应在全球数字经济合作中也将结出互利共赢的累累硕果。

> 东方潮涌，未来正来。在进博会这个开放共享的平台上，更多的创新、更深的合作、更实的举措、更大的市场，共同绘就一幅聚四海宾朋、谋繁荣发展的画卷。坚定信心、抓住机遇、携手同行，进博会必将越办越好，为共建开放型世界经济凝聚起磅礴力量。
>
> 资料来源：https://www.xuexi.cn（作者有所删减）

大数据是一种基于信息和通讯技术的发展，以多源异构的数据集为基础，以先进的信息存储、分析、处理技术为支撑，以大数据思维为契机，能够对社会各领域产生颠覆性变革、能够预测未来的一种强大生产力。依据这一定义我们可以看出，大数据是新资源、技术和理念的混合体。也可以从这三个层面把握大数据的概念内涵。

首先，大数据是一种资源。所谓资源，是一种自然存在物或能够给人类带来财富的财富，包括物质、能量等自然资源和信息等社会资源两大类。依照社会经济发展阶段和人类认识与利用水平为资源分层的话，材料、能源、信息是现实世界三项可供利用的宝贵资源。在信息时代，谷歌可以通过观察人们在网上搜索的记录来完成对流感的预测；Fare cast 系统可以通过对海量价格的记录帮助预测美国国内航班的票价；电商可以根据用户在电子商务网站或咨询媒体上浏览、收藏和购买的记录为用户"画像"，从而指导更好的产品设计和市场策略……而谷歌、Fare cast 以及电商们之所以能够创造出新的财富，所依据的都是大数据为他们提供的源源不断的信息资源。由此看来，大数据是能够为人们提供海量多元信息，并依托这些信息创造财富的重要资源。

其次，大数据是一种技术。大数据通过给世界编码，打开了我们认识世界的另一条新路径，在我们和世界之间搭建起一座桥梁。通过收集大量路况信息，大数据为地图编码，用电子地图为迷路的我们导航。通过谷歌公司的艺术计划 Art Project 网站，人们只需要轻轻一点，就能够欣赏到 4 万幅高清数字画作，缩短了我们和博物馆的距离。通过为机器输送大量指令，"智能机器人"使我们的生活越来越智能化，解放了我们被生活琐碎束缚的身心。此外，大数据是使定量研究趋于更加科学所必不可少的工具。定量研究是科学研究尤其是自然科学常用的方法，社会科学进行定量研究多采用随机抽样或者调查问卷的方式来进行。与随机抽样的部分样本相比，"全样本"研究更能体现研究的公正性和可靠性。但是，数据量的增大，尤其是非结构化数据的呈现，使传统信息处理能力受限，对全样本的采集与分析困难。而 Hadoop、HDFS、Map Reduce 等大数据相关技术则为进行"全样本"定量研究、解决传统数据处理技术遇到的难题提供了有力工具。

再次，大数据是一种思维理念。大数据是人们获得新认知、创造新价值的源泉；它在变革社会的同时，也在改变着我们习惯性的思考问题和处理问题的模式，即我们的思维方式。

在大数据的视野中,乐于接受数据的纷繁复杂而不是标准化的单一结构数据;在大数据的海量数据中,每一个数据都处于更加平等的地位;在大数据环境下,社会成为一个透明、公开的社会,数据的分享、共享成为一种共识;在大数据模式中,数据与数据之间不再是简单、直接的线性因果关系;大数据技术的助力使得大数据时代的数据不再是固定和静态的,如此等等,呈现出大数据全样本、复杂性、相关性的思维模式。在这些大数据思维模式的推动下,人们的思想观念向着整体性、多样性、平等性、开放性、相关性和生长性的方向发展。这种思维模式对于改变人们认识世界、理解世界的传统思维模式产生重大影响。

当今,大数据被普遍认可的是4V定义,即规模性(Volume)、多样性(Variety)、高速性(Velocity)和价值性(Value)。大数据中的单个数据的价值往往呈现出不稳定、不准确的特点,但从海量的信息中得出的结论还是有价值的。IBM认为第4个"V"应该是真实性(Veracity),即收集的数据应当是具体为真的。

(1) 规模性(Volume):全球数据已进入"Z"时代,也就是十万亿亿字节。全球信息化资料量已经突破40 ZB。

(2) 多样性(Variety):大数据类型繁多,可分为结构化数据、半结构化数据和非结构化数据。

(3) 高速性(Velocity):大数据往往以数据流的形式动态、快速地产生,具有很强的时效性。只有做好数据流的掌控,才能有效利用这些数据。另外,数据自身的状态与价值也往往随时空变化而发生演变,数据的涌现特征明显。

(4) 价值性(Value):数据已经成为一类新型资产,蕴藏有大价值。

由于研究方向以及广度的不同,大数据的定义也存在一定的差异,这种差异主要表现在以下几个方面:

1. 规模

和小样本数据分析相比,数据库的分析已经算量大,但和大数据相比,传统数据库就显的太小了。传统的数据库处理的数据对象通常以MB为单位,而大数据则常常以TB、PB甚至是ZB级别的数据规模为单位。

2. 数据类型

传统的数据库处理形式中,被处理的数据种类往往单一,而且以结构化数据为主。但在大数据的数据源中,数据的种类非常多,包含有结构化、半结构化以及非结构化等不同的数据种类。

3. 模型和数据的关系

传统的数据库分析是在预设目标的前提下建立好模型,然后再收集样本。而大数据时代下,模型通常也只有在收集数据的过程中才能确定,且随着数据量的不断增长建立的模型也常常不断地在演变之中。随着数据而变的模型与数据的关系更密切,更具实用性。

4. 处理对象

传统数据库中数据可能仅仅因为某一目的而被处理。而在大数据时代,数据往往被作为资源来辅助解决所需要解决的问题。

5. 处理工具

大数据时代的数据源结构多且复杂,传统的数据工程处理技术已经不能满足这样大量数据处理的要求。图灵奖获得者吉姆·格雷(Jim Gray)博士观察并总结人类在科学研究上,先后经历了实验、理论和计算三种范式。随着大数据形态的发展,需要有一种全新的数据研究范式来指导新形势下的科学发展研究。吉姆·格雷提出了科学研究的"第四种范式"(The Fourth Paradigm)的数据探索型的研究方式。

由于数量庞大且繁杂,大数据的处理需要特殊的技术,常见的技术,包括大规模并行处理数据库、数据挖掘、分布式文件系统、分布式数据库、云计算平台、互联网和可扩展的存储系统等。大数据最根本之处在于信息收集方式出现了重大变化与革新。大数据的出现与大量信息直接在网络呈现关系非常紧密。

第二节 大数据技术的信息生态圈

生态学中,种群是一定环境中同种生物的所有个体,群落是一定环境中所有种群的总和,生态系统是群落与无机环境构成的统一整体。产业可类比划分,比如,非关系型数据库(NoSQL, Not Only SQL,意即"不仅仅是SQL")是数据存储与管理群落中的种群之一,分布式文件存储数据库(MongoDB)是 NoSQL 种群中的个体之一。借助生态学的观点,大数据产业可由基础层、分析层、应用层、云计算基础设施、开源项目、支撑保障体系构成(图7-1)。

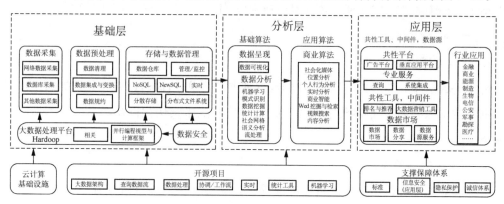

图 7-1 六大系统生态圈构成

每个系统由若干群落组成。例如：基础层存在数据采集、数据预处理、数据存储与管理、大数据处理平台、数据安全等群落；分析层存在基础算法、商业算法等群落；应用层存在数据市场、共性工具、中间件、专业服务、共性平台、行业应用等群落。

在大数据产业生态圈中，有几个至关重要的"种群"。他们对大数据自身的发展、对大数据促进经济和社会的发展进步有非常关键的作用。

1. Hadoop

Hadoop 是一个由 Apache 基金会开发的分布式系统基础架构。用户可以在不了解分布式底层细节的情况下，开发分布式程序。充分利用集群的威力进行高速运算和存储。Hadoop 实现了一个分布式文件系统（Distributed File System），其中一个组件是 HDFS。凭借开源和易用的特性，Hadoop 已成为大数据时代数据处理的首选，也是拥有海量数据处理需求的公司的标准配置。IBM、HP、Intel、EMC、Oracle 均基于 Hadoop 推出大数据商业解决方案，阿里巴巴、百度也采用 Hadoop 架构自己的系统。产业中，许多成功的商业创新也都围绕 Hadoop 展开，如 Cloudera 推出的软件发布包可以帮助企业更方便地搭建以 Hadoop 为中心的数据管理平台。

2. NoSQL 和 NewSQL

在现代的计算系统，每天网络上都会产生庞大的数据量。这些数据有很大一部分是由关系数据库管理系统（RDBMS）来处理。1970 年 E. F. Codd's 提出关系模型的论文"A relational model of data for large shared data banks"，使得数据建模和应用程序编程更加简单。通过应用实践证明，关系模型是非常适合于客户服务器编程，远远超出预期的利益，今天它是结构化数据存储在网络和商务应用的主导技术。

NewSQL 是对各种新的可扩展/高性能数据库的简称，这类数据库不仅具有 NoSQL 对海量数据的存储管理能力，还保持了传统数据库支持 ACID 和 SQL 等特性。

简单来讲，NewSQL 就是在传统关系型数据库上集成了 NoSQL 强大的可扩展性。传统的 SQL 架构设计基因中是没有分布式的，而 NewSQL 生于云时代，天生就是分布式架构。

3. 数据市场

数据集市（Data Mart），也叫数据市场，数据集市就是满足特定的部门或者用户的需求，按照多维的方式进行存储，包括定义维度、需要计算的指标、维度的层次等，生成面向决策分析需求的数据立方体。

从范围上来说，数据是从企业范围的数据库、数据仓库，或者是更加专业的数据仓库中抽取出来的。数据中心的重点就在于它在分析、内容、表现，以及易用方面迎合了专业用户群体的特殊需求。数据中心的用户希望数据是由他们熟悉的术语表现的。

那么数据集市就是企业级数据仓库的一个子集,它主要面向部门级业务,并且只面向某个特定的主题。为了解决灵活性与性能之间的矛盾,数据集市就是数据仓库体系结构中增加的一种小型的部门或工作组级别的数据仓库。数据集市存储为特定用户预先计算好的数据,从而满足用户对性能的需求。数据集市可以在一定程度上突破访问数据仓库的瓶颈。

开放数据资源在深化大数据应用,加快大数据产业发展方面有巨大的促进作用和深远的影响。数据资源的开放是以数据市场的形式提供服务的。

资料链接7-3

"风口"上的大数据产业将迎哪些变革?

新华社北京11月30日电 工信部30日对外发布《"十四五"大数据产业发展规划》(以下简称"规划")。根据规划,预计到2025年,大数据产业测算规模突破3万亿元,年均复合增长率保持在25%左右。随着数字经济快速发展,大数据产业也迎来"风口"。发展大数据产业,将有哪些着力点?

大数据产业作为以数据生成、采集、存储、加工、分析、服务为主的战略性新兴产业,是激活数据要素潜能的关键支撑。

规划明确,到2025年,大数据产业测算规模突破3万亿元。其中特别提出,数据要素价值评估体系初步建立;产业基础持续夯实,关键核心技术取得突破;形成一批技术领先、应用广泛的大数据产品和服务。

创新是产业发展的驱动力。"未来几年,大数据技术创新不仅在前沿技术发展的层面,全产业链创新能力和自主可控水平也将进一步加强,基础软硬件底层支撑能力不断提升,大数据与前沿领域技术融合创新进一步深入。"中国信息通信研究院院长余晓晖说。

"未来,还要将着力点放在培育专业化、场景化大数据解决方案上,建立大数据产品图谱,加快数据服务向专业化、工程化、平台化发展。"专家认为,还将加快建设行业大数据平台,打造成熟行业应用场景,推动大数据与各行业各领域深度融合。

资料来源:https://www.xuexi.cn(作者有所删减)

会展业作为新的朝阳产业,在促进国家经济发展、调整产业结构、带动消费、强化合作交流等方面都具有重要的作用。随着互联网、大数据的推广运用,会展产业融合程度不断提升,以旅游、物流、金融、商贸、高新技术和文化创意等为支撑的"大会展"产业圈开始形成,并得到越来越广泛的关注。会展产业生态圈以其开放共享、互利共生的创新机制,成为会展产业结构调整和转型升级的创新模式。

二、会展产业生态圈构建的指导思想

随着会展产业规模不断扩大,产业融合趋势愈发明显,会展业也面临着产业结构的调整和优化升级。会展产业生态圈是传统会展产业链和产业集群的进一步提升,是一种系统化、多维度、可持续、高效益的新兴产业系统,构建会展产业圈是优化会展产业结构,提升产业效率的重要途径。而构建一个健康有序的会展产业生态圈,首先要明确构建的指导思想和思路(见图7-2)。其构建立足于当前产业集聚、"互联网+"和改革创新的时代特征,结合区域会展行业发展现状,以协同理论、产业集群理论为理论基础;以全面系统、科学有效、开放共享、可持续发展为构建原则;以实现区域会展产业协同发展、互利共赢、共享共荣为构建目标,最终形成一个互利共生、循环运作的会展产业生态系统,实现区域资源整合,发挥产业集聚效应,提高会展产业资源利用率,把会议展览业打造成为一个现代市场体系和开放型经济体系的重要平台。

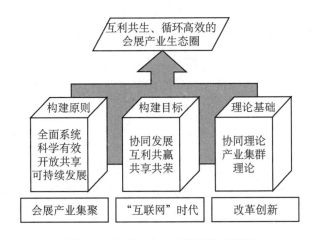

图 7-2 会展产业生态圈的构建思路

会展产业生态圈的体系构建是通过会展产业生态圈整体构架模型的科学搭建,本书以全面性、系统性、科学性、特殊性的构建原则为基础构建了会展产业生态圈体系模型(见图7-3)。

(一) 会展产业生态圈的主要特征

会展产业生态圈内部关系错综复杂,但同时也呈现出自身特有的规律,包括系统循环性、自行调节性及系统开放性三大特征。

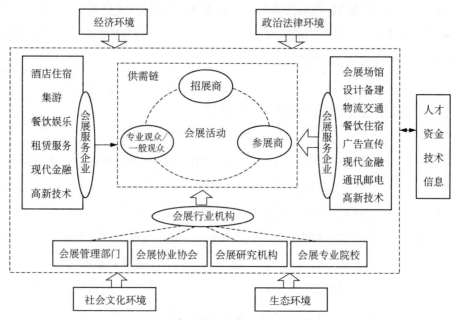

图 7-3　会展产业生态圈体系构建模型

1. 系统循环性

会展产业生态圈是一个循环的产业系统,是产业发展的最高端模式。

传统会展产业链是一种单向的直线型产业发展模式,而会展产业生态圈是在传统会展产业链发展基础上的升级版,它通过增加反馈机制,将会展业传统上下游单一链条体系发展成为一个具有多维循环的复杂系统,并通过人流、资金流、信息流和技术流在生态圈内外的循环和流动,实现整个会展产业圈的循环运行和平衡发展。

2. 自行调节性

会展产业生态圈是一个具有自我调节功能的动态平衡系统,它不需要借助外力,而是通过自身形成有序结构系统来实现自行运行。在产业协同效应下,会展核心企业、会展关联企业以及会展行业机构会形成一致对外的共同体,一旦外界环境和驱动要素发生变化,它可以通过及时反馈作用,自我调节内部结构,对抗外部干扰,从而保证生态圈结构与功能的持续性和相对稳定性。

3. 系统开放性

会展产业生态圈是一个相对开放的生态系统,在自然属性上,它允许人才、资金、信息和技术流的出入及其与周边环境的联系。而在经济属性上,会展生态圈不是一个封闭系统,它为会展关联企业的进入和退出都留有空间。

会展业作为一个综合性展示平台,是各行各业展示的窗口,会展产业生态圈的开放性有利于会展企业整体水平的提升,保证生态圈的生态平衡。

(二) 会展产业生态圈的构成要素分析

会展产业是一个产业关联度较高的综合性产业,它的发展离不开主导产业,也离不开服务行业的配合。会展产业生态圈是围绕会展活动或主题形成的多维循环系统,它以人才、资金、信息、技术等为驱动,以主展商、参展商和观众形成的供需维和各种相关的会展服务企业形成的服务维为主体,以经济环境、政治法律环境、社会文化环境以及自然生态环境和支撑体系,共同支撑起会展产业生态圈的平衡与稳定。

1. 驱动要素

会展产业生态圈的驱动要素即资金、人才、技术和信息,它们是会展生态圈正常运行所需要的基本要素。有了资金、人才、技术和信息流的汇入,会展产业圈才能围绕会展活动或一定的主题形成一系列的生产和消费活动,其中资金和人才是会展产业生态圈运行的根本源泉,而技术和信息流的畅通,则保证会展产业生态圈的不断升级和优化。

2. 供需维

供需维是会展产业生态圈最核心的部分,它是由会展主展商(招展商)、参展商以及观众形成的供给—需求链。围绕会展活动或主题,主展商进行策划和招展,参展商为推广自己的产品和服务参加会议或展览活动,观众作为消费者参加会议或展览活动,并产生消费行为,同时对参展商的产品和服务以及主展商此次会展活动组织进行反馈,形成供给需求的循环机制。在供需维中,参展观众分为专业观众和一般观众,他们是会展活动和主题选择的核心和导向,其中专业观众是指一些可能批量购买产品的批发商,因此专业观众也是主展商和参展商更加重视的参展观众。参展观众在产业生态圈中不只是发挥单一的消费功能,这一特殊群体还是信息传播和反馈的重要载体,尤其是在互联网时代,消费者的传播功能更助推了生态圈内的信息流通。

另外,供需维是会展产业生态圈运行中至关重要的主轴,它具有一定的吸附作用,会展相关企业和行业机构会主动参与其中,并为供需维各主体提供服务,共同形成一个互利共生的会展产业生态圈。

3. 服务维

服务维是在会展产业供需维的影响下形成的,为供需维各主体提供一系列服务,发挥着配合与协调产业发展的作用,从而保证会展活动顺利开展。按照服务对象的不同,服务维可以分为三个板块,即观众服务板块、参展商服务板块以及公共服务板块。观众服务板块是指为参展观众(包括专业观众和一般观众)服务的相关企业,包括为参展观众提供的食、住、行、游、购、娱等一系列服务,另外还包括为专业观众提供的一些商务、物流等服务,涉及到的企业覆盖到餐饮娱乐、酒店住宿、旅游、交通、物流、通讯、商务等。

参展商服务板块即为参展商提供服务的企业组合,参展商提供会展活动中所要展示的产品,对于各参展商要提供更加广泛的服务,从筹备的过程来看,涉及到的服务企业包括会展场馆、展台设计与搭建、物流交通、餐饮住宿、广告宣传、文化传媒、通讯邮电、现代金融以及高新技术等企业。公共服务板块是为供需维提供行业服务的会展行业机构,包括会展管理部门、会展行业协会、会展研究机构和专业院校等,他们为会展业发展制定相应的行业规范、建立监管体系、研究行业方向,从而维护各方权益,实现行业自律,为会展行业发展提供公共服务平台。

会展产业生态圈服务维的三个板块相辅相成,围绕会展核心供需主体提供一系列的服务,从而保证会展活动的展开,是会展产业生态圈不可缺少的一部分。

4. 支撑要素

会展产业生态圈的支撑要素即整个产业圈各主体要素赖以生存的外部环境,主要包括经济环境、政治法律环境、社会文化环境以及自然生态环境,良好的外部生态环境体系能够为会展产业生态圈的平衡提供一个合理有利的环境,为会展产业的健康持续发展提供重要保障。

其中,良好的自然生态环境是一切产业发展的前提,也是会展产业不可或缺的环境,它能够为会展产业发展提供物质来源。良好的经济环境为会展产业发展提供经济上的宏观支持,为商业贸易的进行提供经济基础。政治法律环境能够规范行业政策和法规,为会展产业发展提供制度保障。社会文化环境是区域会展业所处区域的社会结构、价值理念和社会氛围等,是会展产业发展不可忽视的重要因素。

会展产业生态圈中的每个要素都是整个生态圈运行过程中必不可少的一部分,各维度及主体之间是层层递进、相互关联的关系,从而形成了一个复杂的关系网络。其中任何一部分受到损失,都会影响到整个生态系统的平衡和稳定,并最终影响到系统中的其他参与者。

在经济新常态的视野下,会展经济结构对称态的基础上,快速促进了会展行业的高速发展,但是这种速度并不能为会展行业的常态发展保驾护航,会展行业发展的其中之一的实际性目标在于实现经济结构的平稳增长,作为产业经济的"催化剂",会展行业需要进行行业驱动,以转变经济质量保证为主导,创新突破性转型升级,提升产业结构、升级产业效率。

结合会展业的发展,如今会展行业呈现一种集约型、质量型的扩张发展态势,在经济新常态的大背景下,会展行业进行转型升级对于产业结构来说是一个约束性的目标,用经济增长促进发展,用发展鞭策经济增长。

(1) 响应国家战略,构建会展产业生态圈。当前世界经济融合加快了各行业的合作交流,随着"一带一路"战略的推进,中国的大门更加向国外敞开,而会展业作为一种新型的传播媒介,已泛起阵阵涟漪,不仅对国际交流起到搭建平台的作用,更能帮助我国各行业直观了解国外的市场需求,寻求投资商机。会展产业生态圈是以会展主导产业为核心的一个多维体系,它具有较强的市场竞争性和可持续性,体现了一种新的产业发展模式和新的产业布局形式。

要把展会举办得出色,构建良好的会展产业生态圈最关键的是生产维的作用。把生产维细分有策划企业、宣传设计企业、搭建企业、服务方等,这几大类的企业主导着其他多维的发展,只要这几大类的企业自身发展到一定优秀的程度,并相互合作,其他的维系就会随着这个趋势紧密扣在一起。

(2)"大数据"时代下,构建会展企业互联互通。随着科技的不断创新进步,互联网已经不仅仅局限于一个领域了,而是当下的一种创新性的生活方式,潜移默化地影响着人们各方面的生活。基于云技术的客户管理和营销软件的开发和广泛应用,大大提高了数据的利用空间和便利性,我们正进入一个"大数据"的时代。会展行业属于传统模式的行业,在"大数据"时代下,互联网对会展行业的发展是颠覆这个行业还是让这个行业转型升级,无疑要取决于这个行业的性质。会展行业作为传统的服务业,正携带着传统的运营管理模式,接受"大数据"的洗礼,深化互联网思维,进入了"互联网+"的新经济形态。

(3)利用新媒体技术,赋能会展项目运营。"互联网+"已成为各行各业的热捧焦点,近年来,移动互联网新媒体已成为我们生活中的一部分,不管是硬件设备还是软件设备,早已影响着人们的生活方式。对于会展而言,移动互联网新媒体的冲击更为明显。

在经济新常态的视野下,会展行业要进行华丽的转型升级,不仅仅要结合当下政治、经济、文化等多方面的发展,要结合当下的发展趋势,做到与时俱进,更重要的是完善自身的发展结构,实时关注消费市场的变化,展会步入了整合时代,动力来自于消费市场的需求。另外,科技的进步和不断创新是会展业转型升级的一大新生力量,要充分利用好科技的重要性。会展行业转型升级的策略还有很多,值得我们不断探讨。

第三节 大数据平台在会展信息管理中的应用

大数据正在推动各行业的变革。会展如何更好地利用大数据对用户精准画像和追踪?如何更好地利用大数据增加会展项目的创新性?

目前,会展行业的大数据应用还只是停留在简单的初级阶段,一部分会展企业虽然面临大数据整理的困扰,但是由于需要增加成本投入,故"望而却步"。

1. 整体停留在数据信息的记录与整理阶段，缺乏创新性

无论是会议或是展览项目，主办单位都会将餐饮、住宿、交通、活动日程、演讲嘉宾、搭建等信息，通过终端系统提供给会议或展览的参与者，甚至一些会展公司，为了确保自身信息安全，也投入到现场注册报到系统的研发之中，舍弃或是弱化了原有的服务内容，往往强调自身的系统是优于其他的同类科技类企业的，而其实是优先占据了数据收集而已。

2. 大数据运营并非单一部门的职责与任务

大数据的运营体系，是一个庞大的工程，会展企业甚至是会展项目中的每一个人，都是大数据运营的参与者以及受益者。举办一个完整的会展项目，必然是调研、创意、策划、分析、论证、审批、宣传、营销、赞助、执行、服务、监管和评估的系统联动，相应来说，策划部门、市场部门、宣传部门以及技术部门的工作职责以及整个公司的管理体系都会发生变化。

面对这种变化，部分会展企业设置单一的信息部门，来处理大数据未来的运营与利用，殊不知大数据的运用，并不是新成立一个信息部门，赋予它相应的职责和任务就可以解决的。往往这种做法，只会造成各部门直接管理流程的割裂，造成数据无法被使用部门真正有效利用，造成数据过度分析或数据浪费等情况发生。

此类情况，多常见在一些大型会展公司中，主要是因为会展公司缺乏专门人员利用大数据对客户偏好进行分析、推断和归纳，以提升会展项目的立项策划和整体决策水平。

3. 大数据的运营往往只在现场活动，缺少后期利用

目前，会展项目的大数据运营，还主要集中在现场注册报到等环节上，目的是减轻现场工作人员的压力，没有真正意义上对大数据进行前、中、后期的有效利用。诸如，展览项目前期，主办方应通过大数据充分了解该行业实际情况，如有行业协会，会与其合作，收集重要的行业信息，包括产业上下游的重要企业信息，为前期招展做好准备，将行业排名与参展信息进行比对，了解展览项目在行业中的影响程度，从而激发参展商的参与度。而在会议中的参会者，往往是被会议的话题以及演讲者所吸引而来，他们一部分是自费注册报名，还有一部分是通过邀请方来支付注册费报名，他们的背后是一群同类型的受众，对于参会者而言，需要详细了解他们的基本信息，包括工作单位、工作岗位及职责等信息，甚至还需要了解参会者的饮食习惯。在会议举办期间，通过他们每次进入各会场的签到情况，勾勒他们对于某些话题的感兴趣程度，为今后会议的持续举办提供信息支持。同时，主办方通过大数据了解客户喜好和感兴趣的产品信息，更好地调整会展项目、服务客户，帮助参会者或是参展商实现自身目标。

综上所述的这些现状或是问题，只有合理利用大数据，才能推动会展项目、会展企业，乃至会展行业的深度转型升级。

1. 通过大数据的关联点，找到会展项目创新点

我们需要在繁杂的大数据中，找到精准而有效的数据，通过更加精准的数据比对，找到

满足会展项目参与者各自想获取的可利用数据,增加会展项目在这些参与者中的黏性。

扩充会展项目数据的信息来源,改变会展项目数据的统计算法,以聚类的方式对会展数据进行关联重组,将会是一种非常有效的会展项目立项策划。尤其是针对缺乏原始数据的新兴题材策划,通过大数据的聚类算法,识别具有相同偏好的参与者,提炼他们共同感兴趣也有需求的主题题材,帮助主办方迅速准确地确立新兴会展项目。

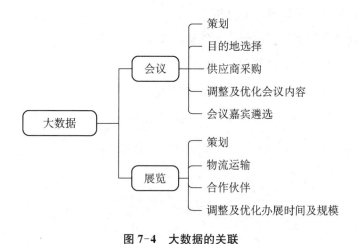

图 7-4 大数据的关联

2. 通过大数据,提升供应商的协同整合管理

各目的地都有众多目的地管理公司、搭建公司等供应商,他们的服务优劣直接影响到整体会展项目的成功与失败。要建立行之有效的供应商协同整合管理,将供应商依照服务标准进行打分排序,需要通过过往服务数据,加以判断。

3. 通过大数据,优化会展项目品质

会展项目的内容、演讲嘉宾、参展商质量等,直接影响到会展项目的品质,要办好会展项目,要持续发展该项目,就需要通过大数据来挖掘市场潜力,评估举办效果,改进举办流程。

传统的会展盈利模式,主要是先有了清晰的利润模式再去收集数据,而大数据背景下,会展企业可以通过先进行数据收集,然后再去挖掘数据的其他使用价值和利润模式,进而实现会展产业从活动内容衍生到产业模式的拓展。

 本章小结

大数据似乎就在我们的身边,我们就是大数据的制造者,而我们不能忽视对大数据的利用,以便让其发挥更多的价值,让我们的生活质量不断提高。同样,会展项目需要基于大数据的有效利用,持续不断地创新发展,提升各类参与者的满意程度,让数据跑起来,让参与者多获利,这才是未来会展项目可持续发展的源动力。

 **思考题**

1. 请从三个层面简述大数据的概念内涵。
2. 简述会展产业生态圈的主要特征。
3. 论述会展产业生态圈的构成要素分析。
4. 简述会展行业进行转型升级对于产业结构意义。
5. 简述大数据平台在会展信息管理中的应用现状。
6. 简述大数据平台在会展信息管理中的应用策略。

第八章

会展门户网站及自媒体信息平台建设

 学习目标

- 了解会展企业门户网站的基本构成
- 了解电子商务与会展业之间的关系
- 理解会展活动中电子商务活动的作用
- 了解会展企业自媒体平台的主要形式
- 掌握自媒体在会展活动中的实际应用

第一节 会展企业门户网站建设概况

一、会展企业的门户网站

网站是基于服务器在互联网上展示特定内容相关网页的集合。通常使用通用标记语言(HTML)等工具制作,符合互联网的相关规则。会展企业官方网站的建设往往能够直接影响到企业的公众形象,企业产品的品牌形象和市场影响力,甚至会在一定程度上影响会展企业的商业机会和市场潜能。作为商业门户网站,会展企业的门户网站除了应该满足内容准确完整、时效性强、可见性高的基本要求外,还应注重所在行业和自身产品的特点。不同类型的会展企业在建设自己的门户网站时应根据自身的特点和目标受众的特点在网页的页面布局和美化、栏目的设置和规划、导航的设计、相关链接的引入、信息发布和获取方式等方面有相应的侧重,从而使网站有利于塑造企业形象和起到一定的信息传播和宣传推广的效果。

(一) 会展企业门户网站的主页设置

1. 主页的设置

为了提升企业形象,企业在其门户网站的主页设计上,尤其是在美观性上都有较高的要求。忽略设计人员和相关工作人员的审美差异,门户网站的主页设计在简洁明了的基础上还应突显企业的特点、发展方向或发展愿景。

以上海博华国际展览有限公司(后文简称博华公司)网站主页(https://www.imsinoexpo.com/zh-cn)为例,除导航栏外,从上而下,该公司网站主页布局包含了以下几个部分。

首先是公司标识。公司标识是企业网站主页的必要因素,能强化浏览者对企业的辨识和情感连接。博华公司的标识由"sinoexpo"和"informa markets"两部分组成,且并未增加过多的艺术设计,不但有助于辨识,也显示了该公司是由英富曼集团(Informa PLC)与上海华展国际展览有限公司中外合作展览公司的发展历史。

第二个部分是博华公司的短期目标——"创设、重塑2022"和长期发展理念——"可持续发展2032"。这几个文字的艺术表现即醒目又朴实。

第三个部分为博华公司主要会展产品和项目的展示。网页列出了公司产品涉及的相关领域,并提供了不同领域会展产品和项目的主页的链接。由于该公司展览项目具有一定的规模和品牌效应,针对单个会展项目设置主页的做法有助于会展项目目标客户群体的信息获取和提升精准营销。会展项目的主页通常会设置会展项目的介绍,亮点活动,观众登记和观众须知这几个方面的内容。此外,B2B的会展项目主页也会增设展商信息和新闻媒体相关栏目。前者可以一定程度满足专业观众想要了解展商情况的需要,后者则能够帮助展商了解会展活动的媒体关注度和宣传推广情况。

除了各线下展会的网页链接外,网站主页还设置了线上平台链接。虽然线下展会的内容更为丰富,但在网页布局上,线上平台与线下展会从视觉上呈现并驾齐驱的态势。这一定程度上反应了该公司同样重视线上会展业态发展,且以展览、活动、互联网线下线上双平台建设的发展布局。

第四个部分是"新闻动态",主要内容是会展公司近期内的相关新闻。此栏目如果内容少或长期未更新,则会显得企业不具备活力、发展缓慢;如果内容不够重要,则显得企业格局小。对于拥有较多数量会展产品和项目的会展企业而言,新闻一栏内容的更新会有较多的素材和资料。对于以提供会展活动服务为主营业务的企业而言,也可以将其客户在会展活动中应用其产品或服务的相关内容作为新闻动态的素材。小型会展公司可能选择不设置这一栏目,从而降低网站内容更新和维护的成本。

第五部分为"展会列表"。博华公司按照举办时间的先后顺序列出了当年已经举办的和未来将要举办的会展活动。

最后两个部分是公司介绍,公司分部和利益相关企业的地址和联系方式。

2. 导航栏目的规划

一般商业网站主页的导航通常会设置有以下栏目:公司简介、业务介绍、主要或主打项目介绍、新闻中心、联系信息和英文版本。有一定规模且注重发展的企业还会设置招聘信息和介绍公司文化的栏目。会展企业网站建设基本也会设置上述栏目。即使企业规模大、业务多,也不应将导航设计的太过繁复。简洁明了的导航更有利于企业通过网站发布重要的信息,同时也有利于读者找寻重要的信息。假使通过网站发布的内容很多,在主页可以设置搜索栏以便利读者获取想要的内容。通常,导航栏的主要栏目与主页各部分大致是对应的,但导航栏的内容可以更加细化。以博华公司网站主页为例,其导航栏中"新闻动态"一栏相较于主页上呈现的内容,栏目下分设了"集团新闻"和"展会新闻"。此外,相较于主页,导航栏增设了招聘相关栏目。

有国际业务的会展公司也会建设外语版本的网站,从而助力于企业和业务对外国客户的推广和宣传。国际会展企业在对网站进行外语翻译时应适当采用三种翻译策略:文化认同策略(保留文化上彼此认同的部分,适当删除不认同的部分)、文化适应策略(为了让目标语读者更好地了解产品信息而改变表述方式)和文化自信策略(对于目标语读者不了解的内容进行更多更详细的描述,在展示产品的同时宣传中国文化)。

值得注意的是,在博华公司的网站主页导航栏中,"公司文化"这一栏仅次于常规的"主页"和公司、业务介绍栏目,在导航栏中排列第四,可见该公司对企业文化建设的重视。该栏目下设"公司历程","展会健康和安全指南"和"公司发展"。其中"公司历程"栏目的主要内容是该公司的大事记,"公司发展"栏目显示了其可持续发展的理念并介绍了与之相关的活动和商业行为。"展会健康和安全指南"栏目下网页内容即为栏目名称,并设有一个文档链接,提供了一份全英文的关于健康和安全展览的全球标准。部分浏览网页的人可能将这部分内容解读为体现该公司注重展览安全性,并视其为企业文化的一部分。虽然全英文的内容对部分国内浏览者并不友好,但网页包含了中文关键词,这也一定程度提高了该网页对国内搜索引擎的可见性。

(二)会展企业门户网站的功能

会展企业应建设营销型网站,其主要功能即是营销功能。营销型网站强调品牌宣传和产品展示的效果。其设计虽然需要追求一定的创意表现以带来视觉冲击力,但更应该注重客户体验,从而提升企业品牌知名度和实现企业额营销目标。会展企业网站营销功能主要落实在产品展示、品牌推广、客户服务和在线销售这三个方面。

1. 产品展示

会展企业对自身产品的展示可以分为三种类型。第一种是"数据型"。主要通过展示会展产品的相关数据以突显其规模、社会和市场影响力。对于展览项目，企业通常会选择发布的数据包括：展示面积和展示时间、展品种类和数量、参展商数量、专业和普通观众数量，以及上述数据的增长率等。对于会议项目，企业通常会发布其参会单位和人员的数量、展现特邀嘉宾社会地位和影响力的相关信息等。对于活动类项目，企业会发布活动参加人数、场地规模、活动时间等数据。事实上，会展企业更倾向于采用第二种类型——"图文型"来展示活动类产品。活动现场的照片比数据更能对客户形成视觉冲击，使客户对活动形成印象，甚至是情感共鸣。而文字部分则可以借由企业对产品的主观性描述帮助其树立在客户心目中的良好形象。第三种是"链接型"。企业只在网页上列出了产品名称或图标，但这些名称或图标所链接的并非只有一个网页的介绍内容，而是会展产品项目的主页。这些主页具备清晰的结构流程以介绍会展产品相关的、各个方面的内容。

2. 品牌推广

由于会展产品的经验品属性，客户在参加了会展活动之后才能判断其产品质量，因此会展企业尤其注重其产品的口碑经营和品牌建设，从而提升客户的信任感以促进交易。良好的企业形象有助于会展企业将品牌效应由成熟、成功的会展产品延伸至自身其他的会展产品。因此，具备一定规模的会展企业应该通过企业网站突显企业特点，经营企业形象。规模较小的会展企业，因其提供的会展产品数量和种类有限，则应将宣传重点放在对拳头产品的品质和特色上以吸引更多的客户。

3. 客户服务和在线销售

部分会展企业会在门户网站上增加移动互联网的综合运用，如微信公众号、小程序、互动游戏等。将客户由互联网网站引流至移动互联网客户端，通过手机应用（APP）、微信公众号或小程序实现快速信息获取、在线预订、在线支付、在线反馈、在线报名、在线调查等功能。在方便了客户与企业的沟通互动和业务往来的同时，更有利于会展企业进行精准营销。而网站与手机应用中的社交平台分享工具也是会展企业实现口碑营销和形成传播合力的有效助推。

（三）会展企业门户网站的基本要求

1. 信息的一致性

会展企业可以通过官网发布和企业相关、和产品相关，以及和行业或产业相关的信息；而不应该存在与企业无关或关联性较差的内容。网站上的信息既可以被外界获取，成为对外的"喉舌"；同时也会被企业内部的人员获取，作为对内的一种管理工具和沟通渠道。网站上发布的信息和在企业内部传递的信息应做到内外统一，且与实际信息相一致。企业对同一事物所持有的看法、认识和表述的一致性不但有助于提升企业内部凝聚力，也可以避免因对外口径不一致而导致的企业公信力和形象的损害。

2. 内容的质量和更新频率

网站发布内容的质量水平具体表现在文字的准确性、内容的真实性和完整性，以及信息表述的简洁性和易读性。

网站对于自身企业基本信息和业务内容的介绍往往是最为准确和权威的。企业基本信息通常包括企业简介、发展历史、组织基本架构，文字篇幅不长，追求言简意赅，且较少更新。会展企业会将企业网站视为业务宣传推广的渠道之一，因此对会展项目和业务内容的更新是最为频繁的。如果会展企业拥有一定数量的项目，企业则可以根据各项目的推进情况实时更新项目相关信息以保持网站内容一定的时效性。

3. 网页具备可见性

人们浏览网页的基本方式有两种。第一种是登陆企业网站，再逐级浏览寻找包含有用信息的网页。在这种浏览方式下，企业的网页是被动等待读者去寻找和发现的。企业网站页面链接的分类是否合理，逻辑安排是否清晰，字体和标识是否容易被识别都会影响到客户是否可以搜寻到想要的信息，以及搜寻信息所花费的时间。另一种方式是使用搜索引擎通过站外搜索以获取有效信息。搜索引擎从网站的外部链接进入网站，通常以首页为起始点顺着页面链接逐层访问和收录页面。当网站中存在较多数量搜索引擎无法识别的链接方式时，搜索引擎会直接离开网站，导致网站中的网页内容无法被客户搜索到，降低了整个网站对搜索引擎的可见性。同时，会展企业应加强与社交网站、新闻网站和其它商业网站的信息联动，进而提高网页在互联网上的可见性。

4. 网站的易用性

网站运行不流畅、反应速度慢、不兼容，以及网站结构规划的不合理会直接增加会展企业客户通过企业网站获取信息的时间成本，也较大程度地影响了客户的实际体验和对企业的印象。另外，由于很多会展企业有通过网站建立售票或参加会展活动注册的线上渠道，网站整体的安全性越发受到会展企业客户的关注。当网站具备了从客户方获得信息的功能，则需同时增加对所获得信息进行反馈的功能。部分企业网站使用了浮动聊天窗口以满足客户资讯的需要，这就需要配备相应的客服人员以实现与客户的实时沟通。不过客户对浮动窗口的设计褒贬不一，其对无咨询需要客户的网页浏览也产生了一定的干扰。除了及时回复客户在网页上的疑问和留言外，部分会展企业在客户注册参加活动或购票后都会通过手机短信与客户进行进一步沟通或反馈。

二、会展企业互联网网页技术应用

除了建立企业官网和会展项目官网，会展企业也会将互联网网页制作技术应用于内部网站建设和互联网广告制作。

(一) 会展企业的内部网站建设及影响因素

随着互联网的普及,很多企业已经认识到了内部网站建设对公司发展的积极作用,并赋予其内部宣传、沟通和管理的相关功能,将其视为提高内部员工工作效率和管理效率的重要工具。部分企业内部网站已经成为了"集要闻转载、内部新闻、基层动态、职工文化、绩效管理、职工培训、办公系统等功能于一体的门户网站"。

1. 业务开展方式

会展企业多以项目组为单位开展业务。一些会展企业会设置统一的电话销售、客户服务等辅助部门。项目组核心成员相对稳定,但随着会展项目由前期的策划和筹备阶段转入实施和执行阶段,项目组就会需要更多的工作人员,尤其是在会展项目举办期间,还需要大量临时的现场服务人员。通常会展企业会通过抽调其它项目组成员和招聘实习生的方式缓解项目组人手不足的问题。这两种方式既不会对会展企业的用工成本增加较大压力,也能够通过项目实践培养、锻炼和筛选实习生,提高招聘人员与企业的适配性。而会展活动现场大量服务人员的需求则大多是通过第三方企业对社会招募临时工和通过建立校企合作组织学生实习的形式来满足的。

除了被调配来支援的其他项目组成员外,其余人员,包括项目组的实习生和现场服务人员都是临时招募的,不存在稳定的工作关系。因此,这种业务开展方式一定程度上导致了项目组各自为营,不利于项目组之间的沟通与协调,也不利于员工之间的互相学习和团队的经验共享。

为了破除上述弊端,会展企业可以通过内部网站的建设帮助不同项目组的员工了解企业动态,了解其它项目组的工作情况和成果;也可以通过内部网站有效地传递信息,尤其是那些不适合对外公开的信息和企业不希望为竞争对手效仿的工作方法和运作模式;内部网站也可以成为员工社交和表达意见的平台,这不但有利于员工产生归属感,也有利于企业培养企业文化和提高员工忠诚度。

2. 成本收益分析

由于会展企业有一定数量的业务是通过外包和寻找供应商来提供的,且较大部分的人力资源需求是周期性或临时性的,因此,会展企业的员工数量大多处于小型或中型企业的员工规模。而内部网站的使用者是企业的正式员工,不应包括实习生和临时工作人员。因此,员工数量越少的会展企业越是缺乏建设内部网站的动力。部分企业仍旧会选择建立办公自动化(Office Automation,简称OA)系统以提升特定流程和日常事务的办公效率,实现办公管理规范化和信息规范化。但相较于公文流转、审批、发布等办公流程的规范化,小型会展企业更应该充分发挥自身灵活、弹性的特点。因此,会展企业应该根据自身的需要和预算限制定制 OA 系统和建设内部网站。出于成本收益的考量,规模较小的会展企业在其内部网站建设时可以考虑适当放弃设置反映员工动态和职工文化的部分,暂缓通过内部网站实现绩效管理和职工培训等人力资源管理职能。

(二) H5 互联网广告制作

1. 什么是 H5？

H5 是 HTML 网页编程语言在经历 5 次重大修改后逐渐形成的网页编程行业规范。该技术已经被大范围地应用于互联网广告制作,且因其制作出的广告脱离了二维平面的限制,在视觉上和听觉上为观看者带来更强的冲击和新鲜感而受到消费者的青睐。又因其便于在社交平台上被观看、转发和分享,致使其可以在短期内实现病毒传播似的宣传效果,进而带来井喷式的流量和关注度增长。常用的 H5 广告形式有电子海报、电子邀请函和广告网页。

2. H5 广告的营销效果

会展企业对 H5 广告的青睐也来自于其出色的营销效果。其强大的营销能力主要来自于两个方面。

一方面,H5 广告擅长营造全景感官体验。除了在视觉和听觉上进行创新设计以强化美感和新奇感之外,H5 技术也可以与虚拟和模拟技术结合,通过建立可以交流和互动的广告以形成交互式的信息传递,从而达到对增加消费者参与感和实现情感认同、情感共鸣的效果。

另一方面,H5 广告擅长融入社交网络,易在各类社交平台上被"分享"。在没有大数据支持的情况下,朋友之间的分享行为也能一定程度上实现精准营销,因为朋友之间的交往和沟通本身就是高质量信息获取的渠道,并且广告也更容易在同好和小众群体内进行传播。

第二节　电子商务在会展业中的应用

一、电商业与会展业之间的关系

电子商务是以互联网为基础开展的各种商务活动。这些商务活动包括商品和服务的线上交易,网络营销,商务沟通、协商和谈判,电子货币的交换,存货和物流的线上管理等。电子商务的主要参与者有买家、电商及交易平台,同时还需要金融中介机构提供线上支付和清算服务，及物流企业实现交易商品的运输和转移。经过多年的发展和完善，当前电子商务可以为交易双方在商品信息的获取和对比、商品的运输、商品的宣传和推广、商品价格支付和商务结算、交易的相关法律保障、售前和售后服务等多个方面降低交易成本，为用户带来价值。

（一）电商业与会展业的竞争与替代

从促进交易的角度来看，电商业和会展业存在一定程度的竞争，尤其是 B2C 的展览活动。作为终端的消费者，其参加展览会的主要目的是为了更多地了解某个商品、市场或相关产业链。例如，消费者会为了做出正确的购买决策而参加展览活动，以收集关于商品特点、性价比等方面的信息。而这些信息也可以通过搜索电商平台、浏览商品网页和观看商品直播来获取，且在时间和金钱的投入方面更具优势。

如果综合考虑消费者购买行为的各方面成本，电子商务在交易结算和物流配送方面则具有更大的便捷性和较低的成本。交易金额越低，消费者越是倾向于使用电商平台。反之，交易金额越大，买到假冒伪劣产品或交易失败所导致的损失则越大，消费者就愈加倾向于线下交易。因为线下交易可以帮助消费者获得商品及厂商更完整和准确的信息，从而避免错误交易决策带来的损失。而会展活动不但有利于商品和厂商信息的发布，其会展品牌也是对参与厂商信誉的背书。

由此可见，电商平台在小宗商品交易和具备信用保障的情况下，对 B2C 的会展活动存在一定程度的竞争与替代。而参加 B2B 会展活动的厂商和观众往往以大宗商品交易、建立商业合作、发掘市场潜力和了解行业发展趋势等目的为主，与电商平台基本不存在竞争和替代关系。

（二）电子商务与会展活动的互补和融合

1. 会展活动进一步促进信息对称

电子商务交易中，由于商品和服务的交易存在一定程度的信息不对称，导致时常出现实际商品与线上图文描述不符或与买方预想存在差距的问题。部分电商卖家还会采用雇人刷好评或返还小额现金以换取买方好评等方式美化交易数据。为了给未来的交易者塑造商品质量良好和热销的假象，甚至出现了电商与平台串通遮蔽差评、交易数据造假、伪造直播间在线观看和购买数量等现象。而会展活动的本质是推动企业间、行业间和买卖双方之间的信息交流，从而促进商品和服务的交易和流通。同时有效降低了交易过程中的信息不对称，帮助促进有序竞争和提升交易效率。

2. 电子商务提升会展企业运营效率

会展企业的主要生产组织形式是通过市场交易从企业外部获取各种生产所需的支持。

这意味着企业不可避免地在挑选供应商,采购价格、条件的协商和谈判,采购协议的撰写、审核、签订和监督执行等方面面临较大的交易成本。而电子商务在会展企业中的应用则可以帮助企业大大降低上述交易成本,提升运营效率和企业利润。由于会展企业在会展活动各个阶段都大量借助互联网开展商务活动,会展企业实际上是应用电子商务降低经营成本和提升运营效率的既得利益者。

3. 电子商务活动形式在线上会展中的应用

2020年,中国的新冠疫情进一步推动了会展企业对"线上+线下"融合模式的创新与探索。部分会展活动开始尝试利用网络技术,很多会议活动被搬至线上开展,展览项目也开始尝试"云展览"的举办模式。

当前,展览活动在以下几个方面借鉴了原本的电商活动:1)借鉴电商网络直播带货模式,转为线上直播商品或服务展示;其中,主播与买家的互动模式可以直接应用于参展商与观众的互动;2)借鉴了电商引流的做法,通过企业网站、新闻和媒体网站、自媒体和电商平台将观众引导至展览活动平台;而后台在观众观看次数和逗留时间等方面信息的获取能力则大大高于线下展览活动中通过对观众进行调研进行信息获取;3)借鉴了电商限时促销活动的做法,将其与展览活动中的新品发布环节相融合,实现平台预告、吸引媒体和大众关注度和增加产品曝光度的效果。

此外,线上会展也可借鉴社交网络技术,将网络会议和群聊引入展览活动,突破电子商务活动中两方链接不利于双方沟通交流的限制,实现了多方链接以利于大范围的交流、宣传和推广。

(三) 电子商务企业与会展企业的相互渗透

根据产业创新和产业协同理论,电商业处于产业创新发展模式的第一阶段,而会展业则处于第二阶段;两者只有通过深入合作与资源整合才能发挥关联作用和聚集效应以实现协同作用。

1. 会展企业借助电子商务的转型

会展活动的核心功能不仅是促进市场各方面信息的汇总和交流,更多的是通过信息的融合产生对会展活动参与者们有用的新的信息。会展企业也从刚开始仅为会展活动参与者"搭建"信息交流的平台,逐渐衍生出充分利用该平台为客户提供信息收集、筛选、整理、加工和可视化呈现的相关服务。

得益于互联网技术、大数据和5G技术的迅猛发展,部分会展企业尝试建立线上展览平台,以线上展示、演讲等方式展示产品与服务,以电子邮件和聊天室等完成交流、商务洽谈和磋商。这类线上展会相较于电商平台并无实质上的不同。其多维度数据获取能力,量化产品传播和转化效果功能,基于大数据的数据处理和分析能力而实现的参展商与客商的交易配对功能,与电商平台的访问量和访客停留时间统计,消费者购买行为和偏好的量化统计,商品广告的精准投放等功能在技术上和实现效果上也基本相同。

与电子商务平台不同的是,会展企业可以凭借自身在会展行业中已经建立的品牌效应和对客户群体的了解,在其线上会展平台的设计上能够更加贴合会展活动参与者的行为特点,从而更好地提供会展服务,满足客户的需求。

图 8-1 为 31 会议的双线融合会展商贸和会展服务平台。其商贸平台和服务平台的布局与功能设计更符合会展活动的特点和需要。该平台注重对公域和私域的管理和流量引流,与电子商务平台建立连接和合作。同时,会展服务平台为参展商和采购商之间,采购商和采购商之间建立了更广泛的连接,这一功能聚焦在商家配对服务上面,为参展商和采购商带来了更多的价值增值。该企业一定程度地融合了电商业与会展业的部分产业链,并进行了调整和资源整合,在无需参展企业建立新的线上销售渠道的情况下,通过线上商业社交来增强传统线下渠道。另一案例是建立了智能一体化会展活动运营服务平台的会点网。其 O2O2O 模式(如图 8-2)实现了线上、线下会展活动的连接闭环。该模式最大的优势在于既获得了电子商务较低交易成本的好处,又解决了纯线上交易活动存在信息不对称的缺陷。

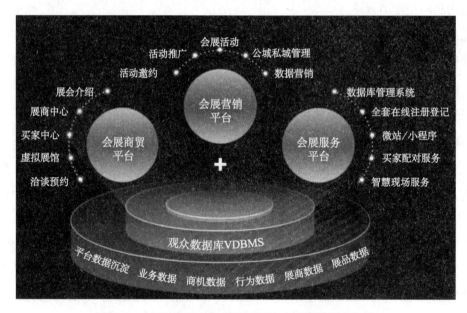

图 8-1　会议的双线融合会展商贸和会展服务平台为例

数据来源:https://www.31huiyi.com/

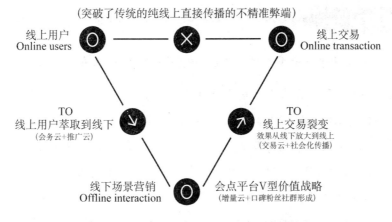

图 8-2　O2O2O 互联网+会展业转型升级模式

2. 电子商务企业向会展领域的试探

由于电子商务企业自身拥有较强的行业资源整合能力,得天独厚的线上引流和数据获取能力,以及作为交易平台本身具有的支付和结算能力;发展出以展会服务信息系统平台为核心,同时具备产品营销、信息综合、交易评价、投诉索赔等多重功能的新型会展产业模式具有一定的基础和优势。

然而,线下会展活动在提供体验和互动方面仍具有天然禀赋,这优势在一定时期内不会消失,也促成了当前会展业双线融合发展的基调。部分电子商务企业也认识到了线下展会及其相关活动的重要作用,开始尝试将电子商务活动与会展活动相结合,形成了一些新型的会展活动模式。

以淘宝造物节为例,它将电商优势与传统节庆集市的优点相结合,而活动的根本目的是为了激发更多的销售潜能。自 2016 年第一届造物节始,通过推广中国青年原创商家,利用会展活动的规模效应帮助小众商家进行营销以拓展市场、赢取顾客和提升销售。2018 年的造物节开始尝试用独特的故事强化店铺的文化内涵,挖掘消费者购物过程中的文化内涵需求,从而建立粉丝效应。同样,2019 年在杭州举办的淘宝造物节展示了 400 多家线上商铺的超 1 000 个创新、特色商品;并以这些特色产品市场为核心建立起具有极强互动效应的粉丝群体,从而获得具有超高黏性的消费者群体。2020 年造物节因新冠疫情防控需要而转至线上举办。

2021 年的造物节则大幅度增强了节庆活动的丰富性。自此,一种将电子商务平台与展览和节庆活动相融合的独特模式基本成型。淘宝电子商务平台将网红商品通过节庆活动的形式在线下展示,用现场活动制造与消费者的互动,通过亲身体验和参与活动让消费者更直观地了解商品及店铺的文化并产生购买兴趣,同时让消费者产生文化认同和情感联结。

资料链接 8-1

2021淘宝造物节来了！宝藏"神店"大集结，致敬中国年轻人

越来越多的年轻人在淘宝上把自己的小兴趣做成了大生意。能装进火柴盒的汉服、用动物骨骼搭起来的"中国龙"、试睡中国首家太空酒店……6月25日，在上海国家会展中心举办的淘宝造物节2021发布会上，数百件淘宝"神奇宝贝"宣告即将对外亮相，其中不乏此前未面世的"新物种"，等待观众亲自揭开面纱。

今年的淘宝造物节将以"遗失的宝藏"为主题，于7月17日至25日在上海国家会展中心举办，届时，数百位平均年龄27岁的年轻淘宝商家将携一众神奇商品首秀，用为期9天的创意狂欢，致敬中国年轻人的创造力。

"「宝藏」即创造力，我们希望那些未被挖掘的创造力能够拥有展示的舞台，我们希望这些如同宝藏一般的创意能被更多人看到。"阿里巴巴集团首席市场官董本洪表示，此次造物节将是一场中国青年创造力大展，期待更多有创意的年轻人能从中脱颖而出，在合适的平台上展现自己无尽的想象力。

发布会现场，被称为中国青年创造力"奥斯卡"的天下第一造活动也宣布将于7月14日开启网络票选，本届造物节最具有创造活力的宝贝及商家究竟能花落谁家，令人期待。

与主题相符，此次造物节会场也完成了设计升级，将化身全球最大密室体验——一个3万平方米的奇幻古城，超15个电影级的梦幻场景。按文化、科技等品类划分的造物节传统分区形式也将为更多元的奇幻场景所取代，包括真香酒楼、天工坊、天机阁、九州霓裳坊、山海异兽馆等15个电影级场景将惊艳亮相。

游客可以一边享受沉浸式逛展，一边寻找解谜线索，用洞察之力拨云见日，打开主办方留下的"神秘宝藏"。商家以类似NPC的形式出现。

今年的造物节现场还将化身全球最大沉浸式密室体验现场。据造物节组委会工作人员介绍，淘宝造物节策展期间，用户可通过购票页或导览手册入口，进入页面选择阵营和领路，开始任务解锁模式，现场限时240分钟的解密环节，游客可以边逛展边挑战任务，赢取造物节限量版魔方。

资料来源：https://baijiahao.baidu.com

值得关注的是，虽然2021年的淘宝造物节充分展现了节庆活动的特点，设计了一系列的主题和与之相对应的活动内容和表演；也设计了独特的场地、道具、人物角色及服装设计以营造整体气氛并提升参与者的活动体验效果；还为每个商家提供了商品展示和活动的空间。但是，产品的展示效果却被大幅度削弱了。

商家们往往会在场地内提供店铺在淘宝平台的店铺二维码，参与者可以通过扫码关注店铺后参与商家活动。理论上，商家的现场活动越是受欢迎，其获得的店铺关注就越多，也会增加其吸引潜在消费者的可能性。然而，在参与者们获得了活动"入场券"后，是否会更多关注店铺的商品就不得而知了。另外，部分商家活动内容与其销售的商品之间缺乏足够的关联性，这就有悖于其通过传递店铺文化而形成有粘性的消费者群体的初衷。毕竟吸引消费者关注店铺的是活动而非产品，活动结束后消费者也就对店铺失去了兴趣。

另一方面，有一定数量的商家对商品的现场展示方面却显得不甚在意。这可能是因为这部分商家缺乏线下商品展示和说明的经验；或者更关注如何通过其他的线上推广以"留住"在活动中关注了线上店铺的消费者，而对通过商品展示获得客户和销量缺乏信心。

事实上，2021年的造物节在商品展示功能和集市功能方面呈现出弱化的态势。新奇的商家活动，游戏式任务完成和解锁的设计，密室逃脱的紧迫感和氛围，都将参与者的注意力由商品转移到了活动上，导致这届造物节更像是一场嘉年华。其中最具集市特点的部分要数"真香酒楼"活动区域，各种试吃与现场采购将消费者的注意力集中在产品本身。由此可见，造物节所表现出的是电商企业借鉴和利用会展活动的模式以促进营销，对会展业的核心价值，即对市场和行业的信息汇总和再创造，还未有更多的涉及。

第三节　会展自媒体信息平台的建设

自媒体是互联网环境下个人发布和传播信息的平台，其途径和工具包括微博、网络论坛、贴吧、博客、微信公众号、抖音和头条等。为了扩大会展营销的辐射范围，更有效地宣传会展产品和服务，会展企业会借助各种媒体传播和推广会展活动的相关信息，其中也包括自媒体。会展企业有效应用甚至自己建立自媒体信息平台不但能够丰富其营销方式和渠道，提升信息推送的精准度和内容的质量，也可以拓展与营销目标之间交流互动的空间。

一、自媒体语境下的会展营销

为了能够吸引用户和流量，自媒体平台鼓励和扶持个人进行各种形式的内容创作。也因为自媒体平台的个性化和平民化，个体发布的信息可以更低成本和更大范围的被外界接收。自媒体不断增长的用户数量也证明了这一信息传播渠道的无限潜力和发展空间。

（一）自媒体传播的特点

1. 信源的多元性和不可控性

对会展活动信息的发布，传统媒体的信源主要来自会展企业、相关的企业或组织、媒体基于自身对事实的调查研究、以及来自其他媒体的相关报道。无论是线下的大幅海报，还是线上的宣传广告，亦或是部分的新闻报道，通过这些媒体发布的信息内容大多是经由会展公司筛选、审核过的；即会展企业对信息的源头可以实现一定程度的控制和影响。会展企业为了实现预期的宣传效果和抑制负面新闻的影响，往往需要投入大量成本去获取媒体资源和维护与媒体的关系。

而自媒体的信源则是多元的。除了上述传统媒体信源外，个人也可以基于自身对会展活动的了解而制作传播内容，并通过自媒体平台向外界发布。自媒体的活跃大大降低了会展企业对传统媒体的依赖，但与此同时也大大增加了会展企业对信源控制的难度。大量未知及未被审核的内容通过自媒体平台在网络流传，会展企业无从判断这些由自媒体发布的内容所包含的信息是否正确和友好。自媒体舆情的特点是：立场易极端化发展，个人情感与理念比客观事实更能引导公共舆论，舆情爆发迅速却不持久。因此，会展企业很难判断自媒体发布的内容在经过互联网的传播、解读、再生产和舆论发酵后会产生怎样的效果，对其风评和舆情控制提出了极大的挑战。

2. 自媒体传播的多样化和圈群化

自媒体的传播形式是多样的，可以通过文字、图片、语音、视频等形式向特定或不特定的人群传递各种信息。自媒体的传播内容也是多样的。不同的个体对相同的事物有不同的认识和解读。基于不同个体主观认知和感受而制作的传播内容也是多样的。而自媒体内容制作工具的发展提升了内容制作者的制作效率，极大地激发了自媒体传播内容和传播形式的创新。

自媒体平台具有很强的社交属性，具有近似的工作和生活经历、兴趣爱好、对同一事物具有相似的看法和观点等，都可以成为自媒体平台用户发展社交圈群的基础。而借助平台的"点赞""评论""关注"等功能，用户也更容易"发现"彼此，并快速形成连接，建立起圈群。用户主动且乐意接受和转发自己认同的传播内容，并通过这种"分享"信息的行为以提升自己在圈群中的归属感和存在感。因此，符合某一特定人群偏好的信息在其所在的圈群中传播是极为迅速的。

3. 创新是自媒体传播内容的关键

最初的自媒体传播内容虽然在制作上较为粗糙，但胜在新奇且缺乏同类竞争。而近几年来，随着自媒体平台的迅猛发展，同一类型的内容竞争越发激烈，平台用户对传播内容质量的要求也不断提高。这些要求包括发布的内容需具有清晰的表达、情感的感染，还需要有合理的逻辑和适当的幽默。为了争夺用户关注，部分自媒体内容发布者开始组建工作团队以提高制作内容的质量。与此同时，部分自媒体内容制作者们也会通过紧跟热点以博取关注。然而，牵强地连接热点往往过犹不及，容易引起受众反感，获得关注和影响力的关键还应是内容的创新。

（二）自媒体对会展整合营销的作用

1. 作为会展整合营销的一个部分

整合营销是指充分地利用现有资源，调动和协调多种信息传播途径以强化信息的传播效果和实现营销目的。会展整合营销的重点不再是是否将信息传递给了受众，以及信息量是否足够和频率是否密集；而是如何将不同的信息通过适当的渠道配合传递给受众，从而统一传播要素，避免信息冲突。在大数据和人工智能技术的加持下，会展企业对客户信息的收集和分析的能力大幅度提升，在帮助选择客户乐于接受的信息内容和传播渠道的同时，整合营销则更加强调对不同渠道信息传播的时间、频率、深度和广度进行个性化的组合。自媒体营销同其它传统媒体营销渠道一样，可以根据目标受众的具体情况进行整合营销，配合制定营销方案。

2. 作为传播信息的筛选者和加工者

在选择目标客户之前，企业都应该对市场进行调研和分析；而在采取营销活动之前，企业都应该对目标客户群体进行深入的研究。会展活动往往会存在多个不同的目标客户群体。B2C的会展活动更是希望获得更多的参与者以提升规模效应和关注度。如果对每个目标客户群体都进行调研，这对会展企业而言会产生较高的成本压力，且客户群体差异和调研的质量也无法保障所获信息的信度和效度水平，影响了整合营销的效果。部分会展企业会聚焦头部客户的营销和服务以保证收益，适当放弃小众客户群体以降低成本。但是自媒体作为对信息进行筛选、加工和传播的渠道则为会展企业提供了另一种可能，即与自媒体内容制作者合作，根据其圈群的喜好和关注点选择、设计和制作信息的载体和形式。这是一种双赢的合作，自媒体内容制作者可以通过会展企业获得会展活动的独家资讯以巩固自己的权威和公信力，而会展企业也可以借助同处于一个圈群的自媒体内容制作者对这个圈群文化和偏好的了解，而将想要传播的信息制作成他们能够接受的内容并以他们喜闻乐见的形式发布，从而实现对这一圈群的精准营销。营销号在引导舆论和提升话题热度方面可以产生一定的影响。不同的是营销号的经营目的并不是创作分享内容，而是以获取流量并转为利益为目标。

自媒体平台上的评论功能可以帮助了解受众群体对发布信息的认识、态度和感受，从而帮助会展企业进一步了解这一群体，为今后的整合营销活动提供参考。

二、会展自媒体信息平台的应用

会展自媒体平台是指无需借助其他媒体,会展企业可实现自主制作、发布会展产品相关信息,并直接对公众进行信息传播和信息反馈的平台。其主要形式包括官方微博、微信公众号和短视频社交软件。

(一) 会展产品微博

微博是一种可以让企业和个人账号发布观点,并通过评论和回复评论的方式实现交流和互动,通过转发的方式传播内容并产生影响力的社交平台。微博的社交群体非常广泛,既有经过实名认证的个人和组织,也有被掩盖在各种昵称下的普通网民。

会展企业一般不会注册微博账号,毕竟其企业网站已经基本满足了其对外宣传和发布企业信息的功能,而相较于关注企业本身,会展企业更希望外界将注意力放在其会展产品上面。因此,会展企业往往会注册并经营一个以宣传、推广和塑造会展产品形象为主要目的的会展产品微博。

2011年始,微博遵照"后台实名,前台自愿"的规定,在注册时必须使用真实的身份信息,但在面向其他用户时可自由选择使用昵称。事实上,微博逐渐发展成为了那些已经经过实名认证且公开身份者的"官方"信息发布渠道。然而对于已经建立了官网的会展产品而言,微博可以不用再强调"官方"的正式性和严肃性。相反,更人性化和细节化的微博内容更有助于塑造和突显会展产品的品牌特点。

图 8-3 2020 年中国国际家具展电子会刊申请流程说明

资料来源:上海家具展订阅号

(二) 微信公众号

1. 微信订阅号

订阅号主要面向个人用户,主要为用户传达资讯,不能认证。因为订阅号可以让用户每天发一条群发消息,所以会展公司也常使用订阅号专门用来发表文章用于各种宣传。

以第二十六届中国国际家具展览会为例,主办方运营的官方微信订阅号有 6 个。其中名为"上海家具展"的订阅号为用户提供了上一届展览会刊的获取链接、活动报告、按展示区域分类的图片直播、订购展位申请、视频号链接、观众线上购票链接,以及该公众号文章的转载授权信息和投稿须知。图 8-3 为该订阅号提供电子会刊的链接。历届中国国际家具展览会都会为专业观众提供会刊。曾经会刊是在展览会现场销售的,时常面临以下问题:会刊需在展览会前印制完成,未能将展览会中的动态资讯收录在内;印制的会刊数量与需求量不符,存在有需要的专业观众买不到或太多会刊没卖掉而浪费了的现象;观众在展会现场购买会刊后存在携带不便的问题;现场购买会刊增加了现场管理的难度,不利于展馆内部人流疏导。通过该公众号,主办方可以事先预售电子会刊,而购买者可以在展览会结束后一周下载 PDF 版本的电子会刊,解决了上述现场销售会刊的问题。此外,由于线上购买者需在购买时填报申请表,主办方可以有效地获取用户信息以利于用户侧写或用户画像,从而在更好地为用户提供附加价值的基础上实现精准营销。

导航最后一栏中的"商务合作"为用户提供了企业微信名片二维码;而"关于我们"则列出了国际家具展览会旗下的诸多公众号链接,图 8-4 表现了上海家具展相关的一系列微信信息平台矩阵。这些公众号也可以通过其主办单位上海博华国际展览有限公司的官方网站获得。

虽然是订阅号,但用户可以通过"关于公众号"窗口获悉其账号主体、社会信用代码和客服电话。

图 8-4　上海家具展微信矩阵

资料来源:上海家具展订阅号

2. 微信服务号

根据腾讯官方说明,微信服务号是用于提升企业和组织业务服务与用户管理能力的微信公众号,可以帮助企业实现一定范围的服务类交互。服务号一个月可群发 4 条消息。与订阅号不同的是,服务号推送的消息是直接展示在微信消息列表中,比进入"订阅号消息"列表中寻找消息更便于用户查阅。服务号也支持微信支付和高级接口。

仍旧以中国国际家具展览会为例，其旗下"中国国际家具展"服务号在栏目布局和功能设置上基本一致，不过增加了名为"家具在线采购通"微信小程序的接口。这一小程序主要为用户提供以下服务：商品和品牌的线上推介，包含购买页面介绍和相关推文；商品的线上直销；提供商品采购来源信息，对接买方需求，协助买卖双方精准匹配；对买家和合作设计师进行认证以帮助避免交易风险。

3. 微信视频号

微信视频号是一个视频内容创作平台。用户可以发布一分钟视频，也可以发送图片和文字。因其采用了朋友关系的算法，它非常适合用于会展产品和活动的推广。朋友关系算法主要体现在传播方式上，当会展企业制作了一条活动的视频并通过视频号发布，为该视频点赞的用户的朋友们就会收到这条视频的推荐，如果用户的朋友们也点赞了该视频，那他们的朋友也会收到该视频的推荐，循环往复，不断扩大观众群体和影响力，是一种基于人脉的快速裂变传播。同时，由于人们可以看见有哪些朋友点赞了这一视频，就更容易因朋友的影响而建立起对该视频内容的认同感，从而获得正面的推广。

微信视频号的另一大优势是在于，它借鉴了电商购物平台直播带货功能，并联合订阅号和服务号以推文和直播通知的形式进行多渠道预热。直播过程中可以采用发红包、拉人领券等多种互动。直播产生的购买需求也可当场实现而无需跳转至其他购物界面，从而避免流转过程中的客户流失。以"上海家具展"视频号为例，其与同名的订阅号形成宣传联动，发布的视频内容也主要集中在行业资讯、前沿设计、趋势流行和产品故事这四个方面。该视频号在2021年8月14日19：30举办了七夕家装购物节，直播中发起了多款家装产品低价秒杀活动。此活动不仅在时间上与中国传统节日七夕节对应，也为之后9月份即将开场的中国国际家具展览会做了前期宣传。

（三）短视频社交软件

会展活动也可以通过抖音和小红书等短视频社交软件加以推广。这类软件的用户中青年群体所占比重较大，抖音以分享生活和娱乐为主，小红书则是以分享消费体验和线上购物为主。对于展览和各类活动而言，通过制作高质量的创新短视频进行活动推广是可行的，但考虑到此类平台用户的根本需要是自身生活的分享和社交，因此官方且宣传目的明显的短视频或许并不能引发软件用户的主动传播，而用户在会展活动中的亲身体验和参与应该更能被用户接受。根据这一判断，个别会展企业尝试通过员工个人账号，以个人视角发布会展活动相关视频，在提高公众关注度方面具有一定的积极作用。

 **本章小结**

　　通过媒体传播信息是会展企业最常用的营销推广方式之一。借助互联网,会展企业可以通过企业网站、会展产品网站,以及微博、微信、短视频社交软件等自媒体平台发布和传播会展产品相关信息。在移动互联网迅猛发展背景下,习惯使用移动设备和APP进行观点表达和信息分享的人群规模急剧增加。会展企业可以充分利用微信订阅号、服务号、视频号和抖音、小红书等信息分享类社交软件,联合会展产品和企业网站与传统媒体形成合力,进行多渠道、多形式、多内容、全方位的整合营销,从而在实现企业营销目的的同时也扩大了会展产品的规模效应、品牌效应和社会影响力。

 **思考题**

1. 简述电子商务与线上会展的关系。
2. 简述自媒体时代信息传播的特点。
3. 举例说明 H5 在会展信息传播中的应用。
4. 简述会展信息传播中微博和微信应用的异同。
5. 可用于会展营销的自媒体平台有哪些?
6. 会展活动是否适合通过营销号进行推广?

主要参考文献

[1] 罗泽润. 会展信息管理人才培养探析——以本科独立院校为例[J]. 商展经济,2020(10):89-92.

[2] 王春雷,李艳霞,丁烨,杨婕. 国际活动研究:历史演进、进展与展望[J]. 旅游论坛,2016,9(04):1-10.

[3] 郭兵云,宋灵. 十八大以来中国主场外交透视[J]. 岭南学刊,2019(05):64-69.

[4] 王东. 现代信息技术在会展活动中的应用与展望[J]. 智富时代,2016(12):327.

[5] 雷鸿竹,王谦. 技术赋能、用户驱动与创新实践:智能时代下政府治理模式创新[J]. 西南民族大学学报(人文社会科学版),2021,42(02):234-240.

[6] 王涛. 谈谈会展信息化与业务流程优化[N]. 中国贸易报,2016-08-30(005).

[7] 王春雷. 会展策划与管理[M]. 高等教育出版社,2018.

[8] 刘松萍,吴建华. 会展文案[M]. 南开大学出版社,2010.

[9] 华谦生. 会展策划(第三版)[M]. 浙江大学出版社,2019.

[10] 许传宏. 会展策划与管理[M]. 华中科技大学出版社,2019.

[11] 张义,杨顺勇. 会展导论[M]. 复旦大学出版社,2009.

[12] 张素. 会展信息管理[M]. 清华大学出版社,2013.

[13] 苏萌,贾喜顺,杜晓梦,高体伟. 数据中台技术相关进展及发展趋势[J]. 数据与计算发展前沿,2019,1(5):116-126.

[14] 赵小薇,杜威. 中台:让前台和后台协同运作[N]. 东方烟草报,2020-06-25(003).

[15] 张聪. 科锐公司产品项目运营管理系统设计与实现[D]. 大连理工大学,2018.

[16] 于浩淼,赵月芳,陈盟,袁丽丽. 企业中台建设思路与实践方案[J]. 电信技术,2019(08):78-80.

[17] 罗泽润,汪琪,谭庆莉. 会议服务标准化建设初探[J]. 商展经济,2021(16):4-8.

[18] 郑秀娟,郭好春. 微信在会展管理和服务中的应用研究[J]. 特区经济,2017(05):80-81.

[19] Kim, S Chon, KKY Chung. Convention industry in South Korea: an economic impact analysis[J]. Tourism Management, 2003, 24(5):533-541.

[20] 邓海建. 会议经济为何会异化成福利经济[J]. 山东人大工作,2012(01):60.

[21] 西安曲江国际会展集团携手31会议打造西部首家数字展馆[J]. 中国会展(中国会议),2020(08):20.

[22] 季悦悦. 大数据在会议产业中的应用探索——以31会议为例[J]. 经营管理者,2019(05):88-89.

[23] 裴超."内需"与"变革"——"十四五"时期我国会展业的发展空间将更加广阔[J]. 中国会展,2021(07):26-35+10.

[24] 丁烨. 会展场馆运营与管理[M]. 中国旅游出版社,2018.

[25] 储祥银. 中国会展业稳中求进迈入高质量发展阶段[J]. 中国会展,2021(11):20.

[26] 王艳艳,蔡礼彬. 我国三大会展经济地带发展模式研究[J]. 旅游论坛,2009,2(03):390-394.

图书在版编目(CIP)数据

会展信息管理/蒋婷婷主编. —上海：复旦大学出版社，2022.11
(复旦卓越. 应用型经管核心课系列)
ISBN 978-7-309-16610-1

Ⅰ.①会… Ⅱ.①蒋… Ⅲ.①展览会-信息管理-高等学校-教材 Ⅳ.①G245

中国版本图书馆 CIP 数据核字(2022)第 208630 号

会展信息管理
蒋婷婷　主编
责任编辑/郭　峰

复旦大学出版社有限公司出版发行
上海市国权路 579 号　邮编：200433
网址：fupnet@ Fudanpress.com　　http://www.fudanpress.com
门市零售：86-21-65102580　　　团体订购：86-21-65104505
出版部电话：86-21-65642845
杭州长命印刷有限公司

开本 787 × 1092　1/16　印张 14.75　字数 295 千
2022 年 11 月第 1 版
2022 年 11 月第 1 版第 1 次印刷

ISBN 978-7-309-16610-1/G · 2445
定价：49.00 元

如有印装质量问题，请向复旦大学出版社有限公司出版部调换。
版权所有　侵权必究